本书得到吉林财经大学科学研究项目"董事会联结对企业并购的影响研究"（项目批准号：2016B14）的资助

董事联结对企业并购的影响研究

吴昊洋　著

中国财经出版传媒集团

经济科学出版社

Economic Science Press

图书在版编目（CIP）数据

董事联结对企业并购的影响研究／吴昊洋著. —北京：
经济科学出版社，2016.12
ISBN 978 - 7 - 5141 - 7640 - 7

Ⅰ. ①董… Ⅱ. ①吴… Ⅲ. ①企业兼并 - 研究
Ⅳ. ①F271.4

中国版本图书馆 CIP 数据核字（2016）第 307446 号

责任编辑：白留杰　程辛宁
责任校对：徐领柱
责任印制：李　鹏

董事联结对企业并购的影响研究

吴昊洋　著

经济科学出版社出版、发行　新华书店经销
社址：北京市海淀区阜成路甲 28 号　邮编：100142
教材分社电话：010 - 88191354　发行部电话：010 - 88191522
网址：www. esp. com. cn
电子邮件：bailiujie518@ 126. com
天猫网店：经济科学出版社旗舰店
网址：http：//jjkxcbs. tmall. com
北京密兴印刷有限公司印装
710 × 1000　16 开　16.75 印张　300000 字
2016 年 12 月第 1 版　2016 年 12 月第 1 次印刷
ISBN 978 - 7 - 5141 - 7640 - 7　定价：52.00 元
（图书出现印装问题，本社负责调换。电话：010 - 88191510）
（版权所有　侵权必究　举报电话：010 - 88191586
电子邮箱：dbts@ esp. com. cn）

前　言

　　20 世纪 90 年代以来，在全世界范围内的不同行业中，并购行为在持续而频繁地进行着。并购的初衷是通过收购目标公司，并购公司获得并购后的协同效应，为企业创造价值。在过去 40 多年里，国际学术界开展了大量的关于并购价值创造效应方面的研究，但是，至今尚未形成一致结论。在中国，对于并购价值创造效应的认识也存在很大的差异。一种观点认为，并购活动能够为并购公司股东创造财富，获得协同效应。而另一种观点认为，并购活动并没有为并购公司创造财富，并购产生的收益大多归于目标公司股东，而并购公司股东的收益为零甚至为负值。"并购是否创造价值"成为并购研究领域中的重要议题。

　　围绕着"并购是否创造价值"这一重要议题，现有研究主要从并购公司、目标公司以及并购双方之间关系三个角度进行解答。相对于并购公司和目标公司研究视角而言，从并购双方之间关系角度探究并购价值效应的文献较为薄弱。基于这一视角的研究主要集中于并购双方之间行业关联、地理关系和企业特征关系三个方面，少有文献从并购双方的董事联结关系角度对这一议题进行考察。实际上，中国正处于制度转型时期，这一时期制度尚不成熟和完善，在交易过程中信息的透明度较低，企业之间获取信息的成本较为高昂，企业在这一环境下的交易成本和交易风险远高于制度成熟和完善的发达国家。在转型经济体正式制度较为弱化的环境下，非正式制度将扮演着极为重要的角色。研究指出，董事联结作为一种非正式的关系机制，为并购双方的私有信息沟通和交流提供了合法途径，也加强了并购双方的协调合作，有助于缓解由于正式制度缺失而带来的信息摩擦问题，降低并购过程中充斥的各种风险和不确定性。有鉴于此，如果并购双方存在董事联结关系，有利于并购价值的创造吗？如果董事联结能够对并购价值创造产生影响，在并购实施的不同阶段，董事联结具体为并购价值创造做出了哪些贡献？虽然学术界普遍认为董事联结具有组织间的信息传递和协调合作作用，但是，也有研究指出许多企业并未能对董事联结的作用进行充分地认知和有效地利用。在企业并购过程中，如何帮助企业发现董事联结对并购价值创造的积极影响并促进董事联结作用的更有效发挥？

本书的研究从并购公司与目标公司的董事联结关系角度出发考察并购的价值创造问题，系统考察并购双方的董事联结关系对并购交易前期的并购目标选择、并购交易中期的并购溢价支付和并购交易后期取得并购绩效的影响，明确董事联结创造并购价值的作用机理，从组织学习视角探索促进董事联结作用有效发挥的影响因素，考察了联结董事并购经验在董事联结促进并购价值创造过程中的积极作用，丰富了董事联结与企业并购关系的研究，也为我国制度背景下的并购行为带来有益的实践启示。

通过理论讨论和实证分析，本书主要得到以下结论：第一，并购双方董事联结关系的存在为促进目标公司与并购公司的沟通与交流提供了合法途径，可以有效降低并购公司的信息搜寻与调查成本，帮助并购公司获得更多的潜在目标公司私有信息，提高潜在目标公司接受并购要约的可能，使与并购公司存在董事联结的公司更容易成为目标公司。第二，并购双方董事联结关系不仅有利于并购公司具有信息优势，准确评估目标公司的真实价值，预测并购的协同收益，提高并购定价的合理性，联结董事的存在还会加强目标公司董事会对并购公司的认可程度，提高目标公司与并购公司合作的意愿，使目标公司更容易接受并购公司提出的较为合理的并购交易价格，避免过度支付造成并购价值损失。第三，并购双方董事联结关系能够提高并购决策的合理性和并购实施的有效性，降低并购过程中充斥的风险和不确定性，创造并购协同收益，促进并购双方股东财富的增加，使并购公司和并购后实体获得较好的并购绩效。但是，董事联结并不会对并购双方的并购绩效带来差异性的影响，导致目标公司相对并购绩效降低。第四，联结董事的并购经验能够帮助焦点并购公司充分认知并有效利用董事联结的信息传递和组织协调作用，促进并购价值的创造。本文进一步将联结董事的并购经验分为同行业或同产品市场并购经验、相关并购经验和非相关并购经验三种类型，发现当联结公司前期的并购与焦点并购公司当前的并购具有相似性时，联结董事的并购经验能够对并购价值创造产生更积极的影响。

上述研究结论拓展了现有的企业并购价值效应研究，进一步深化了董事联结研究，厘清了董事联结与企业并购价值创造之间的关系。本书的创新之处体现在以下几个方面：第一，现有的并购价值效应研究，主要从并购公司或目标公司单独一方的视角来考察。忽略了企业之间的联结关系对企业并购价值的可能影响，本书的研究从并购公司与目标公司的董事联结关系角度考察并购的价值创造问题，扩展了并购价值效应的研究视阈。第二，本书根据并购交易实施的进程，系统考察了董事联结对并购目标选择，并购溢价和并购绩效的影响，发现董事联结帮助并购公司在并购交易前期做出恰当的并购目标选择，在并购交易中期进行合理的并购定价，从而在并购交易后期提高并购公司和并购后实体并购绩效，最终促进并购价值的创造，明确了董事联结创造并购价值的作用机理，是对该研究系列的有益补充。第三，本书从组织学习视角探索促进董事联结作用有效发挥的影响因素，发现联结董事的并购经验能够帮助焦点并购公司充分认知并有效利用董事联结的并购价值创造能力，促进董事联结作用的有效发挥，拓展了董事联结与企业并购价值创造的研究视角。第四，本书从多个维度考察董事联结对并购价值的影响，不仅检验了董事联结对并购公司并购价值的影响，还对并购公司和目标公司的总体净经济收益以及目标公司相较于并购公司的相对净经济效益进行测度，检验了董事联结对并购后实体并购价值以及目标公司相对并购价值的影响，使研究更为全面，进一步扩展了现阶段国内关于并购价值效应的研究。

吴昊洋

2016 年 12 月

目　　录

第1章 绪 论

1.1 研究背景

　　企业并购（M&A）作为企业资本扩张的一种重要手段，泛指在市场机制作用下，企业为了获得其他企业的控制权而进行的产权交易活动，是企业兼并（Merger）和收购（Acquisition）的总称。诺贝尔经济学奖获得者斯蒂格勒指出："一个企业通过兼并其竞争对手的途径成为巨型企业是现代经济史上一个突出现象。"从19世纪末英、美等西方国家发生的第一次企业并购浪潮开始，历经五次并购浪潮，至今已有逾百年的历史。20世纪90年代以来，西方企业并购规模不断扩大，并购成为与贸易、直接投资相提并论的经济活动（张秋生和周林，2003）。

　　中国企业并购，产生于20世纪80年代中期，伴随着社会主义市场经济的发展，融入全球并购浪潮之中。中国并购市场，无论是交易数量还是交易金额，都呈现出逐年总体攀升的趋势。自2005年5月股权分置改革之后，并购和新股发行（IPO）更成为证券市场资源配置的两大主要方式。2014年5月，国务院发布了《关于进一步促进资本市场健康发展的若干意见》。此文件一经公布，即被业界称为"石破天惊"的大松绑。在随后的2014年10月，中国证监会对上市公司有关重大资产重组、非公开发行的法规进行了修订，一举改变了上市公司的并购模式。例如，取消上市公司重大资产购买、出售、置换行为审批（构成借壳上市及发行股份收购资产除外）；实施并联式审批，避免互为前置条件；实行上市公司并购重组分类审核等。这些修订大大简化了并购重组的流程，提高了效率，上市公司并购重组的热情顿时"高涨"。经过一段时间的发酵，2015年4月，中国证监会进一步放宽了政策限制，对证券期货法律适用意见第12号进行修订。这次修订主要集中在两个方面：一是扩大募集配套资金比例，明确并购重组中配套资金募集比例可以超过拟购买资产交易价格的100%；二是明确募集配套资金的用途，可用于支付并购交易的现金对价及交易税费、人员安置费用、并购整合费用等。此举大大增强了上市公司利用并购重组募集现金，改善企业资金状况，降低整合风险的能力。此外，国家发展和改革委员会、商务部、外管局、国家税务总局等国家部委也分别从自身分管领域出发，出台了一系列有助于降低并购重组交易成本的法规。

在这一背景下，2015年中国并购市场呈现出持续火爆态势，全年完成交易案例数量为4156起，同比上升33.16%，完成交易规模3160.8亿美元，同比增长56.37%，交易活跃度与规模量双创新高。2016年中国并购市场完成交易案例数量为4010起，完成交易规模2532.6亿美元，虽然交易数量和余额同比均有所下降，但是2016年的并购活动可以视为2015年并购浪潮的延续和扩展。

然而，从国内外企业并购的实践来看，在日益高涨的企业并购交易形势背后，效果却不能令人满意。这可从以下一些关于并购效果的调查中得到证实：（1）麦肯锡公司曾研究了1972~1983年英、美两国最大工业企业的116项并购案例，以1986年的财务资料为分析依据，结果显示，失败率为61%，另外有16%成败未定，只有23%的收购取得效益，重新赚回了用于兼并及与此相关的费用（李奕，2001）；（2）美国贝恩公司的调查显示，100家进行并购谈判和实现并购的企业中，有20%的企业因为谈判而失败，有56%的企业虽然成功地达成并购协议，但在随后的经营中不仅没有创造价值，反而破坏了原有价值，只有24%左右的企业成功并购，创造了新价值，获得了协同效应（王谦，2006）；（3）1992年，普华永道会计咨询公司对英国公司的收购经验进行了一项研究，该公司深入调查了英国最大的100家公司的高级管理人员。被调查的高级管理人员认为，大约54%的收购是失败的。这种失败比例与早在1973年与1988年由《国际商务》杂志进行的调查所报道的48%~56%的失败率是一致的，并购没有创造价值（王谦，2006）；（4）美国《财富》杂志2000年的调查发现，有3/4的并购活动所产生的并购收益不足以弥补其成本。Agrawal（2000）的研究称上述结果为"并购价值创造之谜"。

随后，我国诸位学者也提出中国上市公司同样存在着"并购价值创造之谜"（张新，2003；郝颖等2005；巫和懋和张晓明，2009），也就是说，公司的并购活动并没有为并购公司股东创造短期财富抑或提升长期绩效，并购行为的大多收益归于目标公司股东，而并购公司股东的收益为零或是负值（Tichy，2001；

张新，2003；李善民和朱滔，2005；吴超鹏等，2008；李善民和陈文停，2010；谢玲红等，2012；翟爱梅和张晓娇，2012；田高良等，2013；叶玲和王亚星，2013）。

围绕着"并购是否创造价值"这一重要议题，现有研究主要从并购公司（如代理理论、高管过度自信假说、自由现金流假说等）、目标公司（如目标公司一般特征、目标公司抵制策略、目标公司支持策略）以及并购双方之间关系3个角度解答上述议题。相对于并购公司和目标公司研究视角而言，从并购双方之间关系角度探究并购价值的文献较为薄弱。基于这一研究视角的现有文献主要集中于并购双方之间行业关联、空间距离关系和企业特征关系3个方面，鲜见有文献从并购双方之间的董事联系方面进行考察。实际上，受我国传统儒家处世哲学的影响，加之我国当前转型经济环境的特殊性，我国企业处在有别于西方的"关系型社会"制度背景中（陈运森等，2012），社会关系网络已经成为企业生存和发展的重要方式，甚至有学者将此种现象称为"网络资本主义"（Boxiot & Child，1996）。不过，由于转型背景下政府角色的特殊作用，国内文献主要关注高管与政府的联结关系对并购行为的影响（潘红波等，2008；李善民等，2009）。而实际上，除了政治联结关系之外，通过高管而建立起来的企业间联结关系对企业并购也非常重要（陈仕华和马超，2011；陈运森和谢德仁，2012；陈运森，2012；陈仕华等，2013；韩洁等，2014）。正如卢昌崇和陈仕华（2009）、陈仕华和马超（2011）、陈运森和谢德仁（2012）、陈仕华等（2013）以及韩洁等（2014）的研究表明，我国上市公司之间存在着广泛的董事联结关系。董事联结，即两家或多家企业因聘请相同董事成员（一位或者多位）而建立起来的，可以帮助稳定组织与环境之间的相互交换和减少不确定的企业间的联系。董事联结现象在我国上市公司中极为普遍，以本书所用样本区间为例，2001～2014 年，我国A 股上市公司中年均80.7%的企业存在着董事联结关系（如表 1 - 1 所示）。

表 1 - 1　　　　　　　2001～2014 年中国 A 股上市公司董事联结情况

项　　目	2001年	2002年	2003年	2004年	2005年	2006年	2007年	2008年	2009年	2010年	2011年	2012年	2013年	2014年
企业数量（家）	1038	1204	1264	1353	1352	1435	1549	1614	1705	1930	2381	2494	2463	2509
拥有联结企业数量（家）	543	857	970	1096	1126	1151	1268	1325	1413	1630	2017	2155	2212	2345
联结企业比重（%）	52.3	71.2	76.7	81.0	83.3	80.2	81.9	82.1	82.9	84.5	84.7	86.4	89.8	93.5

资料来源：根据中国上市公司数据整理所得。

在并购过程中不能为并购方创造价值可能源于并购目标选择失误、并购价格制定过高以及并购后整合失效等（Palepu，1986；Hansen，1987；Sirower，1997；De Pamphilis，2005）。不过，通过深入分析不难发现，上述诸多问题的主要根源在于并购双方之间的信息不对称。为了降低并购双方的信息不对称问题，在并购目标选择决策过程中，并购公司需要搜寻目标公司的相关信息（Davies，2011）。并购公司通常会对目标公司的战略定位、公司文化、产品市场、核心技术以及财务状况等信息进行搜寻与调查，并付出相应的信息搜集成本，而当目标公司的信息透明度较低时，并购公司搜集目标公司信息的难度会增加，信息的真实性也会降低，并购公司需要付出更高的信息搜寻与调查成本（Bruner，2004；Kropf & Robinson，2008）。就目标公司而言，在并购发生前，出于对自身利益的考虑，目标公司也会搜寻并购公司的相关信息，了解并购公司的基本情况和发展战略，判断并购公司的并购意图，而当并购公司的信息透明度较低时，目标公司可能无法做出正确的判断，拒绝接受对自己有益的并购要约（Rousseau & Stroup，2015）。根据资源依赖理论，董事联结可以作为传递并购相关信息的重要渠道，有效缓解并购交易双方之间的信息不对称程度。董事联结关系可能会降低并购公司的信息搜集成本，提高目标公司接受并购要约的可能，那么，与并购公司存在董事联结关系的潜在目标公司更有可能成为并购目标公司吗？

Varaiya 和 Ferris（1987）的研究发现，西方国家并购活动中平均的并购溢价水平在50%左右，并购溢价低于0或超过100%的并购交易也很常见（本书使用的并购样本溢价最小值为 -98.8%，最大值为1170.8%），并购溢价存在很大的不确定性。当并购公司支付过高的溢价时，可能会导致并购公司面临超额支付风险，并购价值难以创造。March 和 Olsen（1976）认为，如果并购溢价决策存在着巨大的不确定性，高管在进行并购溢价决策时便不会遵循方案搜寻和选择的常规化过程，而是经常依赖于现有的信息渠道进行决策。董事联结关系的存在可以为并购过程中信息的传递提供了有效渠道，有助于并购公司高管准确估计目标公司的资源、业务、技术、能力和市场等方面的信息，对目标公司进行较为准确地估价（陈仕华等，2013）；帮助并购公司获得较多的有关目标公司的"私密信息"，甄别目标公司故意散布的"虚假信息"，在并购交易价格支付的谈判中拥有谈判优势（Cai & Sevilir，2012）；限制处于信息劣势的外部投标者的进入，减弱目标公司的议价能力（Cai & Sevilir，2012）。那么，若并购公司对存在董事联结的公司进行并购，这可能是降低并购溢价的不确定性，提高并购定价合理性的有效方法吗?

在并购协议签署以后,并购公司通常会对目标公司进行并购整合,而缺乏对目标公司的了解,可能会使并购公司制订不恰当的整合计划和措施,导致并购后的人才流失和企业文化水土不服,甚至出现目标公司管理人员或核心员工不遵循事前承诺恶意破坏双方合作等问题,从而增加整合成本,降低并购协同收益(DePamphilis,2005)。曹廷求等(2013)认为,并购公司对存在董事联结的公司进行并购,并购双方可以将董事联结作为信息、资源以及资本的共享渠道,在深入了解对方相关信息的基础上,有效地将资源进行整合,以达到共赢的结果。那么,若董事联结能够在并购交易前期促进并购公司董事会做出更合理和有效的并购目标选择决策;在并购交易中期降低并购溢价的不确定性,提高并购价格制定的合理性;在并购交易后期,帮助并购的参与者充分地整合利用双方资源,那么,董事联结是否会促进并购双方股东财富的增加,提高并购绩效呢?

在并购宣告前,目标公司的财务和运营能力往往很低,并购的发生是目标公司改变现状的一次机会,因此,对于目标公司而言,收购的宣告可以帮其获得可观的市场回报(Cai & Sevilir,2012)。但是,如前文分析,董事联结的存在可能会降低目标公司的议价能力,使并购公司能够以更合理的价格进行并购,从而减少并购公司的并购支付成本,为并购公司股东创造收益,与此同时,目标公司获得的并购价值补偿也可能因此变少。那么,存在董事联结关系的公司之间发生并购是否对并购双方的并购绩效带来同质的影响?还是对一方更有利或更不利?

此外,有关并购经验研究的文献指出,若联结董事拥有较为丰富的并购经验,将有助于并购公司做出较为合理和有效的并购决策(Beckman & Haunschild,2002;Horner,2006;Kroll et al.,2008;McDonald et al.,2008)。并购经验可以帮助联结董事更广泛和更有效地组织抽象知识来识别和选择解决并购决策问题的有效方案(McDonald et al.,2008),并购经验也可以帮助联结董事应用类比推理,找出解决并购决策问题的有效方案(Anderson et al.,1997),那么当联结董事拥有并购经验时,能否帮助焦点并购公司更有效认知和利用董事联结在并购价值创造中的作用吗?具体而言,在并购目标选择决策过程中,联结董事的并购经验能否帮助焦点并购公司发现选择与其存在董事联结的公司进行并购可能带来的经济效益,促进焦点并购公司选择与其存在董事联结的公司作为并购目标公司吗?在并购价格制定和并购整合过程中,联结董事的并购经验能否促进并购公司更加合理利用董事联结对并购产生的有利影响，创造更多的并购财富吗？

上述问题的解答助于更好地了解董事联结的作用，明确董事联结创造并购价值的作用机理，探索在并购交易的不同阶段影响董事联结作用发挥的重要因素，提供了转型经济和新兴市场的经验证据，同时也为我国制度背景下的并购行为带来有益的实践启示。

1.2　研究意义与目的

1.2.1　理论意义

本书的研究从并购公司与目标公司的董事联结关系角度出发考察并购的价值效应问题，明确了董事联结创造并购价值的作用机理，从组织学习视角探索促进董事联结作用有效发挥的影响因素，具有一定的理论意义。

（1）从新的角度考察并购的价值效应问题。以往关于并购价值效应问题的研究，国内外学者主要从并购方或目标方单独一方的视角来考察企业并购的价值，却忽视了并购方和目标方之间的董事联结关系对并购价值可能产生的影响。虽然最近也有文献开始关注董事联结与并购价值创造，但多从社会网络理论出发，主要关注整体董事联结网络对并购价值的影响，或董事与管理层的私人联结关系对并购价值的影响。而本书从并购公司与目标公司的董事联结关系角度出发考察并购的价值效应问题，弥补了相关研究的不足，并扩展了并购价值效应问题的研究视阈。

（2）明确了董事联结创造并购价值的作用机理。已有关于董事联结或董事联结网络与并购价值创造的研究大多直接考察董事联结与并购绩效的关系。但实际上，并购绩效是并购战略实施的结果，而在并购战略开展之前和并购战略开展过程中，董事联结到底为并购价值创造做出了哪些贡献，尚缺乏文献进行系统研究。本书认为，并购目标选择和并购价格制定是并购战略实施的事前和事中两个阶段。进行恰当地并购目标选择是并购价值创造的前提，而合理降低并购溢价的不确定性和超额支付风险，是并购创造价值的关键条件。因此，本书根据并购战略实施的进程，从事前、事中和事后三个阶段分别考察董事联结对并购目标选择、并购溢价和并购绩效的影响，明确了董事联结创造并购价值的作用机理，是对该研究系列的有益补充。

（3）有关经验研究的心理学文献指出，若联结董事拥有较为丰富的并购经验，将有助于并购公司做出较为合理和有效的并购决策。并购经验可以帮助联结董事更广泛和更有效地组织抽象知识来识别和选择解决并购决策问题的有效方案；并购经验也可以帮助联结董事应用类比推理，找出解决并购决策问题的有效方案，那么当联结董事拥有并购经验时，能否帮助焦点并购公司更有效认知和利用董事联结在并购价值创造中的作用，却鲜有文献探究。本书从组织学习视角探索促进董事联结作用有效发挥的影响因素，发现当满足联结企业前期的并购与焦点公司当前的并购具有相似性这一前提条件时，联结董事的并购经验在董事联结促进并购价值创造过程中将发挥的重要作用，上述研究从组织学习视角深化该领域的相关研究。

1.2.2 现实意义

并购，作为公司实现其战略的途径，不仅为进入新业务领域和目标市场提供捷径，也为优化资源配置提供了实现途径，从而成为理论界和实务界研究的热门话题。近年来，中国经济发展迅速，并购市场也异常活跃，2015 年并购交易总值与交易总量，均创下 2001 年有记录以来的历史新高。而通过数据收集，本书发现接近 20% 的并购发生在董事联结内部。寻找董事联结内部并购频发的动因及影响，分析董事联结在并购价值创造过程中发挥的作用，对于上市公司管理者、相关政策法规制定者和投资者具有重要现实意义。

（1）上市公司可根据自身的特点，利用董事联结建立的信息沟通渠道，事前做好并购分析和审查，观察目标企业的特性和竞争优势，选择合适的目标公司，降低并购风险；事中利用董事会关联的信息优势，准确评估目标公司的真实价值，排除信息劣势的竞争者，从而提高议价能力，达成公允的对价和约束性条款，保护并购方利益；事后利用董事联结的沟通作用，提高目标方企业对并购企业的认同度，减少内部交易成本和整合成本，发挥并购的协同效应，防止发生并购失败和企业并购绩效下降。在董事会成员的构成方面，充分考虑董事成员的身份对并购的影响，当与潜在目标公司间的信息摩擦较为严重时，通过选派或聘任并购公司/潜在目标公司董事会成员到潜在目标公司/并购公司董事会任职，与潜在目标公司主动建立董事联结关系，缓解由于并购双方的信息不对称对并购带来的不利影响。此外，对联结董事成员的选聘或保留，应适当考虑董事的职业经历。拥有丰富并购经验，且并购经验与企业将要进行的并购高度相关，可以作为企业选聘或保留联结董事的重要条件。

（2）政策法规制定者可根据董事联结对并购价值带来的经济后果，制定和完善相关法律法规，引导并购公司管理者和董事充分认知和有效利用董事联结对并购价值创造的积极作用，从立法的角度，规范并购行为和动机，引导并购创造协同效应，提高资源配置效力，提升公司的长期绩效和赢得持续向好的资本市场反应。

（3）投资者将并购双方是否存在董事联结关系作为投资决策的重要参考。当存在董事联结的企业进行并购时，企业短期的市场反应会相对较好，长期的绩效也会随之改善，因此，投资者可利用这一消息进行投资决策判断。

1.2.3 研究目的

并购目标选择失误、并购价格制定过高以及并购后整合失效是并购过程中并购价值难以创造的重要原因。并购目标选择失误，会导致并购公司付出更高的信息搜寻与调查成本，导致目标公司可能无法做出正确的判断，拒绝接受对自己有益的并购要约。并购价格制定过高会导致并购公司支付过高的溢价，面临超额支付风险；并购后整合失效会导致并购的参与者难以充分地整合利用双方资源，降低并购协同收益。

本书力求利用所得出的研究结果，明确董事联结创造并购价值的作用机理，从新的视角考察并购价值效应问题。本书发现，董事联结在并购交易前期会促进并购公司董事会做出更合理和有效的并购目标选择决策，在并购交易中期有助于降低并购溢价的不确定性，提高并购价格制定的合理性，在并购交易后期，帮助并购的参与者充分地整合利用双方资源，降低并购后整合过程中目标公司高管和员工的抵制成本。董事联结有助于并购价值的最终创造。本书还发现，联结董事在过去的并购中所积累的与当前并购相似的并购经验会进一步提高董事联结对并购价值创造的影响。本书的研究期望能改进当前国内研究中的不足，为未来国内的上市公司并购研究提供新的思路，提高研究质量和实际意义。

1.3 研究内容与方法

1.3.1 研究主要内容

本书主要包括以下六个部分：

第1章，绪论。对本书研究的选题背景、选题意义、研究内容和方法、相关概念以及创新性进行概括性的阐述。

第2章，文献综述。首先，本章从已有的企业并购相关文献入手，对并购目标选择、并购定价和并购绩效三个方面的国内外文献进行综述，发现并购价值创造问题的新研究视角。其次，对董事联结的国内外文献进行了总结，厘清董事联结存在的成因及其影响，通过回顾董事联结对企业行为影响的相关文献，为董事联结对并购行为的影响研究提供重要的参考。再次，回顾董事联结对并购影响的国内外文献，分析董事联结对并购目标选择、并购定价和并购绩效影响研究的成果与不足，明确本书对上述问题研究的重要价值和意义。最后，梳理联结董事经验对并购影响的国内外文献，发现董事联结的并购经验可能对董事联结作用的有效发挥产生重要影响，并通过对组织经验学习文献进行回顾和分析，揭示了公司及其高管以往的并购经验创造并购价值的条件，为本书检验联结董事并购经验、董事联结与企业并购三者之间的关系提供了具体研究思路和方向。

第3章，董事联结对并购目标选择的影响。进行恰当地并购目标选择是并购价值创造的前提，本章选择与目标公司属于同一行业且规模相似（公司市值处于真实目标公司市值的70%～130%区间）的A股上市公司作为配对样本，检验与并购公司存在董事联结的公司是否更容易成为目标公司。实证结果表明，与并购公司存在董事联结的潜在目标公司成为目标公司的可能性更高，联结董事的并购经验会对上述关系产生积极的促进作用。更进一步地，本章将联结董事的并购经验分为同行业或同产品市场并购经验、相关并购经验和非相关并购经验，分别检验当联结董事拥有某种并购经验，焦点并购公司也进行同种并购时，联结董事的并购经验对董事联结与并购目标选择关系的影响。结果表明，当满足联结企业前期的并购与焦点公司当前的并购具有相似性这一前提条件时，联结董事的并购经验能够更有效地加强董事联结对并购目标选择的影响。

第4章，董事联结对并购溢价的影响。合理降低并购溢价的不确定性和超额支付风险，是并购创造价值的关键条件。本章检验并购双方的董事联结关系是否有助于降低并购溢价，结果表明与目标公司存在董事联结关系的并购公司并购溢价更低，联结董事的并购经验会对上述关系产生积极的促进作用。更进一步地，本章也将联结董事的并购经验分为同行业或同产品市场并购经验、相关并购经验和非相关并购经验，分别检验当联结董事拥有某种并购经验，焦点并购公司也进行同种并购时，联结董事的并购经验对董事联结与并购溢价关系的影响。结果表明，当满足联结企业前期的并购与焦点公司当前的并购具有相似性这一前提条件时，联结董事的并购经验能够更有效地加强董事联结对并购溢价的影响。

第5章，董事联结对并购绩效的影响。并购绩效的高低是并购价值创造的最终体现。在第3章和第4章研究的基础上，本章继续检验并购双方的董事联结关系对并购绩效的影响。本章将并购绩效分为并购公司并购绩效、并购后实体并购绩效和目标公司相对并购绩效，结果表明并购双方存在董事联结关系有助于提高并购公司和并购后实体的并购绩效，但是董事联结关系对于目标公司的相对并购绩效并未产生显著影响，说明董事联结对于并购价值创造具有积极地促进作用，但不会对并购公司和目标公司的并购绩效产生差异性的影响。此外，本书还将并购公司的并购绩效进一步细分为短期并购绩效和长期并购绩效，董事联结对并购公司的短期和长期绩效都产生积极影响。本章也检验了联结董事的并购经验对董事联结与并购绩效的影响。结果表明，当满足联结企业前期的并购与焦点公司当前的并购具有相似性这一前提条件时，联结董事的并购经验能够更有效地加强董事联结对并购公司并购绩效和并购后实体并购绩效的影响，但是联结董事的并购经验并未能对董事联结与目标公司相对并购绩效的关系产生影响。

第6章，研究结论及政策建议。本章对前面章节的研究内容和研究结果进行总结和归纳，得出本书研究的主要结论，并结合中国的具体国情，提出相应的政策建议，最后阐明本研究存在的不足以及未来的研究思路和研究方向。

1.3.2　研究框架结构

本书的研究结构按照研究内容的逻辑加以展开，具体的研究内容框架如图1-1所示。

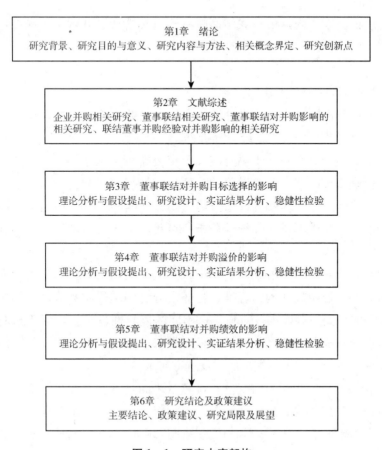

图1-1　研究内容架构

1.3.3　研究方法

为了更好地研究董事联结的并购价值创造作用，本书将在文献研究、理论分析以及实证研究过程使用如下的研究方法：

1.3.3.1　文献分析法

首先，通过搜集国内外学者有关董事联结和企业并购方面的研究成果，对经典研究进行总结和整理，了解本书所研究内容的发展脉络及最新动态，在前人研究基础上，找到研究缺口，为本书的研究奠定基础。其次，在对文献进行搜集、整理和分析的基础上，结合中国特定制度背景阐述董事联结促进并购价值创造的理论基础，构建董事联结影响并购目标选择、并购溢价和并购绩效的理论模型。

1.3.3.2 实证分析方法

根据理论分析提出假设，并且运用实证分析的方法通过构建模型对假设进行检验。主要对数据进行以下统计分析：

（1）描述性统计分析。本书对我国上市公司董事联结情况、企业并购交易的年度和行业分布情况、并购溢价的年度分布情况、并购公司的长短期并购绩效、并购后实体的并购绩效、目标公司的相对并购绩效以及模型中的所有其他替代变量进行了全样本描述性统计分析，对我国上市公司的董事联结和并购状况进行整体的了解。

（2）均值 T 检验和秩和检验。本书以并购公司与目标公司是否存在董事联结和并购交易是否相关并购为标准，将样本分为联结样本和非联结样本，相关并购样本和非相关并购样本，对独立样本间的差异性进行了均值 T 检验和秩和检验，初步分析董事联结给并购交易可能带来的影响，以及不同类型的并购交易可能存在的差异，对本书提出的假设进行初步检验。

（3）相关分析。为检验因变量和自变量之间是否存在相关关系，以及各自变量之间是否存在严重的共线性问题，进行相关分析。由于个别变量是分类变量，并且个别变量不符合正态性，因此本书运用 Pearson 和 Spearman 两种相关分析方法考察变量之间的相关性。

（4）VIF 检验。如果模型中存在三个以上的解释变量，两两相关系数判断共线性问题就不再恰当。本书还使用了方差扩大因子法对模型中的自变量进行了 VIF 检验，检验结果显示方差膨胀因子（VIF）均值均小于 2，方差膨胀因子（VIF）最大值均小于 10，自变量之间无严重共线性问题。

（5）回归分析。本书在理论分析的基础上，根据提出的模型，采用回归分析检验董事联结、联结董事并购经验对企业并购的影响。采用 Probit 回归模型验证董事联结和联结董事并购经验对并购目标选择的影响，采用多元线性回归模型考察董事联结和联结董事并购经验对并购溢价、并购公司短期并购绩效和长期并购绩效、并购后实体并购绩效以及目标公司相对并购绩效的影响。本书还运用分层回归方法，检验了不同类型的联结董事并购经验在焦点并购公司相应类型的并购中对董事联结和企业并购关系的影响。上述回归结果为董事联结对并购影响的作用路径提供了经验证据。

（6）事件研究法。本书参照 Brown 和 Warner（1985）、刘笑萍等（2009）、Calomiris 等（2010）、Chi 等（2011）、Cai 和 Sevilir（2012）、Gaur 等（2013）以及陈仕华等（2013）的研究，采用短期事件研究法，计算累计异常收益率衡量并购公司短期并购绩效、并购后实体并购绩效和目标公司相对并购绩效。基于 Fama 和 French（1992，1993）、Gregory（1997）、李善民和朱滔（2006）以及陈仕华等（2013）的研究，采用长期事件研究法，计算购买并持有超常收益（BHAR）作为并购公司长期并购绩效的市场业绩衡量指标。

1.4　相关概念界定

本书研究涉及如下几个基本概念，即董事联结、联结董事并购经验、并购目标、并购溢价和并购绩效等。这里就这几个相关概念给出本书研究所使用的界定。

1.4.1　董事联结概念界定

20 世纪 70 年代末，由于市场需求、技术范式和管理理念发生巨大变动，企业间的联系越来越广泛，许多企业采用合作的方式来进行生产和交易活动。早在 1988 年 Jarillo 就强调了企业关系在企业战略中的重要意义。管理层之间的联系，特别是高层管理者在不同组织之间的联系，将会对企业的行为产生重要影响（Burt，1992；Uzzi，1996），并且可能是重要的竞争优势的来源（Mizruehi，1996）和突出的绩效的保证（Batjargal，2003；Park & Luo，2001）。通过高管联系而建立的企业间的联合关系便于获得额外的资源，从而使得企业自身能够保持持续的创造力，以高质量和富有竞争力的价格提供商品和服务（Burt，1992；Kraatz，1998；Uzzi，1996）。通过一个人在两家或两家以上公司的董事会任职而建立起来的企业间的联系逐步成为研究的焦点，得到了后续研究组织间关系学者的普遍认同（Boeker & Goodstein，1991；CliffordKono et al.，1998；Garry & Malcolm，2004）。这种兼职行为的董事被称为联结董事（interlocking directorates）（Mizruchi，1988；Zizruchi，1996），国内也有学者（任兵等，2001；卢昌崇和陈仕华，2009）将之称为连锁董事。两家或多家企业因聘请相同董事成员（一位或者多位）而建立起来的，可以帮助稳定组织与环境之间的相互交换和减少不确定的企业间的联系，被称为董事联结。

学者们从资源依赖理论、社会网络理论、监督控制理论、共谋理论、合法理论和金融控制理论等多个视角出发，分别对董事联结产生的前因和后果进行了深入研究（Pfeffer & Salancik，1978；Mizruchi，1982；Burt，1983；Useem，1984；Mintz & Schwartz，1985；Mizruchi，1992，1996；等等）。其中，资源依赖理论是现有董事联结研究理论中较有影响力、认同度较高的一种理论，它认为董事联结的做法实际上为两个企业建立了一种联盟关系，这种联盟关系促进了组织间的联系，有助于组织间关系的稳定。董事联结是更为常见的一种管理环境的方式，即任命组织外部环境的代表为其董事会成员，以获取更加丰富的资源，降低环境的不确定。这就是人们熟识的增选法（Pfeffer & Salancik，1978）。董事联结所建立起来的董事会间的联系有利于焦点组织降低从其他组织获取资源的不确定性及其他限制，因此可以成为企业联结其生存和发展所处环境以及外部资源的重要渠道。

需要注意的是，我国许多学者将连锁董事等同于董事联结（任兵等，2001；卢昌崇等，2006；卢昌崇和陈仕华，2009；田高良等，2013；韩洁等，2014）。但本书认为，连锁董事针对的是董事个人，而董事联结针对的是组织，二者针对的对象不同不可混淆。此外，由于陈运森和谢德仁（2011，2012）、陈运森等（2012）、谢德仁和陈运森（2012）是从整体网络角度研究董事网络对公司治理的影响，倾向于将董事联结称为董事网络。

本书中将即待考察和研究的企业成为焦点企业。而与目标企业存在董事联结关系的企业，称之为联结企业。焦点企业与联结企业是相对应的一对概念。焦点企业与联结企业之间可由一位联结董事联结，也可以由两位或多位联结董事联结。

1.4.2 联结董事并购经验概念界定

1.4.2.1 并购

并购在国际上通常被称为"Mergers & Acquisitions"，"M&A"。并购是指一家企业购买其他企业的全部或部分资产或股权，从而影响或控制其他企业的经营管理，使其他企业保留或者失去法人资格。这个术语包含两个概念，一个是"Mergers"，即兼并或合并；另一个是"Acquisitions"，即收购或买收。两者结合在一起使用，简称"并购"。

（1）兼并，《大不列颠百科全书》对"兼并"（Mergers）一词的解释是："两家或更多独立的企业、公司合并组成一家企业，通常由一家占优势的公司吸收一家或更多的公司"。在中国，兼并一般可分为吸收合并和新设合并两种形式。吸收合并是指一家公司和另一家公司合并，其中一家公司从此消失，另一家公司则为存续公司，这种情况可以用公式"A + B = A（B）"来表示。新设合并是指两家或两家以上公司合并，另外成立一家新公司，成为新的法人实体，原有两家公司都不再继续保留其法人地位，这种情况可以用公式"A + B = C"来表示。

（2）收购（Acquisitions）是指一家企业通过产权交易取得其他企业一定程度的控制权，以实现一定经济目标的经济行为。收购是企业资本经营的一种形式，它导致一家企业的经营控制权易手，原来的投资者丧失了对该企业的经营控制权，实质是收购者取得控制权。收购按标的性质的不同分为两种形式：资产收购和股权收购。资产收购是指买方企业购买卖方企业的部分或全部资产以达到控制该企业的目的的经济行为。股权收购是指买方企业直接或者间接购买卖方企业部分或全部股票，并根据持股比例与其他股东共同分享卖方企业的所有权与承担其义务的经济行为。

基于实证数据的易取性和客观性，本文所研究的企业并购为中国 A 股上市公司间的兼并和收购活动。企业并购是一项复杂的系统工程，包括许多交易环节、国外企业并购的经验表明；50% 的并购是失败的，失败的原因 80% 是由于目标公司选择的失误（HODKE，1997）。我国并购效果尤其不佳，许多学者认为在并购交易过程中，目标公司选择至关重要（张金鑫，2006；肖翔，2007）。还有学者指出，在并购交易中过高的溢价支付降低了并购后的协同效应，也是导致并购失败的重要原因之一（Sirower，1997）；Hunter 和 Jagtiani，2003；扈文秀和贾丽娜，2014）。并购溢价水平是并购定价合理性的直接体现，合理的并购定价是企业成功的重要保证（宋光辉和闫大伟，2007）。因此，本书认为，并购交易前期的并购目标选择和并购交易中期的并购定价是并购交易的两上重要环节。而并购交易后期取得的并购绩效是并购创造价值的最终体现。在后续的企业并购研究中，本文将分别从并购交易的前期、中期和后期，围绕并购目标选择，并购溢价和并购绩效三个方面展开。

并购活动的表现形式多种多样，如股权转让、资产重组和回购分立等。根据并购的不同功能或涉及的产业组织特征，并购活动可以分为以下几个类别：按照并购双方所在行业的性质，可将并购分为横向并购、纵向并购和混合并购；

按照对目标企业进行并购的态度，可将并购分为善意并购和敌意并购；按照是否通过证券交易所公开交易，可将并购分为要约并购和协议并购；按照出资方式，可将并购分为现金购买资产式并购、现金购买股票式并购、股票换取资产式并购和股票互换式并购。并购还有一些特殊类型，如委托书并购以及杠杆并购等。

本书在后续的研究中根据前人的成果，按照并购双方的战略匹配性，将并购分为相关并购和非相关并购两种类型。并购双方属于同一行业或同一产品市场的并购称为相关并购（Fowler & Schmidt，1989；Krishnan et al.，1997；Kroll et al.，1997）；其他并购则称为非相关并购。

1.4.2.2　经验

辞海中的经验是指由实践得来的知识或技能，也指经历和体验。经验知识不同于编码化知识，编码化知识是显性的、已成体系并可以用正规系统的语言传播的知识，而经验知识是隐含的，是深植于企业文化或者大脑和身体中，很难系统编辑和交流，只能通过某一特定情景中的行动、承诺来表达，并购这种知识只能通过观察、模仿和实践经验才能获得。

1.4.2.3　并购经验

根据前人研究对并购经验的解释，并购经验可以定义为在并购过程中获得的并购知识或者并购技能（Gulati，1995；Kale & Singh，1999；Kale et al.，2002；Reuer et al.，2002）。这些经验教训和技能会深深地嵌入相关个人的脑海中，为执行一些任务或行动组织常规途径奠定了基础（Nelson & Winier，1982）。当企业拥有丰富的自身并购经验时，企业会总结发展自身的经验教训以便提高以后并购的成功率，而缺乏相关并购经验的企业则会想方设法获取他方的并购经验以提高自己并购的绩效。并购经验的第一个特征是并购经验属于隐性知识，难以记录、难以形式化（Nonaka，1991）。获得隐性知识的关键就是体验，没有一定程度的共同体验，一个人很难将自己的想法投影到另一个人的思维过程中去；第二个特征是实用性（Sternberg，1994），属于一种并购技巧；第三个特征是并购经验只适用于特定的环境，因为它通常只有在使用到的工作情况下才会被需要（Sternberg，1994）。

1.4.2.4　联结董事并购经验

联结董事并购经验是指联结董事在联结企业的并购中获得的并购知识或者并购技能。当焦点企业拥有多名联结董事时，联结董事并购经验为焦点公司董事会所拥有的所有联结董事在联结企业的并购中获得的并购知识或者并购技能的集合。例如，焦点企业 A 拥有两名联结董事甲和乙分别在联结企业 B 和 C 兼职，若联结企业 B 曾经发生过并购，那么联结董事甲就获取了相关的并购经验。同时，若联结企业 C 也发生过并购，那么联结董事乙也将获取相关的并购经验。此时，对于焦点企业 A 来说，联结董事的并购经验为联结董事甲和联结董事乙所获取的并购知识或者并购技能的集合。

研究指出，决策者需要具有解决下列问题的能力：一是信息过载（March，1994；Glaser & Chi，1988；Sternberg，1997）；二是时间约束（Glaser & Chi，1988）；三是识别潜在的长期战略价值（Ericsson & Charness，1994）。研究发现人们通常使用两种策略来有效的解决上述问题：第一，在问题所在的领域运用抽象知识（关于这一领域主要因果关系的抽象知识）来识别和选择问题的解决方案；第二，通过应用类比推理，包括引用之前所面临的具体挑战，找出解决当前问题的有效方法（Anderson et al.，1997）。McDonald 等（2008）认为，联结董事在联结企业兼职的过程中，并购经验的积累将有助于联结董事提升解决上述并购决策难题的抽象知识组织能力。此外，Beckman 和 Haunschild（2002）也指出更多的前期经验还能够扩展联结董事可以参考的成功并购"榜样"目录，因此，并购经验将有助于提高联结董事类比推理。

在上述研究的基础上，McDonald 等（2008）提出，联结董事的并购经验按其获取的来源不同可以分为同行业或同产品市场并购经验、相关并购经验和非相关并购经验三种类型。联结董事同行业或同产品市场并购经验，即联结董事在联结企业任职时，联结企业曾经对属于某行业或某产品市场的企业进行过并购，若焦点企业在当前并购中也对该行业或产品市场的企业进行并购，那么，联结董事曾经在该行业或产品市场积累的并购经验就被称为联结董事同行业或同产品市场并购经验。联结董事相关并购经验，即联结董事在联结企业任职时，联结企业曾经进行过相关并购，联结董事在联结企业积累的这种并购经验就被称为相关并购经验。联结董事非相关并购经验，即联结董事在联结企业任职时，联结企业曾经进行过非相关并购，联结董事在联结企业积累的这种并购经验就被称为非相关并购经验。联结董事并购经验获取的来源不同，通过并购经验的积累帮助联结董事提升的抽象知识组织能力和类比推理能力也存在差异（McDonald et al. ，2008；Kroll et al. ，2008）。

焦点企业的联结董事所拥有的并购经验可能并不是单一的，当焦点企业的联结企业发生过多次并购，且并购类型并不相同，或者焦点企业拥有多个联结企业，而每个联结企业发生的并购类型不同时，焦点企业的联结董事将拥有多种类型的并购经验。此外，联结董事在参与联结企业的某次并购过程中，可能同时获得两种并购经验，如联结企业曾经对某行业或产品市场的企业进行相关并购，而焦点企业在当前并购中也对该行业或产品市场的企业进行并购，此时联结董事将同时获得同行业或同产品市场并购经验和相关并购经验两种并购经验。本书认为，焦点公司的联结董事所用的多种并购经验并不会相互产生冲突，因为当焦点企业发生某种类型的并购时，联结董事会通过类比推理从成功并购"榜样"目录中找出与当前并购最为相似的并购知识和并购技能加以运用。

1.4.3 并购目标选择概念界定

并购目标选择就是公司的并购决策者从并购动机出发，从搜寻的备选目标中选定并购目标的过程。国内外学者就并购目标选择的标准（Rumelt，1974；Salter & Weihold，1979；Wernerfelt，1984；Markides & Willamson，1996；Gugler & Konrad，2002）和被选择的并购目标特征（Salter & Weihold，1979；Jensen & Ruback，1983；Wernerfelt，1984；Bradley et al. ，1988；Ang et al. ，2003；Megginson et al. ，2004；李善民和周小春，2007；潘红波等，2008；方军雄，2008；唐建新和陈冬，2010；潘红波和余明桂，2011）展开了广泛的研究，但并未得出统一的结论。进行充分的信息搜索，做出恰当的并购目标选择是并购创造价值的前提保证（Palepu，1986）。因此，本书认为，降低潜在目标公司与并购公司的信息不对称问题，是创造并购价值的有效手段。

1.4.4 并购溢价概念界定

并购溢价即并购方为标的支付的交易价格与标的本身内在价值（并购宣告前的标的市值）之间差额的百分比（陈仕华和卢昌崇，2013）。并购溢价存在着很大的波动空间（Haunschild，1993）。Varaiya 和 Ferris（1987）的研究发现，西方国家并购活动中平均的并购溢价水平约为50%，并购溢价低于0或超过100%的并购交易也很常见（本书使用的并购样本溢价最小值为-98.8%，最大值为1170.8%）。并购溢价存在很大的不确定性，这可能是因为：首先，并购溢价的确定需要考虑多方关系，并购价格不仅要反映并购标的真实价值，还要符合并购目标企业的心理预期，同时，当并购交易存在竞争对手时，还要考虑怎样的并购溢价水平既能击败其他竞争者而又不会因为盲目追高而给并购方造成损失。其次，当竞标过程中出现多个竞争对手时，无论高管做出怎样的选择，提高标价继续竞标还是撤标，其结果都是难以准确估计的。最后，在并购价格制定过程中，虽然会有并购标的的评估价格作为参考，但是，由于影响标的估价的因素有很多，所以评估公司对并购标的价值的评估也存在较大的不确定性，准确的标的评估价值可能难以获取。Trauwein（1990）认为，标的价值受很多因素影响，若无法对上述因素进行全面的考察，高管可能难以进行准确的价值评估。

并购溢价的不确定也是并购价值难以实现的重要原因之一，而造成并购溢价不确定性的根本原因仍然源自信息不对称。因此，本书认为促进并购双方的沟通与交流，缓解信息不对称问题带来的影响，是降低并购溢价的不确定性，创造并购价值的有效方法。

1.4.5 并购绩效概念界定

广义的并购绩效包括宏观绩效和微观绩效。并购宏观绩效，指并购活动对优化整个社会的资源配置和促进社会经济发展产生的积极作用，在理论上这些作用可能源于多方面：并购导致的行业生产集中会使整个社会生产获得潜在规模效益；不同企业技术和资本的融合更利于技术和产品的创新，提高社会生产率；经营困难的企业因并购而获得重生，有利于稳定社会经济局面和减少无形资产的损失；处于夕阳产业的企业通过并购将资源转移入新兴产业实现社会产业结构升级；等等。并购微观绩效，一般指的是并购双方企业因并购获得的总体绩效改善或者价值增加。进一步划分的话，并购微观绩效包括交易和整合绩效（张秋生，2009）。并购的交易绩效，是指并购行为引起的资本市场反应对公司价值的影响，若资本市场对并购前景看好或者发现公司原有价值被低估，则并购会使得涉及交易的公司价值增加；而并购的整合绩效，是指并购后双方的结合带来的经营管理效率提高或者其他方面的财务效益，通常可以从财务指标和非财务市场指标加以衡量。从国内外现有针对并购绩效的研究来看，绝大多数集中于并购微观绩效，因此本书所研究的并购绩效也限于微观绩效。

到目前为止学术界在并购绩效的衡量方法上并无统一做法，但主流的研究做法可以分为两派：一种是以并购带来的资本市场超额收益衡量，一般称之为事件研究法（Event-Study Methodology），该方法是由 Fama 等于 1969 年率先提出；另一种是以并购后财务指标数据相对并购前或者相对其他公司的改变衡量，包括单一财务指标和综合财务指标，本书称之为财务指标研究法或者会计研究法。此外，还有一种与资本市场相关的衡量方法，即股价变动法，它通常用并购前后公司的托宾 Q 值变化来衡量并购绩效，这一方法的潜在假设是在有效的资本市场中股价是并购绩效的最佳评估师。实际上，这些方法各有所长但都不无缺点，并无优劣之分。但由于股价变动法的潜在假设是在有效的资本市场，鉴于我国目前的制度环境较为复杂，因此，本书主要采用事件研究法和财务指标研究法来衡量并购绩效。

1.5　研 究 创 新 点

本书基于我国的转型经济背景和我国上市公司的相关数据，系统和深入地考察董事联结对企业并购的影响，其可能的创新点如下：

（1）研究视角的创新。本书从并购方和目标方之间的关系这一角度考察并购的价值效应问题，而现有研究多从并购方或目标方单独一方的视角来考察。近期虽然也有文献开始关注董事联结与并购价值的关系，但多从社会网络理论出发，主要关注整体董事联结网络对并购价值的影响，或董事与管理层的私人联结关系对并购价值的影响。本书的研究扩展了并购价值效应问题的研究视阈。

（2）研究内容的创新。少量的关于董事联结对并购价值影响的文献，大多直接考察董事联结对并购绩效的影响，而关于董事联结为何能够促进并购价值创造却鲜有文献进行系统分析和检验。本书认为并购目标选择和并购价格制定是并购活动的两个重要环节，进行恰当地并购目标选择是并购价值创造的前提，而合理降低并购溢价是并购创造价值的关键条件。因此，本书除了考察董事联结对并购绩效的影响以外，还考察了董事联结对并购目标选择和并购溢价的影响，明确了董事联结创造并购价值的作用机理。另外，现有研究较少将并购公司和目标公司二者作为一个整体考察并购后实体的并购价值效应，也鲜有研究关注目标公司相较于并购公司的相对并购价值效应。本书从新的维度对并购价值效应进行评价，除了考察董事联结对并购公司并购价值的影响以外，还对并购公司和目标公司的总体净经济收益以及目标公司相较于并购公司的相对净经济收益进行测试，检验了董事联结对并购实体并购价值以及目标公司相对并购价值的影响，使研究更为全面，进一步扩展了现阶段国内关于并购价值效应的研究。最后，虽然有关经验研究的心理学文献指出，联结董事的并购经验有助于并购公司做出较为合理和有效的并购决策，但是对于联结董事的并购经验会对董事联结与并购价值创造之间的关系产生何种影响，却鲜有文献探究。本书考察联结董事的并购经验对董事联结与并购价值关系的影响，从组织学习视角探索促进董事联结作用有效发挥的影响因素，深化了该领域的相关研究。

第 2 章 文献综述

为更好地理解董事联结对并购影响的研究价值和意义，本章首先，从并购的相关文献入手，对并购目标选择、并购定价和并购绩效三个方面的国内外文献进行综述，为后续的研究提供方法和方向。其次，对董事联结的国内外文献进行总结，厘清了董事联结存在的成因及其影响，为后续研究提供理论依据。再次，回顾董事联结对并购影响的国内外文献，分析董事联结对并购目标选择、并购定价和并购绩效影响研究的成果与不足，明确本书后续研究的主要内容和意义。最后，梳理联结董事经验对并购影响的国内外文献，发现联结董事的并购经验对董事联结与企业并购间的关系可能产生的重要影响，为本书进一步对董事联结与企业并购关系的深入研究提供思路。

2.1 企业并购相关研究

进行科学合理的并购决策是并购创造价值的前提保证。在并购决策过程中，能否选择恰当的并购目标，确定合理的并购价格是并购决策科学性的重要体现。因此，本书将围绕上述并购决策过程的两个关键环节以及并购决策效果的最终体现——并购绩效，三个方面进行国内外并购文献的综述，并对已有文献进行评述，总结出尚待研究的空间，为后续的实证研究提供研究方法和方向。

2.1.1 并购目标选择相关研究

进行充分的信息搜索，做出恰当的并购目标选择是并购创造价值的前提保证（Palepu，1986）。国内外学者围绕着如何进行恰当的目标公司选择展开了很多研究，从目标公司选择的标准来看，目标公司选择应具备如下特征之一：一是行业相关。由于行业相关并购会使公司市场占有率提升、产品线扩大或垂直整合能力增强，而行业无关的目标公司并购由于并购方不熟悉目标公司行业环境，可能会错误估计目标公司价值，因此行业相关并购要比行业无关的并购更有可能获得较好的并购绩效（Salter & Weihold，1979；Wernerfelt，1984；Ang et al.，2003；Megginson et al.，2004；李善民和周小春，2007）。这里的相关性包含增强相关和互补相关两种含义。增强相关，即获取更多的并购方已有的资源；互补相关，即获取能与并购方的资源有效结合的资源（Salter & Weihold，1979）。二是区域相近。国外学者发现，并购更可能发生在距离较近的公司之间，即呈现出所谓的"本地偏好"（home bias）现象，并且由于距离较近有助于降低并购决策所需的信息搜集成本，因此并购企业也往往选择地域相近的企业作为目标企业（Portes & Rey，2005；Giovanni，2003）。在我国制度背景下，由于公司并购行为受到很强的地方政府干预，并购同一行政辖区内公司的"本地偏好"现象也极为普遍（潘红波等，2008；方军雄，2008；潘红波和余明桂，2011）。三是企业特征。当两家公司发生并购之后，可能由于它们之间存在管理效率的差别，或者由于规模经济、范围经济、重新配置或共享互补资源，或者由于建立了内部资本市场等，使并购方可以获得管理协同、运营协同或财务协同效应，因此与并购方存在协同效应的目标公司更可能获得较好的并购绩效（Jensen & Ruback，1983；Bradley et al.，1988；唐建新和陈冬，2010）。

外部环境对于并购行为也有重要影响。在不同的时代背景下，经济发展需求不同，对于并购目标选择的标准也存在较大的差异（Ravenscraft，1987）。国外学者对目标公司的特征研究可以追溯到20世纪60年代，本书首先回顾学者们关于美国并购市场不同时期目标公司特征的研究成果。

第二次世界大战以后，美国经济实力得到加强。科学技术的迅猛发展，兴起了一系列新兴行业，产业结构面临新一轮调整，客观上要求强大垄断企业的产生。但是由于反托拉斯法执行严格，使得混合并购成为并购的主要形式。在这一经济背景下，学者们发现20世纪60～70年代，目标公司具有市盈率较低、规模较小（Simkowitz & Monroe，1971）和财务杠杆不高的特征（Stevens，1973；Dietrich & Sorensen，1984）。这些研究表明，在这一时期目标公司并不存在财务困境，并购是企业强强合并，扩大规模的结果，而非目标公司经营不善导致。

20世纪七八十年代，美国企业的竞争力日渐低落，寻求变革。这一时期，杠杆收购急速窜起。杠杆收购与一般的战略收购不同，其主要目的不是整合上下游产品链，也不是为了更大的生产份额或更经济的生产规模，甚至也不是为了规避风险从事多元化的经营，其收购目的就是为了将来（一般是 5~7 年）以更高的价格出售，并购为赚取买卖的差价及并购交易的咨询服务费用。财力不足的小公司通过发行"垃圾债券"来并购大型企业，并从后者的现金流量中偿还部分负债，在这段时间，目标公司具有低财务杠杆的特征（Ravenscraft，1987）。此时期外资也通过并购的方式进入美国市场，Wayne 等（1993）指出外资选择的并购目标多与主营业务有关，通过较低成本的收购来寻求协同效应，拓展市场商机。此外，在这一时期，航空业、银行业以及石油化工业的行业管制解除，因此，上述行业也体现出与其他行业不同的并购目标选择特征。Kim 和 Arbel（1998）针对医疗产业并购案例进行研究，结果发现资本投入相对总资产比重高的公司容易成为目标公司，表明在医疗行业这种依赖于资本投入的产业中，大量资本投入意味着未来成长的潜力，并购方所看重的是目标企业的发展。Adelajaet 等（1999）则针对 1985~1994 年美国食品业的并购进行研究，结果发现被收购公司具有低流动性、低负债、高获利性、低成长性、大交易量和低市净率特征。

20 世纪 90 年代以后，美国展开以战略并购为主的全球化扩张，此时世界经济正走出萧条。在经济复苏或增长的过程，并购也成为企业成长的重要手段。关于目标公司特征的研究表明，大多数目标公司运营表现并不差，其中 Sorensen（2000）指出流动性较佳的公司容易成为收购标的，而收购方通常收益也较佳。Muslumov（2001）则发现价值导向的收购方倾向寻找具有成长潜力的目标公司，成长型的投资者则看中现金流量。

在美国以外的发达区域，对于并购目标公司选择的标准又不相同。Brar 等（2009）在 Palpu（1986）研究的基础上，对 1992~2003 年欧洲及跨境并购目标公司特征进行研究，发现目标公司表现出规模小、价值低估、流动性差和成长性低的特征。Alcalde 和 Espitia（2003）以 1991~1997 年西班牙非金融业上市公司作为研究对象，发现目标公司与同行业的其他公司相比，并未体现出获利性较差和价值评估偏低等特征，这一结果显示并购活动并不是以投机为目的的，另外规模较小、大股东持股比率较高（或管理层持股比率较低）的目标公司将有助于并购的顺利开展。WYK 和 Nguyen（2010）对澳大利亚过去 11 年间的目标公司特征进行了研究，发现目标公司的资本运作能力较低，成长性较差。

新兴市场并购目标公司选择的标准也异于发达国家。以开放的小型经济体为例（small open economy），Pervan 等（2010）对克罗地亚 2007~2008 年上市与非上市的目标公司财务特征进行研究，结果发现目标企业特征呈现规模大且资产周转率高的特征。Kumar 和 Rajib（2007）则对 1993~2004 年印度并购交易中并购方与目标方的特征进行了研究，结果发现相较于并购方，目标方有规模和现金流量较小，P/E、P/B 较低，资产负债率较高的特征，但 Basu 等（2008）对 2002~2006 年印度的并购事件进行检验，发现并购方倾向收购流动性佳、规模较大，但是风险、杠杆及运营效率偏低的目标公司，从而达到迅速成长并降低风险的目的。上述差异可能是由于并购事件存在时间差异，印度近年来开放程度提高，技术进步速度加快，在这一经济背景下并购的需求也产生了变化。最后，Erdogan（2012）以 2004~2010 年土耳其被收购的 500 大企业作为研究对象，结果发现目标公司具有低获利以及低负债比例的特征。

关于并购目标的选择标准，我国学者对目标企业选择的研究与西方相同，也是从企业的发展战略出发，对目标企业所处行业进行选择，再综合考虑目标企业的各种因素，判断双方资源是否具有相互关联性。国内学者的主要观点有：

戚汝庆（2001）认为，企业在明确了战略目标后，首先，应考虑的是选择什么行业。其次，在既定行业内选择适当的企业。在选择目标企业时要考虑其经济规模、财务状况、地理位置、技术水平、市场地位及企业文化等因素。最后，结合企业的并购动机，就这些因素的全部或部分，制定出适宜的并购标准搜寻目标企业。秦喜杰（2002）认为，并购企业从自身的发展战略出发，设定目标企业搜寻标准，进行目标企业的信息搜寻；搜寻标准要考虑目标企业所处地理位置、目标企业的规模和性质、目标企业的股权结构、目标企业和并购方的企业文化方面的协同性等。并指出：目标企业的搜寻可以应用搜寻理论进行；筛选要看目标企业的被收购意愿。黄本笑（2004）对并购方与目标企业的文化是否融合进行了研究，文中引入通约性这一哲学概念，指出在并购前期的调查中对目标企业文化与并购方的原有文化的可通约性进行测度的重要性，并给出了具体的测度方法与标准。张金鑫（2006）认为，不应以目标企业符合若干条件为标准，而应从并购双方资源匹配的角度寻找并购目标，才能成就完美的并购。企业的资源可细分为文化、能力和资产三类，对资源匹配的分析也相应地分解为三类资源的匹配分析，并设计了三类资源的匹配分析方法。在此基础上，对并购双方资源的总体匹配进行判断。得出以下主要结论：目标企业选择的核心应是并购双方协同效应的评估；战略资源的潜在协同和转移效率是并购双方匹配的关键；战略资源的潜在协同决定协同的潜力，战略资源的转移效率决定协同实现的程度。

关于并购目标公司的特征，21 世纪初，我国学者才在参考西方学者研究方法的基础上，与我国特殊的经济环境相联系，对我国不同时期的并购目标公司特征展开研究。

凌春华等（2005）以2003年被并购的172家上市公司为研究对象，采用单因素方差和二元回归相结合的方法进行分析，研究结果显示目标企业与非目标企业在管理效率、发展能力和偿债能力方面存在显著性差异，其回归模型的拟合准确率达76%，但是由于其研究的样本量少以及模型回代检验的问题，对目标公司的预测准确率未达到50%，可见其模型的预测性并不理想。

马海峰和蔡阳（2006）以我国2003年被并购的上市公司为研究对象，采用Levene方差检验和T检验的方法对并购目标企业进行实证分析，发现目标企业的特征表现为股权分散、流动性较强，盈利能力差，成长缓慢以及财务资源有限，模型的整体准确率达到71.4%。在选择样本过程中保留了协议并购等市场化的并购行为，样本选择更加细致化。

崔学刚和荆新（2006）研究了1999～2001年我国上市公司以协议转让方式被并购的目标公司，选择剔除金融和房地产业后的全部目标公司作为样本，并以这期间未发生控制权转移的上市公司为对比样本。在选择变量指标方面，考虑到我国资本市场的特征，在借鉴Palepu（1986）和Barnes（2000）研究的基础上，避开了颇有争议的托宾Q，最终选取了31个变量指标对成长能力、公司规模、买壳成本、股权结构和价值低估程度等10个假设进行解释，得到与马海峰和蔡阳（2006）一致的结果，而且发现企业公司规模和买壳成本与企业控制权转移的概率呈负相关关系，并选取2002～2003年的数据对预测模型进行检验，综合预测准确率为70%，说明我国上市公司控制权转移的可预测性较好。

许晓霞（2007）采用ANOVA和Logistic回归相结合的方法，对我国2005年被并购的上市公司进行实证研究，研究结果显示管理效率低，成长能力差，资源贫乏、财务杠杆高、股权分散以及股权流动性大是并购目标企业的主要特征。

管继梅（2008）通过对2006年我国A股上市公司中的并购目标公司为研究对象，采用T检验与二元Logistic回归相结合的方法，选取了40个指标代表代表盈利能力、偿债能力、盈利能力、成长能力、债务负担、融资便利、价值低估和交易成本8个因素，对股权分置改革后的并购目标公司特征进行实证研究，研究表明改革后低估目标公司的价值是一种普遍现象，并购目标企业的特征体现为盈利能力低、成长性差、股权分散和获取现金能力强。其研究虽然选取了股权分置改革后的样本，但选取时间较短，代表性差。

张艳青（2010）以我国A股市场2002～2009年发生控制权转移的全部目标

公司为目标样本，并选取 7044 家未发生并购的企业作为对比样本，分别进行总体和分年度实证分析，指出我国上市公司的并购目标企业盈利能力较差，财务杠杆较高，而且实施股权分置改革后的股权流动性与概率 P 呈正相关关系。虽然预测模型的总体预测正确程度达到 60% 以上，但是研究的样本过于宽泛，没有按行业分类，也没有判别是否为借壳上市，缺乏针对性。

刘洪久等（2010）以我国 2006~2008 年 A 股上市公司的并购目标公司为研究对象，运用自组织映射神经网络（SOM）和 Hopfield 神经网络模型进行实证分析，选用 12 个变量指标来衡量目标企业的盈利能力、发展能力、资产管理能力以及偿债能力，研究结果除偿债能力较低外与张艳青（2010）的研究结果基本一致。其研究模型对被并购和未被并购企业的预测准确率都较好，分别为 80.69% 和 61.33%，其所选用神经网络研究方法也为并购目标公司的特征研究提供了新的研究思路。

林俊荣和张秋生（2012）对国内外并购目标的特征相关研究进行梳理，发现虽然时代背景和经济环境不同，但是西方并购行为的主要并购动机是企业扩张，而由于我国资本市场制度相对不完善以及政府的干预，导致我国并购目标公司的特征与壳公司相似。同时也对我国未来相关问题的研究方向提出建议，如在样本方面应对壳公司和非壳公司进行区分，同时也应该对并购效率进行分类；在研究方法上，应该引进相关领域的新方法。

唐梦华（2012）针对制造业进行研究，选取我国 A 股市场 2001~2010 年制造业 18 个二级行业被收购的 195 家目标企业作为目标样本，并选择 5280 家公司作为对比样本，对样本进行逐年分析并建立预测模型，连续三年样本以及逐年累积样本建模方式的预测结果和模型的稳定性最好，研究结果与管继梅（2008）以及张艳青（2010）相同，而且发现企业的营运能力、获取现金能力以及规模与被并购的概率呈负相关关系。

从现有研究来看，并购企业选择目标企业的标准主要是从并购企业的需求出发，为实现并购企业的战略意图而订立的选择依据。但是从目标企业的特征来看，由于国家和时代背景不同，产生并购的动因也就不同，再加上学者之间所采用的研究方法的差异，目标企业呈现出不一样的特征。此外，上述研究从并购企业的需求角度考虑了目标公司的选择问题，却忽略了并购公司与目标公司之间的关系对并购目标选择的影响，如二者存在关联方关系和董事联结关系等。对于如何有效地降低搜寻成本，避免并购前调研给双方带来的不便，更恰当地选择对并购方有利的目标公司，国内外研究无法给实务界满意的答案。因此，如何促进并购双方的信息交流，将是未来并购目标公司选择研究的关键因素。

2.1.2 并购定价的相关研究

并购公司与目标公司进行的谈判必须恰当地进行，即使并购公司可以较准确地对并购目标公司的价值进行评估，但是也会因为并购公司在谈判中支付了一个"不可接受的价格"而导致这一过程的失败。

Dickie 等（1987）在对于竞争性竞价谈判的研究中，发现遭受损失的一方往往是并购方公司，除非存在着很显著的协同效应，否则企业并购企业很可能成为"赢者诅咒的牺牲品"，因为获胜的竞价一般都是最大限度地过度高估了并购目标企业的价值。姜秀珍和全林（2006）对第一价格密封拍卖条件下的目标企业定价问题展开了深入的研究。他们首先假设参与拍卖的并购公司的各方都拥有私人信息，并且这些信息是相互独立的，同时其中每个并购公司对于其他并购公司的私人价值都拥有相同的分布函数，假设整个过程没有合谋现象。而在实际的并购事件中，密封的拍卖过程，经常会发生合谋行为，由于存在信息不对称性，并购公司不可能拥有其他并购公司私人价值的分布函数。Flanagan 和 Shaughnessy（2003）的研究结果表明，多个竞价并购企业的存在会对并购溢价产生重要的影响。假如在并购公司与目标公司之间相关性不高的情况下只有一个竞价公司，而且并购公司很倾向选择在其保留价格之下进行谈判，由于目标公司的管理层要推断出并购公司的保留价格具有很大的难度，导致通过谈判一般会获得较高的溢价。Fishman（1988）认为潜在的竞价并购公司并不拥有关于并购目标公司价值的私人信息，竞价的过程为：假如第一个竞价公司给出较低的价格，则潜在的竞价者会参与并购的竞争；反之，则不会参与并购的竞争。他还假设只要最初存在信息成本，则交易费用在竞价过程中的所有竞价公司中都不存在，并且认为初始价格一般会偏高，并且随后会不断地提高价格以避免其他竞价公司与之竞争。Hirshleifer 和 Peng（1989）也建立了一个相似的模型，但不同点在于他们的模型中考虑了竞价成本存在时过度竞价的情况，他们的研究结果与 Fishman（1988）的研究结果相反，因为竞价成本可能会延迟具有较低的协同效应的潜在竞价公司参与竞争，初始给出价格可能会高于竞价过程中形成的价格。

此外，学术界在目标公司的内在价值已经确定的基础上针对各种并购交易情况，就并购交易价格的确定问题展开了大量的研究。Huang 和 Klemperer（1999）的研究结果表明，拥有并购目标公司的部分所有权有利于并购公司可以以较低的价格赢得并购的拍卖，他还发现若一家拥有并购目标公司部分所有权的并购公司所采取的策略具有一定的侵略性，则其他竞价公司会更有可能陷入"赢者诅咒"，因此他们一般会采取较为保守的竞价策略，这会提高那些拥有部分所有权的公司获得并购的概率。

面对信息不对称的竞价并购公司，害怕"赢者诅咒"的心理将会降低竞价公司之间的竞争。郭炜（2006）建立了一个基本的企业并购价值决策的动态博弈模型，他的研究结果表明，完全信息假设下最终并购定价的均衡结果是，对并购双方企业而言，综合折现因子越大的一方可以获得更多的收益；谈判时间越长，谈判回合越多，对于综合折现因子越大的一方并购就越有利；首先提出报价的一方可以在并购交易中获得更大的收益。Povel 和 Singh（2004）分析研究了目标公司是如何以最优的价格向信息不对称的竞价公司卖出公司的，研究结果发现序贯的报价方式最后可以给出最高的交易价格。Myerson（1981）的研究结果发现定价的偏差可以由不对称的竞价企业导致，但是他并没有分析这可能会对最终交易价格产生的影响。Maskin 和 Riley（2000）发现在竞价公司不对称的假设下，不同标准的竞价最后难以得出最优的价格，但是也没有对最优竞价和最优竞价对竞价环境的依赖性作进一步研究。Cantillon（2000）研究了不对称竞价公司假设下的竞价交易过程，结果发现若使用的是标准的拍卖，那么不对称的竞价公司可能会提高目标公司价值损失的概率。齐安甜和张维（2004）使用不完全信息与完全信息假设的并购谈判模型来对并购期间的收益展开研究，研究结果表明，期间发生的收益将会增加并购目标公司的谈判能力。Hirshleifer（1998）建立了并购公司序贯出价的并购竞价模型。在模型中，他假设报价和修改报价都是具有成本的，该模型还对不同拍卖机制下未来收益与并购效率之间的关系展开了研究，并且给出了基于信息角度竞价延迟的解释。

通过上述分析可以发现，最优价格难以实现的一个重要原因是并购双方之间存在信息不对称问题，信息不对称使并购方难以了解目标公司的真实情况，进而无法对目标公司做出较为准确的估价。此外，信息不对称也使并购方难以准确预测并购的协同收益，进而提高了超额支付的风险。可见，解决并购中的信息不对称问题是并购定价合理化的前提条件。

2.1.3 并购绩效相关研究

并购绩效并购决策科学性和合理性的最终体现，并购绩效分为短期并购绩效和长期并购绩效两种。

2.1.3.1 短期并购绩效的相关研究

股东对并购的市场反应体现了并购的短期绩效。股东对并购的市场反应主要通过企业在并购事件发生前后股票价格的异常波动来衡量，这种衡量方法被称为超常收益法或事件研究法。

关于股东对并购的市场反应研究国外学者没有形成统一的结论。2002 年 Bruner 在《应用经济学杂志》（*Journal of Applied Finance*）上对以往西方学者关于股东对并购的市场反应研究结论进行了汇总，本书参考 Bruner（2002）的研究进行文献梳理。

在运用事件研究法研究股东对并购的市场反应时，主要从收购公司股东收益、目标公司股东收益以及收购公司和目标公司合并收益三个角度进行研究。表 2 - 1 中列示了国外学者运用事件法考察并购短期绩效的文献统计。从表 2 - 1 中可以看出在考察股东对并购的市场反应方面，并没有取得一致的结论。Dodd 和 Ruback（1977）、Kunner 和 Hoffmeister（1978）、Jarrell 和 Bradley（1980）、Loderer 和 Martin（1990）、Rckbo 和 Thorbun（2000）、Leeth 和 Borg（2000）、Kohers 和 Kohers（2000）的研究发现并购事件发生后收购公司在事件窗口获得的超额收益显著为正，收益在1% ~6% 之间。但是在同一时期，甚至同一年就会有学者研究发现并购后收购公司在事件窗口显示出显著的负超额收益率，并购损害了收购公司股东价值，从表 2 - 1 中看出负超额收益率 -1% ~ -3% 之间变动，例如，Dodd（1980）、Varaiya 和 Ferris（1987）、Healy，Palepu 和 Ruback（1992）、Mitchell 和 Stafford（2000）、Walker（2000）、Mullherin 和 Boone（2000）、Delong（2001）、Houston 等（2001）。此外 Bradley（1980）、Lang，Stulz 和 Walking（1989）、Mock，Shleifer 和 Vishny（1990）、Franks、Harris 和 Titman（1991）、Mulherin 和 Boone（2000）的研究发现收购公司在并购窗口期间的股东累积超额收益率为零，并购既没有给股东带来收益也没有造成损失。

表 2-1　　　　　　　　　　　股东对并购的市场反应研究综述

作者	样本时间	样本	事件窗（天数）	CARs（%）	作者	样本时间	样本	事件窗（天数）	CARs（%）
Dodd 和 Ruback（1977）	1958~1978	124	(0, 0)	+2.83*	Langetieg（1978）	1929~1969	149	(-120, 0)	-1.6i
Bradley（1980）	1962~1977	88	(-20, 20)	+4.36*	Asquith 等（1987）	1973~1983	343	(-1, 0)	-0.85*
Janell 和 Bradley（1980）	1962~1977	88	(-40, 20)	+6.66*	Varaiya 和 Fems（1987）	1974~1983	96	(-20, 80)	-3.90*
Bradley 等（1982）	1962~1980	161	(-10, 10)	+2.35*	Morok 等（1990）	1975~1987	326	(-1, 1)	-0.70*
Asquith（1983）	1962~1976	196	(-1, 0)	+0.20*	Franks 等（1991）	1972~1984	399	(-5, 5)	-1.45
Asquith 等（1983）	1963~1979	170	(-20, 1)	+3.48*	Servaes（1991）	1972~1987	384	(-1, 完成)	-1.07*
Eckbo（1983）	1962~1978	102	(-1, 0)	+0.07	Jennings 和 Mazzeo（1991）	1979~1985	352	(-1, 0)	0.80*
Malatesta（1983）	1969~1974	256	(0, 0)	+0.90	Bannerjee 和 Owers（1992）	1978~1987	57	(-1, 0)	-3.30*
Wier（1983）	1962~1979	16	(-10, 0)	+3.99	Byrd 和 Hckman（1992）	1980~1987	128	(-1, 0)	-1.20
Jarrell 等（1987）	1962~1985	440	(-10, 5)	+1.14*	Healy 等（1992）	1979~1984	50	(-5, 5)	-2.20
Smith 和 Kim（1990）	1980~1986	177	(-5, 5)	+0.50	Berkovitch 和 Narayanan（1993）	1963~1988	330	(-5, 5)	-$10mm
Schwert（1996）	1975~1991	666	(-42, 126)	+1.40	Eckbo 和 Thorbum（2000）	1964~1983	390	(-40, 0)	-0.30
Maquieira 等（1998）	1963~1996	55	(-60, 60)	+6.14*	Mullherin 和 Boone（2000）	1990~1999	281	(-1, 1)	-2.30
Eckbo 和 Thorburn（2000）	1964~1983	1261	(-40, 0)	+1.71*	Mitchell 和 Stafford（2000）	1961~1993	366	(-1, 0)	-0.84
Leeth 和 Bor（2000）	1919~1930	466	(-40, 0)	+3.12*	Walker（2000）	1980~1996	278	(-2, 2)	-0.77

续表

作者	样本时间	样本	事件窗（天数）	CARs（%）	作者	样本时间	样本	事件窗（天数）	CARs（%）
Mulherin（2000）	1992 ~ 1997	961	（-1, 0）	+1.37*	Delong（2001）	1988 ~ 1995	280	（-10, 1）	-1.68
Kohers 和 Kohers（2000）	1987 ~ 1996	1634	（0, 1）	+1.26	Houston 等（2001）	1985 ~ 1996	64	（-4, 1）	-3.47*

注：*指检验在5%或更好水平上显著。

国内学者关于股东对并购的市场反应研究同样也没能取得统一的结论。主要得出如下结论：

（1）CARs值先升后降，甚至低于0。陈信元和张田余（1999）最早以1997年上海证券交易所挂牌的所有重组活动的公司为样本，分析重组对公司价值的影响，研究发现在重组公告日公司股票的价格确实出现了波动，说明市场对资产重组有一定反应，在公告日之后，CARs值出现了下跌的趋势，而且除资产置换和资产剥离的CARs值有短短几天显著的大于0之外，其他大部分时间的CARs值与0没有显著差异，资产剥离甚至在公告日后15天和18天的CARs值显著小于0。

（2）目标企业CARs值大于0，收购企业无变化。余光和杨荣（2000）收集深沪两市从1993~1995年发生的并购事件56起，分别计算事件窗口为21天、11天和3天时并购双方的CARs值，数据分析表明，在并购中，目标企业的价值将上升，而收购方公司的价值不会上升，基本维持不变。

（3）并购企业CARs值大于0，目标企业无变化。江斌（2002）则通过检验上市公司兼并收购消息和股价之间的关系，发现投资者能对上市公司兼并收购消息做出迅速反应。且对上市公司作为并购方的样本而言，并购事件公告日的平均超额收益率达到了1.95%，显著为正，说明并购取得显著绩效。李善民和陈玉罡（2002）同样采用事件研究法取得了与江斌（2002）相似的结论，他们通过对1999~2000年中国证券市场深沪两市共349起并购事件进行考察，发现收购公司通过并购获得的财富效应，从CARs的均值和T检验来看，从公告日前第10天至公告日后第30天这段时间内，除t = -9日的检验结果不显著外，剩下的40天每日的CARs都显著大于0，说明收购公司的股东从公告日前第10天开始，直到公告日后第30天，获得的CARs几乎总是为正，表明并购能给收购公司的股东带来显著的财富增加。而且不同类型的并购有不同的财富效应，国家股比重最大和法人股比重最大的收购公司其股东能获得显著的财富增加。

（4）并购企业和目标企业 CARs 值均大于 0。高见和陈歆玮（2000）研究了 1997~1998 年深沪两市发生资产重组的上市公司后发现，资产重组在公告前被视为利好消息，公告后则迅速大幅消化。平均而言，在公告前或公告后的较长时期里，目标公司比非目标公司的超额报酬率略高，但统计上并不存在显著的差异。

（5）收购企业 CARs 值小于 0。张新（2003）对 1993~2002 年中国上市公司 1216 个并购重组事件进行研究，发现并购重组对收购公司股东具有负面影响，收购公司股票溢价为 −16.176%，并由此提出了解释我国企业并购动因的"体制因素下的价值转移与再分配"假说。

2.1.3.2　长期并购绩效相关研究

国内外学者主要使用财务研究法考察并购的长期绩效。该方法的基本思路就是利用财务报表和会计数据资料，以净资产收益率、总资产收益率、销售增长率、销售净利率和每股收益等经营绩效指标为评判标准，通过对比企业并购前后或企业在并购后与同行业其他企业相比绩效的变化，来判断并购对于企业绩效的影响，进而试图识别公司并购是否创造股东财富。有时为了更好地剔除宏观经济环境、产业技术等外部影响，准确考察公司并购绩效的变化，也将同行业或规模相当的非并购公司作为控制样本进行配对检验。财务研究法主要用来研究并购中收购方的长期并购绩效。

国外关于并购长期绩效的学术研究成果相对较少，同样没有得到一致的结论。主要包括：第一，并购后收购公司的长期绩效降低。Meeks（1977）选取 1964~1972 年英国资本市场 233 起兼并事件，发现并购后收购方的资产收益率持续下降，并在交易后第五年达到最低点，同时有将近 2/3 的收购公司业绩低于行业平均水平。Salter 和 Weinhold（1979）研究发现并购后收购方的平均权益回报率和资产收益率相比于同期的纽约证券交易所平均水平低 44% 和 75%。Ravenscraft 和 Scherer（1987）则选择 1950~1976 年发生的 471 笔并购样本，研究发现收购方资产收益率显著下降，与同期未发生并购的公司相比约低 3.1%。Seth（1990）以 1962~1979 年 102 家并购事件为研究样本，发现收购方的财务协同效应为 −3.6%，并购没有给收购方的绩效带来提高。Tsung-ming Yeh 和 Ya-suo Hoshino（2002）以 1970~1994 年日本东京证券交易所发生并购的 86 家上市公司为研究对象，比较并购前后五年间收购公司的总资产收益率、净资产收益率、销售增长率、员工增长率等指标发现，上市公司收购后业绩下降。第二，并购后收购公司的长期绩效提高。Healy，Palepu 和 Ruback（1992）选取 1979～1984 年美国规模最大的 50 项并购交易为样本，运用财务法对收购公司的并购绩效进行研究，他们采用行业平均值作为基准，研究发现与所处行业的其他企业相比，并购交易后收购公司的资产运营能力不仅获得了显著性提高，而且这些收购公司也维持了与行业平均水平大体相当的资本性支出与研究开发支出的比率，这表明收购公司经营业绩的改善并非源于公司基础性投资支出的大规模削减。他们指出，并购整合可能有利于增加公司并购整体的价值。Parrino 和 Harris（1999）对 1982～1987 年发生的 197 起兼并进行研究，结果同样显示并购交易完成后收购公司的经营业绩逐渐提高。Ghosh（2001）以 1981～1995 年美国 315起并购事件为研究对象，研究并购前后企业经营业绩的变化，发现如果采用 Healy，Palepu 和 Ruback（1992）的方法，收购公司并购后的业绩相比于并购前有显著提高。第三，并购后收购公司的长期绩效与企业规模有关。Gugler 等（2003）对 1981～1998 年全球市场并购金额超过 100 万美金，总计约 70000 起并购事件采用财务研究法进行研究，发现并购后利润显著增长，但销售收入有所下降，认为小企业并购增加效率，大企业并购则增加市场控制力。相对于事件法国外通过财务法对并购绩效进行研究的数量较少，从结论来看，采用财务法和事件法研究结论相似，即对收购公司并购后是否取得并购绩效没有得到一致的结论。

国内关于并购长期绩效的研究远多于关于股东对并购市场反应的研究。这可能与事件研究法引入国内需要一个过程，或国内专家对于中国股市是否适用于事件研究法的前提假设（股市有效）表示怀疑，因而在国内使用财务研究法考察并购长期绩效的成果数量要远多于使用事件研究法考察股东对并购市场反应的成果数量。为有效考察并购的长期绩效，国内学者构建了不同的财务指标研究模式，主要包括：

（1）单一指标研究。王跃堂（1999）选择 1998 年发生资产重组的 172 家公司为研究样本，采用 ROE 作为并购长期绩效的衡量指标，研究发现重组公司业绩下滑的平均幅度明显小于未重组公司，而资产置换并未像人们所想象的那样，表现出最好的重组业绩。陆国庆（2001）则运用托宾 Q 值为并购长期绩效的衡量指标，对上市公司并购重组的产业效应进行研究，研究表明上市公司资产重组时倾向于进入产业效应较高的产业，产业创新型资产重组的绩效显著优于非产业创新型资产重组的绩效，上市公司股价涨幅与产业创新力度正相关。朱乾宇（2002）同样以 ROE 为并购长期绩效的衡量指标，研究了 1998 年 126 家上市公司的并购行为，发现收购金额占收购公司净资产比例越高，收购公司在该年度内进行了资产置换的并购公司绩效越好，而存在关联交易及承债式并购的公司并购绩效较差。舒强兴和郭海芳（2003）进一步将公司的 EVA 作为并购长期绩效的评价指标，研究了 2000 年 39 家并购样本，实证研究表明中国大部分并购活动仍在损毁收购企业的股东价值，他们认为，中国经济转轨阶段的特殊性以及并购交易的动机和决策机制理论，能够解释其研究结果。姚长辉和严欢（2004）则选用现金流指标来进行研究，他们以 1995～1999 五年间发生并购的 135 家上市公司为研究对象，通过检验并购前后三年中每一年并购公司和可比公司的税前经营性现金流收益率的差异，以及并购前后超额现金流收益率的差异程度，来检验收购公司是否通过并购行为取得了并购绩效，实证研究表明并购后企业的业绩并没有得到显著提升，甚至在并购后的第一年反而出现了相对较为明显的下降，制造业上市公司的并购、1998 年的并购以及股权趋于集中的并购，能够获得较大的业绩改善。从上面的结论可以看出，国内的学者已经从不同的角度，不同的方式运用单一指标进行研究。这些表现为相对指标或绝对指标的单一指标，无论如何选取，都很容易受到操纵或受其他因素的噪音干扰，在后来的研究中，绝大部分的文献采用了多指标衡量。

（2）多指标研究。原红旗和吴星宇（1998）以 1997 年所有重组的上市公司为样本，以资产负债率、每股盈余、净资产收益率和投资收益占总利润的比例为评价指标进行实证分析，得出资产负债率在重组当年有所下降，其余指标均有所上升，指标变动幅度与重组的方式、重组方的关联关系有关的结论。檀向球（1999）以 1997 年所有重组的上市公司为样本选取 10 个财务指标以主成分分析法组成综合得分模型进行实证，发现股权转让对提高上市公司经营状况有明显效果，而对外收购扩张并没有明显的提高上市公司经营状况。郭来生等（1999）对 1998 年深沪上市公司重组绩效进行实证分析，用样本公司重组前后主营业务收入率、净利润增长率、每股收益及其增长率、净资产收益率及其增长率等财务指标，考察了上市公司股权转让、对外兼并收购、资产置换和资产剥离等重组类型和不同地域样本公司的业绩变化，发现重组当年控制权转让类重组样本公司的净利润、每股收益和净资产收益率平均增长率均为负值；对外收购兼并类重组样本公司的主营业务收入和净利润都有一定增长，每股收益和净资产收益率则仍呈负增长；资产置换类重组样本公司的业绩则大幅度增长；资产剥离类重组样本公司当年业绩则有下降。国信证券（2000）选择了主营业务收入增长率、总利润增长率和净资产收益变化率来考察公司并购的绩效，并得到如下结论：国有股无偿划拨导致的控制权转移类公司重组的经营业绩变化是滞后的，重组当年业绩并无明显改善，而业绩的明显改善则发生在重组后的第二年，其后公司经营业绩则开始下滑；控制权有偿转移类公司在重组当年业绩就有明显变化，其后则表现出下降趋势；各年度重组样本公司平均主营业务收入增长率呈逐步上升趋势，而盈利能力指标显示的结果并不乐观。

（3）综合评分研究。冯根福和吴林江（2001）以1994～1995年201起并购为样本，以主营业务收入/总资产、资产利润率、每股收益和净资产利润率（剔除行业影响因素）组成的综合得分模型进行实证，结果为上市公司并购绩效从整体上有一个先升后降的过程；横向并购绩效好于混合并购，纵向并购绩效最差；并购前上市公司的第一大股东持股比例与并购当年绩效呈正相关关系。方芳和闫晓彤（2002）以2000年80起并购为样本，以每股收益等9项指标组成的综合得分模型，比较并购当年、并购后一年与并购前一年的业绩综合得分，得出了横向并购业绩下降幅度在缩小，总体绩效在上升；纵向并购下降幅度在扩大；混合并购公司当年经营业绩显著上升，但在第二年就明显下降的结论。张德平（2002）以1996～2000年248起并购为样本，以主营业务利润率等19个财务指标组成的综合得分模型进行实证分析，结果为：从总体上看，上市公司在并购后的经营业绩得到改善的占60.08%，没有改善或出现恶化的占39.92%；1996年发生并购的上市公司经营业绩得到改善的比例较高，1997年、1998年明显偏低，1999年、2000年发生并购的上市公司经营业绩得到改善的比例又大幅增加。

（4）按并购方式细分样本群研究。朱宝宪和王怡凯（2002）以净资产收益率和主营业务收益率为指标，对1998年深沪两市发生的67起控股权转移的并购案例进行了分析，结论是：业绩较差的公司较愿意出让控股权；多数并购是战略性的，取得上市地位是主要的并购动力；有偿并购的效果较好。张新（2003）以1993～2002年的1216起并购（分为股权收购、资产重组与吸收合并3大类）为样本，对并购重组类样本的每股收益、净资产收益率和主营业务利润率等财务指标进行实证分析，得出从并购重组前第三年到并购重组前一年，每股收益平均值从0.2038下降到0.1098，两年内降低了36.11%；而净资产收益率的平均值从2.65%下降到 - 12.23%，主营业务利润率从23.19%下降到18.23%。在并购重组当年和第二年上述3个指标都有所改善，每股收益平均值分别上升了29.96%和29.99%，净资产收益率上升了106.86%和752.46%，主营业务利润率上升了 29.38% 和 5.69%。由此可见，并购重组对于公司财务业绩的改善有显著作用，可以使上市公司的财务状况短期内明显改善。对吸收合并类样本的每股收益、净资产收益率、主营利润率和净利润等财务指标进行实证分析，结果为平均每股收益在吸收合并后没有明显的变化，而净资产收益率明显下降，主营业务利润率在披露前上升非常迅速，而在披露当年有明显下降。由此可见，吸收合并对收购公司财务绩效有负面影响，吸收合并没有为收购公司创造价值。

从国内外关于并购绩效的已有研究成果来看，研究者多分别从并购方或目标方的角度进行评价，较少对并购双方的综合收益进行研究。研究方法主要采用事件研究法和财务指标法，国外学者大多数采用的是事件研究法，而我国学者主要采用的是财务指标法，但是无论采用事件研究法还是财务指标法，国内外学者关于并购绩效问题的研究均未得到统一结论。可见，无论是采用哪种方法，片面的只从并购公司或目标公司的角度考察并购绩效，而忽略了并购活动双方之间的关系给并购带来的影响，将无法对并购绩效的变化进行有效解释。

2.2 董事联结相关研究

2.2.1 董事联结的成因

20 世纪 70 年代末，由于市场需求、技术范式和管理理念发生巨大变动，企业间的联系越来越广泛，许多企业采用合作的方式来进行生产和交易活动。早在 1988 年 Jarillo 就强调了企业关系在企业战略中的重要意义。管理层之间的联系，特别是高层管理者在不同组织之间的联系，将会对企业的行为产生重要影响（Burt, 1992；Uzzi, 1996），并且可能是重要的竞争优势的来源（Mizruehi, 1996）和突出的绩效的保证（Batjargal, 2003；Park & Luo, 2001）。通过高管联系而建立的企业间的联合关系便于获得额外的资源，从而使得企业自身能够保持持续的创造力，以高质量和富有竞争力的价格提供商品和服务（Burt, 1992；Kraatz, 1998；Uzzi, 1996）。通过一个人在两家或两家以上公司的董事会任职而建立起来的企业间的联系逐步成为研究的焦点，得到了后续研究组织间关系学者的普遍认同（Boeker & Goodstein, 1991；CliffordKono et al., 1998；Garry & Malcolm, 2004）。

　　不同理论对于董事联结的成因有不同的解释。资源依赖理论认为由于资源是企业发展的一个重要因素,因此将那些外部环境中的重要资源"吸收"进企业,对企业的生存和发展极其重要(Burt,1983;Ornstein,1984;Mizruehi & Steams,1988;Lang & Loekhart,1990;Sheard,1993;Mizruehi,1996)。吸收在这里不是指引入关键资源,而是将那些掌握资源的破坏性要素吸收进组织决策制定结构中(Sleznick,1949)。董事联结的做法为实现稳定的集体框架提供了机遇,能够通过对相互依赖的管理来协调行动。友谊的建立、信息的交流和对中心组织的认同,都对组织间稳定的关系有帮助。为说明此理论经常的一个例子是,如果一家企业欠某家银行巨债,为了安全起见,他会邀请这家银行的代表入驻企业的董事会。随后,很多学者(Dooley,1969;Pfeffer,1972;Allen,1974,PenLnings,1980,Ziegler,1984;Sheard,1993)都检查了企业间资源依赖对董事联结存在的影响,尽管其实证结论各异,但总体上它们还是支持董事联结和企业间资源依赖之间的关系。

　　共谋理论认为两个竞争性企业之间通过建立起联盟关系,从而可以固定、维持或者变更商品价格,限制商品的生产数量或者销售数量,分割销售市场或者原材料采购市场,限制购买新技术、新设备或者限制开发新技术、新产品等,以达到抑制市场竞争的目的(Mizruchi,1996)。例如,Pennings(1977)和Pfeffer(1972)的研究发现,在集中度较高的产业内,竞争性的联盟企业之间可以通过沟通产品价格、广告和研发来获得好处。然而,这些好处是以开放的市场竞争为代价的(Stigler,1971)。为此,美国于1914年颁布了克雷顿法案。这个法案确实发挥较大作用,因为在该法案颁布之前,在美国同一产业内共享董事是非常普遍的,比如美国国家商业银行与纽约每一个主要的银行都有共同的董事,而在该法案宣布禁止同一行业的企业间共享联结董事后,美国大公司间连锁现象大幅减少(Mizruchi,1982)。

　　在实证研究中,竞争性企业间的董事联结是否促成了他们的共谋,这一直是一个有争议的问题。Pennings(1980)以美国企业为样本研究了产业集中度和竞争性企业间联盟之间的关系,发现两者之间存在着正向关系,而Burt(1983)则发现了两者间的倒U形关系,即在中等程度集中度的产业内,产业内联盟企业是最多的。Carrington(1981)以加拿大企业为样本,发现集中度和产业内董事联结水平之间存在着正向关系。

　　监督控制理论认为,一些机构投资者、银行家和顾客等有影响的利益相关者经常出现在企业的董事会中,其目的是监督和控制该企业(Aldrieh,1979;

Stiglitz，1985；Eisenhardt，1989）。Riehardson（1987）在对银行家进行访谈时发现，当一些企业处于财务困境中时，这家银行经常派自己公司的高管和董事入驻这一企业的董事会。其他学者也发现（Mizruehi，1982；Berkowitz et al.，1979；Burt，1983；Caswell，1984），公司经常派代表进入其掌握股权的其他公司董事会，这些发现都证实了监督控制理论的合理性。

金融控制理论发现，在由董事联结成的企业网络中，金融机构处于网络的中心位置，也即金融机构相对于非金融机构而言有较高的集中度和密集度，因此被称为金融控制理论（Allen，1978；Palmer，1983；Omstein，1984；MintZ & Schwartz，1985；Davis & Mizruehi，1999）。Hilferding（1981）分析了 20 世纪初德国公司的集中性，发现集中度较高的银行业垄断了金融资本，进而对德国的产业企业施加了有效的控制。Fitch 和 Oppenheimer（1971）以美国企业数据为样本，发现美国的主要银行通过对金融资本的控制从而控制了美国产业。该理论一般认为，金融控制是伴随着并购和接管出现的，其中银行和保险等金融机构会持有产业企业较大比例的股票（Kotz，1978）。因此，金融机构会将他们的董事或高管人员安置在产业企业的董事会，以作为对那些企业的一种控制方式（Norieh，1980）。

合法性理论主要是源于董事会承载着涉及企业声誉的一个重要功能（Selzniek，1957；Parsons，1960），因为当投资者决定是否投资于一个企业时，他们通常要考虑企业的管理水平，通过任命和其他重要组织相连的（Mizruchi，1996）或本身就是知名人物的（Pfeffer & Salaneik，1978）个体，企业便可以向投资者传递出企业是值得投资的合法性信号，而企业对合法性的追求便成为董事联结产生的一个来源（Bazerman & Schoorman，1983）。Dimaggio 和 Powell（1953）指出，如果银行相信某家企业由某位声誉良好的个体监督着，那么他可能更愿意借钱给该企业。这说明合法性可能是确保资源依赖理论吸收资源的一个前提条件。尽管合法性在组织理论中扮演着重要作用（Scott，1992），但该理论在董事联结的研究中却一直没有得到重视，这主要是由于两方面原因：其一，这一理论很难进行实证检验；其二，实际上，资源依赖理论本身便涉及获取企业合法性资源，因此，该理论预测的结论和资源依赖理论紧密相关，学者们便无法区分开合法性理论和资源依赖理论导致的董事联结。

上述理论中，共谋理论仅关注竞争性企业之间的董事联结，其主要观点是竞争性企业间联盟可以抑制市场竞争，进而提升联盟企业的绩效。实际这也符合资源依赖理论通过董事联结关系处理相互依赖问题，从而达到控制环境不确定性的思想。而且，共谋理论对于非竞争性企业间的联盟不具有任何解释力，因此从共谋理论出发，探究董事联结产生的原因具有一定的片面性。在实证研究中，要区分资源依赖理论和监督控制理论几乎是不可能的。因为，一方面，二者都遵从着资源依赖理论的预测；另一方面，正如一些研究（Pennings，1980；Mizruehi & Stearns，1988）表明，吸收资源和控制在基于资源依赖的联结同时发生。控制资源的一方被赋予了一种权利，而吸纳资源的一方则为这一权利的受动者，因此，在某一企业吸收另一企业的资源时，也同时让渡了受制于另一企业的权利，而这一权利的一种形式便是监督和控制（Mizruchi，1996）。实际上，金融控制理论是监督控制理论的一种特例，仅是当监督方是金融机构时，便适用于这种理论解释。正如前文所言，合法性理论无法实证检验，且与资源依赖理论紧密相关，为此在很多相关论文中，都把合法性理论并入资源依赖理论进行讨论。

综上分析，虽然许多理论从自身的角度解释了董事联结产生的原因，但是资源依赖理论是现有董事联结研究理论中最有影响力和解释力的一种理论，它认为董事联结是较为常见的一种管理环境的方式，即任命组织外部环境的代表为其董事会成员，以获取更加丰富的资源，降低环境的不确定。这就是人们熟识的增选法。通过董事联结可以帮助稳定组织与环境之间的相互交换和减少不确定。这种联系有利于焦点组织降低从其他组织获取资源的不确定性及其他限制，因此可以成为企业联结其生存和发展所处环境以及外部资源的重要渠道。

2.2.2 董事联结产生的影响

2.2.2.1 董事联结对企业绩效的影响

考察董事联结对企业绩效的影响，是国内外学者研究的重点，但该类研究的结论却并不一致。

国外学者认同董事联结有益于提高企业绩效的研究认为：一方面，董事联结促进了企业对于经济资源的协调与优化（Burris，2005），信息资源的提供有助于企业获取好的投资项目（Sehonlau & Singh，2009）。另一方面，出于自身声誉的考虑，董事联结也具有较强的监督意愿，能够较好地降低企业的代理成本（Yermack，2004）。这些都有助于提高企业的绩效与价值（Larcker et al.，2010；Yeo et al.，2003）。Larcker 等（2010）发现，董事联结能够提高企业未来的股票价格和 ROA 收益，即董事联结对于企业未来的市场、财务等经济指标都具有提升作用。Yeo 等（2003）发现企业 CEO 兼任其他企业董事的数量越多，企业的 ROA 等财务指标越好。而认为董事联结会损害企业绩效的研究则主要基于以下两种理论解释：

首先，依据社会聚集理论，董事联结的成因在于，董事们为了维护自身阶层的利益，会相互邀请对方作为自己公司的董事，如此会形成许多利益集团，这些利益集团会利用企业为其自身利益服务，即董事联结提高了企业的代理成本，因而会损害企业绩效（Mizruchi，1996）。Mullen 等（1994）认为，董事联结所形成的精英等利益集团，降低了高管决策的独立性，因而损害了企业绩效。

其次，繁忙董事会理论认为，联结董事的精力有限，当董事联结兼任的董事职位数量过多时，会导致董事联结过于繁忙，其无法有效的履行监督或建议咨询的职责，因而会降低董事会的效率，损害企业绩效（Fich & Shivdasani，2006）。

对于董事联结与企业绩效的研究，国内学者同样得出了利弊相反的研究结论。其中，任兵等（2007）发现，董事联结的网络中心性与企业绩效负相关，即处于董事联结网络中心位置的企业绩效更差。因而社会凝聚理论更适合解释中国董事联结对企业绩效的影响。特别的，在中国尚未建立起良好的公司治理机制，缺乏对高管层有效监督的背景下，自利的管理层会利用董事联结网络操纵处于网络中心位置的企业，从而降低企业的绩效。

而针对董事联结的公司治理机理，彭正银和廖天野（2008）将董事联结的公司治理机理区分为董事联结网络、公司董事会以及董事联结个人三个层次，三个层次依次对应着：企业的资源获取、环境的应变能力；董事会的战略参与和功能整合；个人能力与行为动机等公司治理机理，而董事联结的公司治理效应则是上述三方面作用的综合。其研究发现，企业所处董事联结的网络规模、董事联结的网络中心度以及董事联结所兼任的董事数量等都与企业绩效正相关，即董事联结能够发挥积极的公司治理效应。

田高良等（2011）认为，在中国企业的信贷资源贫乏、外部环境不确定性较大，交易成本较高的现实背景下，董事联结的信息传递等资源获取功能，能够帮助企业提高应对环境变化的能力，降低企业的交易成本，提高企业的绩效，同时投资者会认同董事联结对企业绩效的上述促进作用，因而长远而言，董事联结能够提高企业绩效。使用 1999 ~ 2008 年中国上市公司的数据，其研究也发现企业董事联结越多，企业后续 3 年的资产收益率越高，并且董事联结的变化与企业资产收益率的变化呈现动态一致性。

归根到底，上述矛盾产生的原因是信息优势和代理冲突相互较量的结果。企业的绩效到底如何，可能涉及多方面的因素。但是当信息不对称程度较高、企业治理水平较好时，董事联结的信息沟通作用可能会得到更好的发挥，反之，代理问题将会凸显。在何种情况下，董事联结能够对企业绩效产生积极的影响，将值得未来深入研究。

2.2.2.2　董事联结对企业行为的影响

国外较为经典的几篇文献，分别研究了董事联结对于企业政治捐赠、组织形式、"毒丸计划"以及战略联盟等企业行为的影响。

Koenig（1979）较早研究了董事联结与企业捐赠行为，发现在董事联结网络中，具有较高集中度的企业更可能对 Nixon 进行捐赠，Mizruchi（1992）的后续研究则进一步发现，虽然对 Nixon 进行捐赠的很多企业并未通过同一董事联结而直接相连，但他们多与同一金融机构相连，即形成的是间接的董事联结关系，从而推断：受到同一信息源的影响，这些彼此间接相连的企业在捐赠方面具有了相似的行为。

组织形式方面。Palmer 等（1993）研究发现，联结企业之间在是否采用事业部的组织形式方面，具有很大的一致性，当联结企业采取事业部组织结构时，焦点企业更容易采取此种组织方式，而当联结企业未采取事业部组织形式时，焦点企业也不易采取此种组织方式。

"毒丸计划"政策的采用。Davis（1991）在对《财富》500 强企业 1984 年 7 月至 1989 年 8 月的反兼并政策研究中发现，联结企业网对反兼并的"毒丸计划"政策的传播有正向影响。如果其联结的企业已经采纳了"毒丸计划"政策，那么焦点企业采纳"毒丸计划"政策的可能性增加。

企业的联盟战略。Gulati 和 Westphal（1999）研究了董事联结与战略联盟的关系，结果表明，仅仅存在董事联结的企业间联系并不一定促进企业间战略联盟的形成，而形成的可能性依据董事联结与企业管理层的关系而定。其中，董事会对管理层的控制程度越高，越不利于联结企业间的联盟形成；而如果董事会和高层管理者之间在战略决策上合作程度越高，联结企业间形成联盟的可能性越大。

国外新近研究董事联结影响企业行为的文献，主要表现出两个趋势：

其一，借鉴社会网络理论的研究，基于联结企业所处网络位置的特征，深入考察董事联结对企业行为的影响。信息由董事联结在联结企业中传播时，网络中心性较高的企业可获得更多的信息（Deutsch et al.，2011）。Larcker 等（2010）发现公司越处于董事联结网络的中心位置，其未来股票的收益以及未来的 ROA 越高，董事联结为企业带来的经济收益，虽然并未在股票价格上即刻显示，但会在长远后显示出。Sehonlau 和 Singh（2009）发现董事联结能够影响企业的并购的目标选择、支付方式以及最终的并购财务绩效，企业董事联结的网络位置中心越离，并购绩效越好。

而 Guedj 和 Bamea（2009）考察了董事联结与高管薪酬的关系，发现公司所处的董事联结网络位置越趋于中心化，CEO 的薪酬越高，但薪酬业绩敏感性越低，CEO 越不容易被更换，其原因在于当董事并未联结时，会选择通过强有力的监督提高自身声誉，而当其联结后，为了保护其现存的联结数量，会放松对高管的监督。

其二，研究董事联结对企业投资行为的影响。鉴于投资对企业发展的重要性，一些新近的国外研究考察了董事联结对企业投资行为的影响。Amstrong 等（2010）发现，董事联结会积极地参与企业的投资决策，为高管的投资决策提供信息支持。而董事联结的信息传递则会导致联结企业间投资水平的相似（Fracassi，2008）。并且网络位置中心性较高的董事联结，越可能在其他公司参与过的类似的投资项目，对于投资项目的收益性等真实情况越了解，其投资经验有助于提高企业的投资效率（Officer，2011；Hackbarth & Mauer，2012）。

国内学者对于董事联结现象的关注较晚，制度环境是其重要影响因素。独立董事是董事联结的主要构成，而我国的独立董事制度经历了从引进到不断完善的过程。借鉴欧美等西方国家的公司治理经验，在公司治理改革中，我国引入了独立董事制度，以期其发挥制约大股东，保护中小投资者利益的作用。

1999 年国家经贸委与中国证监会联合发布《关于进一步促进境外上市公司规范运作和深化改革的意见》，要求境外上市的中国公司设立独立董事，而对境内公司并未采取强制态度；2001 年中国证监会发布《关于在上市公司建立独立董事制度的指导意见》，要求所有上市公司都必须设立独立董事；2004 年中国证监会发布的《关于加强社会公众股股东权益保护的若干规定》，则进一步肯定并完善了独立董事制度，同时修订的公司法也明确规定建立独立董事制度。从"花瓶"、"橡皮图章"的质疑到不断被认可，我国独立董事制度不断完善，而上市公司独立董事制度的发展，也为国内学者研究董事联结提供了数据基础。

近年来，国内学者关于董事联结的研究逐渐增多。作为介绍性的文献，任兵等（2001）根据中国上市公司中收入最大的 100 家企业的调查，描述了我国由董事联结所联结的企业的分布情况。以上海、广东地区的企业为例，分析了社会、经济关系对于不同地区董事联结形成的影响，以及不同地区，董事联结对企业行为影响的差异（任兵等，2004）。此后，国内学者关于董事联结对于企业行为影响的研究越加丰富，主要侧重于考察董事联结与企业行为一致性以及企业投融资等方面。

企业行为一致性方面。信息对于企业的决策具有重要影响，而在我国，董事联结作为企业间信息的传递通道（卢昌崇和陈仕华，2009），其在不同企业间信息沟通的作用，会使得联结企业在诸多企业行为方面表现出一致性。例如，企业会计师事务所的选择，除了受到企业和事务所两方面的影响外，还受到联结企业事务所选择的影响（陈仕华和马超，2012）。以2008年汶川地震中企业的慈善捐赠为研究背景，陈仕华和马超（2011）发现，存在高管联结的企业之间在捐款方面具有一致性，尽管内部高管联结与外部高管联结都会影响企业慈善捐赠的一致性，但前者的影响要大于后者。李留闯等（2012）发现董事联结会促进联结企业股价波动的同步性，并且联结企业的网络中心度越高，其股价波动与市场波动越一致。韩洁等（2015）发现，董事联结会导致联结企业间的模仿，从而在社会责任报告披露方面，使得联结企业之间具有较大的相似性。

企业投融资行为方面。在融资方面，段海艳（2009）考察了董事联结的网络特征对于企业债务融资的影响。而由于独立董事的网络中心性越高，其监督高管非效率投资的能力越强，提供的关于投资的信息越丰富，因而其治理作用越好，表现为网络中心度高的独立董事不仅能够降低企业的投资不足，还可以抑制企业的投资过度（陈运森和谢德仁，2011）。

董事联结除了对上述内容产生影响外，还对并购行为产生重要影响，这也是本书研究的重点，因此在下一节详细阐述。

上述国内文献表明，关于董事联结与企业行为的关系，国内学者进行了丰富的研究。但是上述研究主要是从社会网络理论出发考察董事联结的网络特征对上述行为的影响。虽然董事或高管个人的网络联结关系方面也可能是一个有益的研究视角，不过这类文献目前要么关注整体董事联结网络对企业行为的影响，要么关注董事与管理层的私人联结关系对企业行为的影响，鲜见有从企业双方之间董事联结关系角度研究企业行为的文献。此外，上述研究还假定，董事联结具有同质性，将董事联结等量齐观，从董事联结的一般性入手，研究董事联结对企业行为的影响。然而，现实中董事联结许多其他方面的鲜活特征，却被现有研究所忽略，诸如董事联结所在行业的特点、联结董事的知识和经验

等。董事联结对企业行为的影响研究，也将为董事联结对并购行为的影响研究
提供重要的参考。

2.3　董事联结对并购影响的相关研究

本节也将从并购目标选择、并购定价和并购绩效三个方面，梳理董事联结
对并购行为的影响。

2.3.1　董事联结对并购目标选择的影响

国内外关于董事联结对并购目标选择的影响研究还较少。已有研究主要分
为两个分支，一类认为并购目标选择是企业间的组织模仿行为，若存在董事联
结，则企业在做出并购决策时会模仿联结中的其他企业。Haunschild（1993）从
组织间模仿理论出发，以美国发生并购事件的上市公司作为样本，发现如果两
个公司存在董事联结关系，其中一个公司会在其并购决策中模仿另一公司已发
生的并购活动，包括并购频繁程度、并购目标特征和并购类型等，从而导致存
在董事联结关系的公司在并购活动方面表现出高度的相似性。另一类研究认为，
董事联结会对并购目标选择产生直接影响。董事联结通过信息优势和管理专长
帮助企业更清楚的认知自身与外界环境之间的相互依赖关系，从而做出合理的
并购目标选择。Cukurova（2012）通过构建私有信息模型，认为与并购公司存在
董事联结关系的公司成为目标公司的可能性更大，并以美国数据为样本，通过
实证检验验证了这一推论。Rousseau 和 Stroup（2015）也发现，出于对私有信息
的考虑，并购公司更愿意对董事曾经兼职过的企业进行并购。国内学者也得到
类似的结论，陈仕华等（2013）基于并购双方之间信息不对称的研究视角，检
验了并购双方之间的董事联结关系对目标公司选择的影响，结果表明，与并购
方存在董事联结关系的公司更可能成为并购的目标公司；当这种董事联结关系
是由内部董事形成时，以及当目标公司与并购方地处不同区域时，与并购方存
在董事联结关系的公司成为目标公司的可能性会更大。韩洁等（2014）认为，
董事联结改变了并购公司与潜在目标公司的信息沟通方式，二者更易获得对方
的私有信息，双方信息不对称程度的降低使与并购公司存在董事联结关系的公
司更可能成为目标公司。

综上所述，关于董事联结对企业并购目标选择影响的已有研究主要表现出以下两个明显特征：第一，选择联结企业作为并购目标是基于企业间的相互模仿还是为了降低信息不对称，原因尚不明确。第二，中国关于上述问题的实证研究还较少。实际上，董事联结企业内部的模仿行为，也反映了董事联结的信息传递功能，只是如何能使这一功能得到有效利用尚未形成一致结论。因此，基于并购双方之间信息不对称的研究视角，考察中国上市公司董事联结对目标公司选择的影响将具有重要研究意义。

2.3.2 董事联结对并购定价的影响

由于并购溢价决策存在着巨大的不确定性，现实中高管在进行并购溢价决策时便不会遵循方案搜寻和选择的常规化过程，而是经常依赖于现有的信息渠道和其他参照物采用简化的现实模型（March & Olsen，1976）。企业间董事联结便是一个信息渠道，通过董事联结的企业也是目标企业并购决策者高管的理想参照物（陈仕华和马超，2011）。因此并购企业高管在进行并购溢价决策时，会模仿联结企业的做法，其影响机理如下：

一是信息影响，企业间董事联结可以让目标企业董事直接参与到联结企业并购决策过程中，为目标企业高管提供了并购溢价决策的具体信息和示例，可以以此作为自己决策行为的"向导"。Haunschild 和 Beckman（1998）的研究表明，对于并购活动，与其他公开来源的信息相比，联结信息对决策的影响更大。这可能是由于，生动的信息（案例研究）比苍白的统计数据更易于被人接受（Nisbett & Ross，1980）。而联结董事的直接经验恰好能够提供的就是生动的、案例研究类型的信息。实际上，关于社会学习的相关研究也表明，直接观察或亲身参与决策过程的活动所形成的决策认知要比间接学习决策内容或结果本身影响更为深远，决策过程本身更为鲜活和生动，事后更容易回忆起来，其影响更为稳固和深远（Heyes & Calef，1996）。二是社会影响，企业间董事联结作为社会影响渠道，它有助于某项观点和实践在相互联结的企业间传播，从而使相互联结的企业在行为和观点方面表现出同质性（Coleman et al.，1996）。实际上，通过企业间董事联结关系直接参与联结企业的并购溢价决策，有助于目标企业高管形成关于并购溢价决策的一些合理认识。例如，Useem（1996）在访谈了家美国、英国公司的高管和董事之后，认为管理者凭借职位兼任可以进入"商业圈子"，以了解商业实践的一般性规范和普遍做法；一家企业的 CEO 如是说"兼任另一家企业的董事，以了解同样一个问题或业务他人是怎样处理的"，此外，"你还可以了解你未来可能会遇到的问题"。新组织理论也指出，高管通过兼任其他企业董事有可能学习到商界规范的组织行为，这不仅增强了参与者一些具体行为方面的模仿，也增强了意识和角色认知方面的模仿（Finkelstein，2009）。这时，当高管观察或参与其他公司决策制定过程之后，会在自己公司需要做出相同类型的决策时产生相同的反应。而且，即使当具体政策的模仿受到不同产业环境的阻碍时，这种决策制定的认知模式甚至可以越过产业障碍，更加稳固的传播（Scott & Davis，2006）。

我国的学者在研究董事联结与并购溢价的关系时，也得出了类似的结论。陈仕华等（2013）以中国上市公司为样本探索公司间的高管联结对并购溢价决策的作用，发现高管联结公司内部，并购溢价决策也存在模仿行为。上述研究主要基于组织间模仿理论，研究并购企业间的董事联结关系对并购定价的影响。但是，当并购发生在存在董事联结关系的企业之间，董事联结又会对并购定价产生怎样的影响呢？

Useem（1984）的研究结果表明，董事联结传递的信息可分为两类：一类是一般化或普遍化的"显性信息"，这类信息传递的是"是什么"，例如，某某公司实施了"毒丸计划"；另一类是差异化或异质性的"隐形信息"，这类信息传递的是"为什么"和"如何做"，例如，某某公司为什么以及如何实施的"毒丸计划"。较之其他信息获取渠道而言，董事联结的最大优势在于可以获取那些异质性或差异化的"隐形信息"（Haunschild & Beckman，1998）。通过董事联结渠道，除了可以获取通过其他渠道可以获取的关于"是什么"的"显性信息"，还能获取通过其他渠道难以获取的关于"为什么"和"如何做"的"隐形信息"。因此，陈仕华等（2013）认为，并购双方之间的董事联结渠道在获得关于目标公司价值信息方面具有不可替代的作用；并购双方的董事联结有助于并购方了解目标公司的真实情况，在对并购双方情况深入分析的基础上，有助于并购方准确估计并购双方资源、业务、技术、能力和市场等方面的有效互补与整合信息，因此有助于准确预测并购交易的协同收益，降低超额支付的风险。此外，Cai 和 Sevilir（2012）也认为，如果并购双方之间存在董事联结关系，那么并购方可以凭此获得有关目标公司较多的私密信息，这也有助于并购方在并购交易价格支付的谈判中拥有谈判优势，进而支付较低的并购交易价格。Cukurova（2012）发现，董事联结可以有效降低并购双方的信息不对称程度，从而使并购公司支付较少的并购溢价。但是，我国学者对于上述董事联结企业间的并购，董事联结会对并购溢价产生何种影响尚未进行过实证检验。

综上所述，关于董事联结对并购定价的影响，国内外学者主要基于组织模仿理论，发现并购企业高管在进行并购溢价决策时，会模仿联结企业的做法，联结企业在前期并购中支付的溢价水平对焦点并购企业当前进行并购的溢价水平有显著影响。但是，当并购发生在存在董事联结关系的企业之间，董事联结又会对并购定价产生何种影响，国内外学者的实证研究还较少。董事联结与并购定价的关系到底如何，还有哪些因素会对这一关系产生影响，值得学者们进一步探索。

2.3.3　董事联结对并购绩效的影响

国外关于董事联结与公司并购绩效的研究，主要有以下两种相左的观点：第一种观点从信息传递以及沟通角度出发，认为并购双方的董事联结关系对并购绩效有积极影响。首先，并购双方的董事联结可以促进公司间信息的交流及沟通，促进对彼此经营情况以及企业文化等的了解，由此形成的信息沟通机制降低了交易双方的信息不对称程度，该信息优势最终会促使并购双方做出更优决策（Cai & Sevilir，2012）。其次，双方的董事联结会降低并购公司对潜在目标公司的搜寻成本，减少银行的咨询服务成本等，从而提高并购绩效。Bruner（2004）发现，并购公司寻找潜在目标公司通常需要几个月甚至更长的时间，任何影响搜寻成本以及尽职调查成本的因素都是经济显著的。Schonlau 和 Singh（2009）以美国上市公司为研究样本发现，无论对于并购公司还是目标公司，其董事网络中心度越高，越可能获得更优的并购绩效。Cai 和 Sevilir（2012）通过将并购公司间的董事联结关系分为两层：第一层为并购公司和目标公司拥有一个或以上的共同董事；第二层为并购公司董事和目标公司董事共同在第三方公司拥有董事席位，发现无论是第一层联结还是第二层联结均会促进并购公司的并购绩效。第二种观点认为，并购双方的董事联结关系对并购绩效存在负面影响。Ishii 和 Xuan（2010）认为，并购双方社会联系的存在导致了熟悉度偏差（familiarity bias），降低了并购公司对潜在目标公司的尽职调查标准，过高估计并购协同效应，放弃或错失了其他潜在更好的机会，从而损害并购价值，其实证检验也表明，并购双方的董事联结关系与并购公司、目标公司以及并购后实体的并购绩效负相关。Wu（2011）认为，并购双方之间的董事联结会加剧代理冲突，由于联结董事对并购双方的股东都负有受托责任，当其参与到并购决策中，在个人财富最大化动机的驱使下，增加了使一方公司价值受益，另一方公司价值受损或双方公司价值同时受损的可能性。同时，Jensen（1986）发现，由联结董事所建立的董事间的个人关系会妨碍并购决策判断，双方高管极有可能从中共谋自身利益，做出有损价值的并购决策，降低双方并购绩效。

国内学者关于董事联结与公司并购绩效的研究还较少。但是也包含两种不同的观点：第一种观点认为，董事联结可以有效降低信息不对称程度，从而提高并购绩效。陈仕华等（2013）发现，当并购方与目标公司之间存在董事联结关系时（与不存在董事联结关系相比），并购方获得的短期并购绩效并无显著差异，但获得的长期并购绩效会相对较好；并且当这种董事联结关系是由内部董事形成时，以及当目标公司与并购方地处不同区域时，董事联结关系对长期并购绩效的正向影响更强。曹廷求等（2013）发现并购公司向董事网络中心位置靠近的过程中，公司的并购财富先增加，在达到一个最优点后，开始下降，呈现倒 U 形关系，在信息披露质量差的公司中，董事网络发挥的作用更显著。第二种观点则认为，董事联结关系会加剧代理问题，对并购绩效会产生负向影响。例如，魏乐等（2012）以中国上市公司为样本发现，董事网络中心度越大，并购绩效越低；田高良等（2013）研究发现，并购双方的董事联结关系会减损并购公司、目标公司以及将二者作为一个整体考虑的并购后实体的并购绩效。

上述文献表明，国内外学者从不同的理论视角出发得出的董事联结与并购绩效的关系是不同的。本书认为这些互相矛盾的结果主要归因于董事联结是一把"双刃剑"，既可以给并购双方公司带来信息沟通方面的优势，降低并购双方的信息不对称程度，又由于联结董事同时在并购双方公司任职，为其谋取自身利益提供了更大的空间，加剧了代理冲突。董事联结最终会如何影响并购绩效的结论尚不明确。而且，国内关于董事联结对并购绩效的影响研究，主要关注与董事联结网络对并购绩效的影响，鲜见有从并购双方之间董事联结的角度研究并购绩效的文献。本书认为，在中国并购市场正式制度不尽完善的背景下，由于信息不对称而产生的信息摩擦问题是并购过程亟待解决的问题，因此，在信息不对称程度较强的情况下，董事联结的信息渠道功能更为重要，董事联结作为一种非正式的关系机制，可以减少由于正式制度缺失而带来的信息摩擦问题。通过董事联结而建立的企业间的联系可以有效缓解并购双方之间的信息不对称程度，降低并购过程中充斥的风险和不确定性，使他们之间更可能发生并购交易；更进一步地，并购双方的董事联结关系，可以有效降低并购过程中交易成本与整合成本，准确预测并购的协同收益，支付合理的并购溢价，获得较好的并购绩效。此外，已有研究大多从并购公司和目标公司的角度考察并购价值效应问题，但是对于并购后实体和目标公司相较于并购公司而言，并购会产生怎样的影响却较少关注。董事联结会给并购后实体和目标公司相较于并购公司的并购绩效带来怎样的影响，尚缺乏文献支持。因此，董事联结对企业绩效的影响到底如何，尚待进一步检验。

2.4 联结董事并购经验对并购影响的相关研究

延续前文的结构，本节也将从并购目标选择、并购定价和并购绩效三个方面，梳理联结董事并购经验对并购行为的影响。

2.4.1 联结董事并购经验对并购目标选择的影响

并购决策需要并购公司具有解决下列问题的能力：一是信息过载；二是时间约束；三是识别潜在并购的长期战略价值，而并购经验的积累有助于联结董事提升组织抽象知识的能力，帮助焦点并购公司解决上述并购决策难题（McDonald 等，2008）。此外，更多的前期经验还能够扩展联结董事可以参考的成功并购"榜样"目录，因此，并购经验将有助于联结董事有效地使用类比推理，为焦点并购公司当前的并购决策做出建设性贡献（Beckman & Haunschild，2002）。但是，McDonald 等（2008）指出，联结董事并购经验获取的来源不同，通过并购经验的积累帮助联结董事提升的抽象知识组织能力和类比推理能力也存在差异。Reeves 和 Weisberg（1994）认为，在特定领域进行决策的经验会扩展人们在解决现有问题时，可以参照的前期经验目录。如果决策者拥有大量的、可参考的、与要解决的问题有关的并购经验，那么决策者就更倾向于使用类比推理来有效地解决他们遇到的并购问题（McDonald et al.，2008；Gulati，1995；郭卫锋等，2015）。学者们的研究还表明，若当前并购与已发生的并购高度类似，那么并购经验将对并购决策的合理性和有效性产生积极影响，而错误的差异化则对当前并购决策无影响（Haleblian & Finkelstein，1999；Finkelstein & Haleblian，2002；程兆谦，2011）。因此，有学者认为，当联结董事在联结公司参与了某种类型的并购以后，也会促进焦点并购公司模仿联结公司的并购行为，在当前并购中也开展同种类型的并购活动，做出类似的并购目标选择，从而导致存在董事联结关系的公司在并购活动方面表现出高度的相似性（Haunschild，1993）。

目前，国内外学者关于董事联结并购经验对并购目标选择影响的研究还较少。学者普遍认为当联结董事具有某种并购经验，而焦点公司也进行同种并购时，将有利于联结董事并购经验的有效发挥，但是当联结董事具有某种并购经验以后，是否会促进焦点并购公司也做出类似并购目标选择，还缺乏经验性证据予以证实，结论尚不明确。此外，并购经验的积累提升了联结董事的抽象知识组织能力和类比推理能力，这些能力的提高是否会帮助焦点并购公司有效认知和体会董事联结对并购的有利影响，从而推动焦点并购公司做出更合理的并购决策，在并购的过程中选择存在董事联结的公司作为目标公司，尚缺乏相关研究。

2.4.2　联结董事并购经验对并购定价的影响

由于环境存在巨大的不确定性和非财务影响，因此确定并购支付价格是非常困难的决策。学者们认为，联结董事的并购经验会对并购溢价决策产生影响（Haunschild，1994；Wasserstein，1998；Beckman & Haunschild，2002）。Haspeslagh 和 Jemison（1991）指出，公司估值永远都应该被认为是主观的和不精确的行为，不确定性或许可以解释为什么并购溢价变化范围如此之大，以及为什么财务变量通常对于预测溢价都是无用的。研究表明，在存在较大的不确定的情况下，外部的影响可能会更大（Cyert & March，1963；DiMaggio & Powell，1983）。此时，公司倾向于向外界寻求信息来评估并购目标解决不确定性带来的影响（Haunschild，1994）。许多公司并购案例表明，联结董事依据并购经验为企业提供的建议确实对并购溢价产生重要的影响（Mahar，1990；Trachtenberg et al.，1990）。Kim 等（2011）也发现，联结董事的并购经验通常会对并购溢价产生显著的负向影响。陈仕华与卢昌崇（2013）的实证检验结果也表明，与网络中心度较低（处在网络边缘位置）的企业相比，网络中心度较高（处在网络中心位置）的企业更有可能享受到联结董事异质性并购经验带来的好处，因此会支付相对较低的溢价水平。

关于联结董事的并购经验影响并购定价决策的原因，学者们认为，并购定价决策的过程，如果联结董事具有并购经验，那么并购企业就可以获得潜在的融资方案，其他行业的溢价水平以及各种非公开的和隐性的信息，从而帮助焦点公司进行价格谈判和对目标公司估值（Beckman & Haunschild，2002）。Haspeslagh 和 Jemison（1991）指出，确定投标价格是非常复杂的，如果公司高管团队能够从自己的和他人的并购经验中得到学习，那么并购将获得较高的战略利益。Beckman 和 Haunschild（2002），通过对 12 家企业的 CEO 进行访谈，结果表明联结董事的并购经验是并购公司获得并购决策知识和信息的一个重要来源。

但是，也有学者指出，联结董事的并购经验不是影响并购定价决策的唯一经验来源（Beckman & Haunschild，2002）。公司也可以从过去的并购中进行学习，虽然由于内部政策和泛化问题这种学习是困难的（Haspeslagh & Jemison，1991；Haleblian & Finkelstein，1999）。此外，Menon 等（2000）发现，与内部人相比，公司往往可以从外部人那里学到更多，公司可能从聘请的顾问，如投资银行家，商业新闻和其他来源的公开信息学习到知识。针对上述问题，Haunschild 和 Beckman（1998）的研究表明，对于并购活动，与其他公开来源的信息相比，来源于联结董事并购经验的信息对并购公司定价决策的影响更大。这可能是由于，生动的信息（案例研究）比苍白的统计数据更易于被人接受（Nisbett & Ross，1980），而联结董事的并购经验恰好能够提供的就是生动的、案例研究类型的信息。

关于联结董事并购经验对并购定价的影响研究，国外学者发现，联结董事的并购经验有助于焦点并购公司做出更合理的并购定价决策。但是，国内学者对这一问题的研究还较少。此外，并购的类型不同，联结董事从中获取的并购经验也存在差异，联结董事从不同类型的并购中获取的并购经验会对焦点并购公司的当前并购价格决策产生怎样的影响，尚未有学者展开研究。当并购发生在存在董事联结关系的企业之间，联结董事的并购经验又会对并购定价决策产生何种影响，也是值得深入研究的问题。

2.4.3　联结董事并购经验对并购绩效的影响

关于联结董事并购经验对并购绩效的影响，一些学者认为，联结董事的并购经验对于并购绩效具有积极的促进作用。Reger 和 Huff（1993）指出，并购经验不仅可以帮助联结董事了解目标公司所在行业的相关信息，更重要的是通过并购联结董事可以获得并购的相关知识。这些并购相关知识的获取，可以使联结董事成为更好的监督者和建议者，从而提高并购绩效（Lorsch & MacIver, 1989）。McDonald 等（2008）基于心理学研究成果构建理论框架认为，经验是专业知识的主要来源，在并购决策中具有较高专业知识水平的联结董事能够有效地处理复杂决策问题带来的挑战，帮助焦点并购公司做出更加合理的并购决策，从而实现并购价值的创造。他们还指出，并购经验有助于提高联结董事的抽象知识组织能力和类比推理能力，这些能力的提高帮助联结董事在焦点公司并购决策中做出全面的积极贡献，改善焦点并购公司的并购绩效。Miles（2014）基于社会网络理论，检验了联结董事并购经验对于董事联结和并购绩效的影响，发现联结董事的并购经验能够促进董事联结作用的有效发挥，增加焦点并购公司股东的财富。

而另一些学者则认为，联结董事并购经验与并购绩效的关系还会受到并购经验相关性的影响。Kroll 等（2008）通过实证检验发现，联结董事的并购经验对并购绩效的影响，还需要考虑联结董事的并购经验与焦点公司当前的并购是否相关，只有相似的并购经验才能使联结董事更好地发挥监督和咨询作用，促进焦点并购公司并购绩效的提高。在此基础上，McDonald 等（2008）的研究进一步验证了上述结论，他们将联结董事的并购经验划分为同行业或同产品市场并购经验、相关并购检验和非相关并购经验三种类型，当联结董事拥有某种并购经验，而焦点并购公司也进行该种并购时，焦点并购公司的并购绩效会更好。这一结论也与行为学习理论研究成果相一致，行为的后果受到环境的影响（Pinder, 1984；Beckman & Haunschild, 2002）。当过去的情景与现在的情景相类似时，过去的经验将发挥更好的效果（Pinder, 1984）。

综上所述，关于联结董事并购经验与并购绩效的关系研究，学者们的结论存在分歧，部分学者提出联结董事的并购经验能够对焦点并购公司的并购绩效产生影响，而部分学者认为并购经验上述作用的发挥需要满足并购经验相关性的条件。本书认为，联结董事并购经验作用的发挥是应该满足一定条件的，因为通过并购经验所获取的并购专业知识和技能存在领域特征，掌握某种并购经验不能解决所有的并购决策难题。联结董事的并购经验对于并购绩效的影响尚缺乏中国的经验数据予以支持，此外，当并购发生在存在董事联结的企业之间时，联结董事的并购经验又会对并购绩效产生何种影响，也值得深入探讨。

2.5 本章小结

在日益高涨的企业并购交易形势背后，并购作为一种复杂的经济决策，并购目标选择的合理性、并购价格制定的科学性以及并购价值创造的有效性却不能令人满意。现有研究主要从并购方、目标公司以及并购双方之间关系三个角度解答此议题。相对于并购方和目标方研究视角而言，从并购双方之间关系的视角探究并购价值的文献较为薄弱。受我国传统儒家处世哲学的影响，加之我国当前转型经济环境的特殊性，我国企业处在有别于西方的"关系型社会"制度背景中，社会关系网络已经成为企业生存和发展的重要方式，甚至有学者将此种现象称为"网络资本主义"。不过，由于转型背景下政府角色的特殊作用，国内文献主要关注高管与政府的联结关系对并购行为的影响。而实际上，除了政治联结关系之外，通过联结董事而建立起来的企业间的联结关系对企业并购也非常重要。为更好地理解董事联结对并购影响的研究价值和意义，本章依次对企业并购、董事联结、董事联结对并购的影响以及联结董事并购经验对并购的影响四个方面的国内外文献进行回顾和梳理。这样，一方面为本书研究提供了一个坚实的理论基础和清晰的研究脉络，另一方面可以看出本书研究在整个研究领域中所占的地位和层次，另外，通过对以往文献的梳理明确本书需要拓展的内容，强调本书研究的重要性和价值。

首先，本章从并购的相关文献入手，对并购目标选择、并购定价和并购绩效三个方面的国内外文献进行综述。通过回顾已有文献本书发现，并购企业选择目标企业的标准主要是从并购企业的需求出发，为实现并购企业的战略意图而订立的选择依据。由于国家和时代背景不同，产生并购的动因也就不同，再加上学者之间所采用的研究方法的差异，目标企业呈现出不一样的特征。现有研究从并购企业的需求角度考虑目标公司的选择问题，却忽略了并购公司与目标公司之间的关系对并购目标选择的影响，如二者存在关联关系和董事联结关系等。通过对并购定价的相关文献进行回顾，可以发现最优价格难以实现的一个重要原因是并购双方之间存在信息不对称问题，信息不对称使并购方难以对目标公司做出较为准确的估价，也使并购方难以准确预测并购的协同收益，进而提高了超额支付的风险。可见，解决并购中的信息不对称问题是并购定价合理化的前提条件。关于并购绩效问题的研究，国内外学者并未得到统一的结论。

分析其原因可以发现，片面的只从并购公司或目标公司一方的角度考察并购绩效，忽略并购活动双方之间的关系给并购带来的影响，将无法对并购绩效的变化进行有效解释。综上所述，通过对企业并购的文献进行回顾，本书发现，国内外学者主要从并购方或目标方单独一方的视角来考察企业并购的相关问题，却忽视了并购方和目标方之间的关系对并购可能产生的影响。而本书从并购公司与目标公司的董事联结关系角度出发考察并购的价值效应问题，弥补了相关研究的不足，从这点来看，本书的研究具有一定的理论意义。

其次，本章对董事联结的国内外文献进行了总结，厘清了董事联结存在的成因及其影响。不同理论对于董事联结的成因有不同的解释，本书通过对上述理论进行分析和比较，为本书后续的研究提供了合理的理论依据。本章主要从企业绩效和企业行为两个方面考察董事联结带来的影响。董事联结对企业绩效的影响研究，结论并不一致，矛盾产生的原因归根到底是信息优势和代理冲突相互较量的结果。在何种情况下，董事联结能够对企业绩效产生积极的影响，将值得未来深入研究。董事联结会对一系列企业行为产生影响。但是，国内外的相关研究，主要是从社会网络理论出发考察董事联结的网络特征对企业行为的影响。虽然董事或高管个人的网络联结关系方面也可能是一个有益的研究视角，不过这类文献目前要么关注整体董事联结网络对企业行为的影响，要么关注董事与管理层的私人联结关系对企业行为的影响，鲜见有从企业双方之间董事联结关系角度研究企业行为的文献。

再次，本章回顾了董事联结对并购影响的国内外文献，分析了董事联结对并购目标选择、并购定价和并购绩效影响研究的成果与不足。在并购过程中，董事联结对并购目标选择和并购价格制定的影响是基于组织间的相互模仿还是为了降低信息不对称程度，研究结论并不一致。本书认为，研究结论的差异是由于研究样本的主体不同，当联结企业同为并购公司时，存在董事联结的企业之间可能会相互模仿，做出类似的并购目标选择，制定类似的并购定价决策。但是，当联结企业一方为并购方，而另一方为目标方时，组织模仿理论将不具有解释效力，董事联结对于并购目标选择和并购价格制定产生影响是因为并购方试图通过董事联结而降低并购双方的信息不对称程度。目前，我国学者从信息不对称的角度考察董事联结对并购目标选择和并购溢价影响的研究还较少，本书对上述问题的研究将具有重要价值和意义。董事联结会对并购绩效产生何种影响的结论也存在矛盾。这些互相矛盾的结果主要归因于董事联结是一把"双刃剑"，既可以给并购双方公司带来信息沟通方面的优势，降低并购双方的信息不对称程度，又由于联结董事同时在并购双方公司任职，为其谋取自身利益提供了更大的空间，加剧了代理冲突。本书认为，在中国并购市场正式制度不尽完善的背景下，由于信息不对称而产生的信息摩擦问题是并购过程亟待解决的问题，因此，在信息不对称程度较强的情况下，董事联结的信息渠道功能更为重要，董事联结作为一种非正式的关系机制，可以缓解由于正式制度缺失而带来的信息摩擦问题。本书也将从信息不对称的角度考察董事联结对并购绩效的影响，弥补相关研究问题的不足。此外，已有研究大多从并购公司或目标公司的角度考察并购价值创造问题，但是对于并购后实体和目标公司相较于并购公司而言，并购会产生怎样的影响却较少关注。董事联结会给并购后实体和目标公司相较于并购公司的并购绩效带来怎样的影响，尚缺乏文献支持。本书在后续研究中，全面考察董事联结对并购公司、并购后实体和目标公司相较于并购公司的并购绩效的影响，将是对并购绩效研究的有益补充。

最后，本章梳理了联结董事经验对并购影响的国内外文献。国内外学者关于联结董事并购经验对并购目标选择影响的研究还较少，尚缺乏经验性证据予以证实。关于联结董事并购经验对并购定价的影响研究，国外学者发现，联结董事的并购经验有助于焦点并购公司做出更合理的并购定价决策。但是，国内学者对这一问题的研究也较匮乏。关于联结董事并购经验与并购绩效的关系研究，学者们的结论存在分歧，部分学者提出联结董事的并购经验能够对焦点并购公司的并购绩效产生影响，而部分学者认为并购经验上述作用的发挥需要满足并购经验相似性的条件。总的来说，上述研究表明，如果焦点公司的联结董事在联结积累了丰富的并购经验，那么并购经验的积累会提升联结董事的并购抽象知识组织能力和类比推理能力，联结董事上述能力的提高可能会提高并购公司决策的合理性和有效性，帮助焦点并购公司更有效认知和利用董事联结在并购价值创造中的作用。行为学习理论研究还表明，并购经验的价值取决于现在和过去并购的相似性（Haleblian & Finkelstein，1999；Hayward，2002）。当联结董事并购经验获取的来源不同时，通过并购经验的积累帮助联结董事提升的抽象知识组织能力和类比推理能力也会存在差异。联结董事并购经验作用的发挥是应该满足一定条件的，只有相似的并购经验才能使联结董事更好地发挥监督和咨询作用，因为通过并购经验所获取的并购专业知识和技能存在领域特征，掌握某种并购经验不能解决所有的并购决策难题。因此，本书也将遵从 McDonald 等（2008）的做法，将联结董事的并购经验划分为同行业或同产品市场并购经验、相关并购经验和非相关并购经验三种类型，分别考察联结董事的并购经验在相似的并购中对董事联结与并购目标选择、并购溢价和并购绩效的关系产生的影响。本书对联结董事并购经验、董事联结与企业并购这三者之间的关系进行深入研究，拓展了董事联结与企业并购关系的研究视角。

第3章　董事联结对并购目标选择的影响

3.1　理论分析与假设提出

　　并购市场存在信息摩擦的问题已经被学术界广泛证明（Akerlof，1970；Hansen，1987）。由于目标公司比并购公司更了解自身的价值，从而产生了关于目标公司价值的信息不对称问题。在并购过程中，目标公司只会接受高于或等于自身价值的标价，并购公司为使标价能够被目标公司接受，在不了解目标公司真实价值的情况下，将因此支付超额成本，这就导致了逆向选择问题的出现。同样，由于并购公司比目标公司更了解自身的价值，因此也会产生关于并购公司价值的信息不对称问题（Hansen，1987）。当并购公司采用股权融资方式进行并购时，市场可能会认为这是一个"馊主意"，因为只有股价被高估时，公司才会进行股票增发（Myers & Majluf，1984）。因此，使用股票而非现金作为支付方式可能会导致投标方投标成本被低估（Eckbo et al.，1990）。由于并购双方信息不对称而产生的逆向选择，不仅会因为出价问题而影响并购效率（Fishman，1989），而且并购成本的增加也会降低并购绩效（Cai & Sevilir，2012；陈仕华等，2013），当逆向选择问题较为严重时，那些原本可以成功的并购交易计划还可能会因此而落空（Hansen，1987）。

　　为了降低并购双方的信息不对称问题，在并购目标选择决策过程中，并购公司需要搜寻目标公司的相关信息（Davies，2011）。并购公司通常会对目标公司的战略定位、公司文化、产品市场、核心技术以及财务状况等信息进行搜寻与调查，并付出相应的信息搜集成本，而当目标公司的信息透明度较低时，并购公司搜集目标公司信息的难度会增加，信息的真实性也会降低，并购公司需要付出更高的信息搜寻与调查成本（Bruner，2004；Kropf & Robinson，2008）。

就目标公司而言，在并购发生前，出于对自身利益的考虑，目标公司也会搜寻并购公司的相关信息，了解并购公司的基本情况和发展战略，判断并购公司的并购意图，而当并购公司的信息透明度较低时，目标公司可能无法做出正确的判断，拒绝接受对自己有益的并购要约（Rousseau & Stroup，2015）。

Haunschild 和 Beckma（1998）认为并购中的信息分为私有信息和公开信息，其中私有信息是指潜在的交易双方未公开的信息。Bruner（2004）指出并购交易是高成本的商业行为，其中一部分高额的成本来源收集丰富的与并购相关的交易信息，尤其是非公开信息的搜集。学者们还发现，在许多并购交易中目标公司与并购公司都存在联结董事（Cukurova，2012；陈仕华等，2013；魏乐，2013）。资源依赖理论认为，联结董事的存在促使了董事联结关系的产生（Pfeffer & Salancik，1978）。董事联结可以促进组织与其他企业之间的信息交流，是较为常见的一种管理环境的方式（Burt，1983）。董事联结产生的动机是建立组织与外部环境的联系，通过友谊的建立、信息的交流和对焦点组织的认同，降低组织与外界交易的风险和不确定性（Pfeffer & Salancik，1978）。

在并购目标选择决策过程中，董事联结关系的存在为促进目标公司与并购公司的沟通与交流提供了合法途径，也为并购过程中信息的传递提供了重要渠道，可以有效地降低并购双方的信息不对称程度。在并购双方同时任职的联结董事，可以帮助并购公司顺利获取关于目标公司的战略、市场、技术以及财务状况等信息，降低并购公司的信息搜寻和调查成本，提高信息的可信赖程度（Nahapiet & Ghoshal，1998）。同时，联结董事也可以向目标公司提供并购公司的基本信息，说明并购公司的并购意图，帮助目标公司做出正确判断，提高并购要约被接受的概率（Useem，1984）。Rousseau 和 Stroup（2015）认为，如果并购公司选择与其存在董事联结关系的公司作为并购目标，那么并购公司对潜在目标公司私有信息和真实价值的了解程度更高，可降低并购公司的过度支付风险，提高并购价值。韩洁等（2014）发现，董事联结改变了并购公司与潜在目标公司的信息沟通方式，两者更易获得对方的私有信息。总之，目标公司与并购公司的董事联结关系，既可以降低并购公司的信息搜集成本，也能提高目标公司接受并购要约的可能，保障并购交易顺利开展。由此，本书提出：

假设 1：其他情况相同时，与并购公司存在董事联结关系的公司成为并购目标公司的可能性更大。

有关经验研究的心理学文献指出，若联结董事拥有较为丰富的并购经验，将有助于并购公司做出较为合理和有效的并购决策（Beckman & Haunschild，

2002；Horner，2006；Kroll et al.，2008；McDonald et al.，2008）。首先，并购经验可以帮助联结董事更广泛和更有效地组织抽象知识来识别和选择解决并购决策问题的有效方案。学者们发现，经验的获取可以帮助决策者更好的组织抽象知识，抽象知识的有效组织有助于决策者因果关系思维模式的形成（Glaser & Chi，1988；Day & Lord，1992；Walsh，1995；Carpenter & Westphal，2001）。VanLehn（1996）发现，并购经验有助于联结董事更好的组织并购抽象知识，促进并购因果关系思维模式的形成，提高联结董事的信息筛选能力（Glaser & Chi，1988；Sternberg，1997）。信息筛选能力的提高能够帮助联结董事组织抽象知识区分并购决策的重要与不重要信息（Glaser & Chi，1988；Sternberg，1997），进而在准确定义并购决策问题的基础上，从一系列并购决策问题解决方案中识别最佳方案。因此，当联结董事拥有丰富的并购经验时，并购经验能够帮助联结董事更有效的组织抽象知识识别和选择解决并购决策问题的方案，而不用像普通人在进行决策时那样进行广泛的信息搜寻（Kroll et al.，2008；McDonald et al.，2008）。其次，并购经验也可以帮助联结董事应用类比推理，找出解决并购决策问题的有效方案（Anderson et al.，1997）。在特定领域进行决策的经验扩展了人们在解决现有问题时，可以参照的前期经验目录（Reeves & Weisberg，1994）。如果决策者拥有大量的、可以参考的、与要解决的问题有关的经验，那么决策者能够在一定程度上更好地使用类比推理来有效地解决他们遇到的问题。因此，当联结董事拥有丰富的并购经验时，联结董事就可以将当前并购决策所面临的问题与前期并购已解决的问题相对比，通过类比推理找出解决当前并购决策问题的有效方案（Anderson et al.，1997）。

当企业在进行并购目标选择决策时，如何选择恰当的并购目标，解决由于并购双方的信息不对称而带来的信息摩擦问题，降低并购公司的信息搜集成本，提高目标公司接受并购要约的可能，保障并购交易的顺利开展，是并购公司在进行并购目标决策时所面临的难题。若联结董事在兼职的过程中拥有了丰富的并购经历，那么，在其他企业的并购中所积累的并购经验可以帮助联结董事广泛且有效地组织抽象知识，加强联结董事对并购目标决策因果关系更完整的理解，提高联结董事的信息筛选能力，找到解决并购目标决策难题的有效方案（McDonald et al.，2008）。选择与并购公司存在董事联结的公司作为目标公司，能够有效降低并购双方的信息不对称程度（Rousseau & Stroup，2015），避免并购公司支付过高的信息搜集与调查成本（Nahapiet & Ghoshal，1998），提高并购交易的经济效益和效果，为解决并购目标选择决策难题提供了有效途径。因此，本书认为，丰富的并购经验会帮助联结董事有效的组织抽象知识，发现和认知与存在董事联结的公司进行并购在解决并购目标决策问题时的效果和作用，从而将这种目标选择方案作为解决并购目标决策难题的有效方案，积极促进焦点并购公司选择与其存在董事联结的公司作为并购目标公司。此外，若联结董事在兼职的过程中曾经参与过并购公司选择存在董事联结的企业作为并购目标的并购决策，那么，联结董事会更深刻地体会到这种目标选择方案为解决并购目标决策难题所发挥的重要作用。这一有效的目标选择方案也会被联结董事添加到其成功并购经验目录之中。当联结董事所在的焦点并购公司在当前并购中进行目标选择时，联结董事就会运用类比推理，将其他企业的成功目标选择方案作为解决当前并购目标决策问题的有效方案积极向焦点并购公司推广，进一步促进焦点并购公司选择与其存在董事联结的公司作为并购目标公司。

综上所述，联结董事前期并购经验的积累，有助于联结董事提高自身的抽象知识组织能力和类比推理能力，这些能力的增强可以帮助联结董事有效认知与存在董事联结的企业进行并购所带来的经济效益，将这种目标选择方案作为解决并购目标决策难题的有效方案，积极向焦点并购公司推广，促进焦点并购公司选择与其存在董事联结的公司成为并购目标公司。由此，本书提出：

假设 2：**其他情况相同时，联结董事的并购经验越丰富，与焦点并购公司存在董事联结的潜在目标公司成为并购目标公司的可能性越大。**

根据 McDonald 等（2008），联结董事的并购经验按其获取的来源不同可以分成同行业或同产品市场并购经验、相关并购经验和非相关并购经验三种类型。联结董事并购经验获取的来源不同，通过并购经验的积累帮助联结董事提升的抽象知识组织能力和类比推理能力也存在差异。

在实际并购过程中，有效地进行并购决策所需的能力是存在行业差异的，这是因为：一是并购决策需要详细了解目标公司所在行业的资源与能力信息（Greenwood & Hinings，1994）；二是并购决策需要评估的并购目标信息性质因行业而异（Szulanski，2000）；三是在并购交易中进行有效谈判所需的能力也存在行业差别（Coff，1999）。Stulz（1990）和 Ahern（2012）认为，若联结董事具有同行业或同产品市场的并购经验，那么，联结董事能够更广泛而有效的组织关于该行业或该产品市场的抽象知识并运用类比推理，从而达到如下效果：第一，帮助并购公司董事会熟悉特定产品市场环境，加深对市场空间、产业链上下游和竞争者等的了解，发现特定行业内优质的并购标的；第二，帮助并购公司对目标公司价值进行准确的评估；第三，帮助并购公司董事会获取该行业或产品市场的信息优势和资源优势，对并购交易相关信息进行有效的筛选处理，提高交易谈判时的议价能力。

目标公司所在行业或产品市场是否与并购公司所在行业或产品市场相关也决定了有效进行并购决策所需能力的差异性。相关并购和非相关并购的价值来源不同，需要不同的技能对这两种并购的价值创造能力进行识别和评估。相关并购所创造的价值通常源于经营协同和增强市场力量（Teece，1980；Baumol，1982；Scherer & Ross，1990），而非相关并购的价值创造取决于管理或财务协同效应的实现（Levy & Sarnat，1970；Lewellen，1971；Jensen，1986）。因此，相关并购需要更大程度的一体化以实现它的价值，在决策过程要提高对如文化兼容性等问题的关注，而非相关并购决策过程中则需要对并购双方公司的管理活动和财务状况非常熟悉（Jemison & Sitkin，1986；Datta & Grant，1990；Haspeslagh & Jemison，1991；Graebner，2004）。由于进行相关并购和非相关并购决策所需解决的问题各不相同，因此，在两种并购中，联结董事所获得的并购经验也各不相同，不同并购中并购经验帮助联结董事提升的抽象知识组织能力和类比推理能力也存在差异。

行为学习理论研究表明，行为的后果受到环境的影响（Pinder，1984；Beckman & Haunschild，2002）。根据这一理论，现在和过去的环境都会影响人的行为。当过去的情景与现在的情景相类似时，过去的经验将发挥更好的效果（Pinder，1984）。若当前并购与已发生的并购高度类似，那么并购经验将对并购决策的合理性和有效性产生积极影响，而错误的差异化则对当前并购决策无影响（Haleblian & Finkelstein，1999；Finkelstein & Haleblian，2002；程兆谦，2011）。因此，当联结董事拥有某种并购经验时，焦点并购公司也进行同种并购，将使联结董事的并购经验得到更有效的发挥，从而使联结董事能够在该领域更好的组织抽象知识，并有效的运用类比推理能力来解决当前并购可能遇到的问题和挑战。

联结董事拥有某行业或某产品市场的并购经验，而焦点并购公司也拟在该行业或产品市场选择目标公司时，联结董事的并购经验将得到更有好的发挥，有助于焦点并购公司做出更为合理的并购目标选择决策（Haunschild，1994；Haleblian & Finkelstein，1999）。在潜在目标公司同属同一行业或产品市场的情况下，若某一潜在目标公司与焦点并购公司存在董事联结，那么如前所述，与其他目标选择方案相比，选择与存在董事联结的公司进行并购的优势和作用显而易见，这种目标选择方案将是焦点并购公司解决并购目标决策问题的有效方案。联结董事拥有的同行业或同产品市场并购经验，将有助于联结董事更加广泛且有效地组织抽象知识并运用类比推理能力，发现在这种情况下与存在董事联结的企业进行并购所带来的经济效益和效果，从而将这种目标选择方案作为解决并购目标决策难题的有效方案，积极向焦点并购公司推广。因此，当联结董事拥有丰富的同行业或同产品市场并购经验时，联结董事能够更加深刻的认知董事联结对并购的有利影响，积极推动焦点并购公司选择存在董事联结的公司作为目标公司。

联结董事拥有相关并购经验，而焦点并购公司也进行相关并购时，联结董事的并购经验也将得到更好的发挥，有助于做出更为合理的并购决策（Hayward，2002）。在相关并购过程中，并购公司与潜在目标公司涉及同业竞争问题，潜在目标公司可能对并购公司存在敌意，不愿意接受并购要约（McDonald et al.，2008）。在并购完成后，并购双方也可能由于认知差异和低效沟通而难以实现文化融合。若相关并购发生在存在董事联结的企业间，那么联结董事可以实现并购双方的有效沟通，使目标公司理解并购公司的真正意图，说服目标公司接受并购要约，降低目标公司对并购公司的敌意，在并购结束后，也可以促进并购双方的紧密配合，实现企业间的文化融合。可见，在相关并购中，选择与并购公司存在董事联结的公司作为并购目标，将有助于并购计划的顺利开展和并购后协同价值的创造。联结董事拥有的相关并购经验，将有助于联结董事更加广泛且有效地组织抽象知识并运用类比推理能力，发现相关并购中与存在董事联结的企业进行并购所带来的经济效益和效果，从而将这种目标选择方案作为解决并购目标决策难题的有效方案，积极向焦点并购公司推广。因此，当联结董事拥有丰富的相关并购经验时，联结董事能够更加深刻的认知董事联结对相关并购的有利影响，积极推动焦点并购公司在相关并购的过程中选择存在董事联结的公司作为目标公司。

联结董事拥有非相关并购经验，而焦点并购公司也进行非相关并购时，联结董事的并购经验也将得到更好的发挥，有助于做出更为合理的并购决策（Hayward，2002；McDonald et al.，2008）。非相关并购的主要目标是实现管理协同和财务协同。若并购双方存在董事联结，那么联结董事会对并购双方公司的管理活动非常熟悉，可以将管理高效率一方的经验和方法传递给低效率的一方，从而帮助低效率公司的管理效率得到提高，实现管理协同效应。同样，联结董事对于并购公司的资本成本和目标公司的项目收益情况也非常了解，可以更有效地将并购公司低资本成本的内部资金投资于目标公司高效益项目上，提高并购后企业资金的使用效益，实现财务协同效应。可见，在非相关并购中，选择与并购公司存在董事联结的公司作为并购目标，将有助于并购管理协同和财务协同价值的创造。联结董事拥有的非相关并购经验，将有助于联结董事更加广泛且有效地组织抽象知识并运用类比推理能力，发现非相关并购中与存在董事联结的企业进行并购所带来的经济效益和效果，从而将这种目标选择方案作为解决并购目标决策难题的有效方案，积极向焦点并购公司推广。因此，当联结董事拥有丰富的非相关并购经验时，联结董事能够更加深刻的认知董事联结对非相关并购的有利影响，积极推动焦点并购公司在非相关并购的过程中选择存在董事联结的公司作为目标公司。由此，本书提出：

假设 2－1：其他情况相同时，联结董事拥有的同行业或同产品市场并购经验越丰富，与焦点并购公司存在董事联结的潜在目标公司成为并购目标公司的可能性越大。

假设 2－2：其他情况相同时，联结董事拥有的相关并购经验越丰富，在相关并购中与焦点并购公司存在董事联结的潜在目标公司成为并购目标公司的可能性越大。

假设 2－3：其他情况相同时，联结董事拥有的非相关并购经验越丰富，在非相关并购中与焦点并购公司存在董事联结的潜在目标公司成为并购目标公司的可能性越大。

3.2 研究设计

3.2.1 样本选择和数据来源

本书所使用的数据来自国泰安（CSMAR）数据库，对个别缺失的数据通过巨潮资讯网和新浪财经网查找手工补充。董事联结数据在查询 CSMAR 数据库高管兼职信息的基础上，通过对上市公司间具有相同姓名董事的年龄、性别和简历进行逐一匹配获得。CSMAR 数据库中高管兼任信息的最早披露年度为 2001年，因此本书董事联结数据样本区间为 2001～2014 年。学者们认为，董事联结关系正式形成后才能对并购产生一定的影响，并购事件数据的选择应滞后董事联结数据一年（Cai & Sevilir，2012；陈仕华等，2013；田高良等，2013；等等），因此，本书确定并购事件的样本区间为 2002～2015 年。并购事件样本按照如下原则进行筛选：（1）剔除并购双方不是中国 A 股上市公司的样本；（2）剔除并购交易未取得成功的样本；（3）剔除属于资产剥离、资产置换、债务重组和股份回购的重组样本；（4）剔除并购双方一天中发生多笔交易的样本；（5）剔除交易金额小于 500 万元的样本；（6）剔除并购绩效数据缺失的数据；（7）剔除其他变量缺失的样本。经过上述处理，本书最终的并购样本数量为 631 个，其中，并购双方存在董事联结的样本数量为 123 个。

为检验文中提出的假设，参照学者们（如：Capron & Shen，2007；Bodnaruk et al.，2009；陈仕华等，2013；韩洁等，2014）的普遍做法，本书选择与目标公司属于同一行业（根据中国证监会颁布的《上市公司行业分类指引》（2001 年版），将所有上市公司分为 22 个行业子类，其中制造业按照二级代码分类，其他行业按照一级代码分类）且规模相似（公司市值处于真实目标公司市值的 70%～130% 区间）的 A 股上市公司作为配对样本，共得到 15937 个配对样本，16568 个总体样本。根据前人的研究，本书将并购事件分为相关并购和非相关并购两个子样本（Fowler & Schmidt，1989；Krishnan et al.，1997；冯根福和吴林江，2001；张新，2003；McDonald et al.，2008）。其中，相关并购为当并购公司与被并购公司属于同一行业（根据中国证监会《上市公司行业分类指引》（2001 年版）制定的标准，制造业采用二级代码分类，其他行业按一级代码分类，共分为 22 个行业子类）的并购，其他并购则为非相关并购。总体并购样本中包含 4983 个相关并购样本，11585 个非相关并购样本。其中，实际并购交易样本中包含 189 个相关并购样本，442 个非相关并购样本；配对并购样本中包含 4794 个相关并购样本，11143 个非相关并购样本。为消除异常值的影响，本书对所有连续变量进行了上下 1% 的 Winsorize 处理。研究中使用 Excel 软件进行基础数据的整理工作，使用 STATA 和 SAS 软件进行统计分析工作。

3.2.2　变量操作性定义

3.2.2.1　被解释变量

目标公司选择 TC（target corporate），参照 Bodnaruk 等（2009）和陈仕华等（2013）的研究，公司是否成为并购中的目标公司，是为 1，否为 0。

3.2.2.2 解释变量

（1）董事联结 BI（board interlock）。根据 Mizruchi（1996）、Beckman 和 Haunschild（2002）、Shipilov 等（2009）、陈仕华等（2013）和韩洁等（2014）的研究，若并购公司与（潜在）目标公司存在董事联结关系，取值为1，否则为0。

（2）联结董事并购经验 AE（acquisition experience）。借鉴 Haleblian 等（1999），Beckman 和 Haunschild（2002）以及 McDonald 等（2008）的研究，在年度 $y(t-5 \leqslant y \leqslant t-1$，t 为焦点并购公司发生并购交易的年度）与焦点并购公司存在董事联结关系的所有联结公司发生并购交易的次数之和，为联结董事并购经验。

（3）联结董事同行业或同产品市场并购经验 IAE（industry acquisition experience）。借鉴 Kroll 等（2008）和 McDonald 等（2008）的研究在年度 y（$t-5 \leqslant y \leqslant t-1$，t 为焦点并购公司发生并购交易的年度）与焦点并购公司存在董事联结关系的联结公司所发生的并购，其目标公司与焦点并购公司进行并购交易的目标公司属于同一行业（行业分类与行业虚拟变量标准相同），焦点并购公司的所有联结公司发生上述并购的次数之和，为联结董事同行业或同产品市场并购经验。

（4）联结董事相关并购经验 RAE（related acquisition experience）。借鉴 Fowler 和 Schmidt（1989）、Haleblian 等（1999）以及 McDonald 等（2008）的研究，在年度 y（$t-5 \leqslant y \leqslant t-1$，t 为焦点并购公司发生并购交易的年度）与焦点并购存在董事联结关系的所有联结公司进行相关并购的次数之和，为联结董事相关并购经验。

（5）联结董事非相关并购经验 UAE（unrelated acquisition experience）。借鉴 Fowler 和 Schmidt（1989）、Haleblian 等（1999）以及 McDonald 等（2008）的研究，在年度 y（$t-5 \leqslant y \leqslant t-1$，t 为焦点并购公司发生并购交易的年度）与焦点并购公司存在董事联结关系的所有联结公司进行非相关并购的次数之和，为联结董事非相关并购经验。

3.2.2.3 控制变量

（1）公司并购经验 FAE。一些学者提出，公司层面的并购经验也会影响并购绩效（Gulati，1995；Beckman & Haunschild，2002）。因此，本书使用并购公司在当前并购交易发生前 5 年至前 1 年，曾经发生并购的次数衡量公司层面的并购经验（Beckman & Haunschild，2002）。

（2）公司同行业或同产品市场并购经验 FIAE。根据 Haunschild（1994）、Haleblian 和 Finkelstein（1999）的研究，公司层面的同行业或同产品市场并购经验使用并购公司在当前并购交易发生前 5 年至前 1 年，曾经发生的并购交易中目标公司与当前并购中的目标公司属于同一行业（行业划分标准与行业虚拟变量设置相同）的并购次数衡量。

（3）公司相关并购经验 FRAE。根据 Gulati（1995）、Beckman 和 Haunschild（2002）、McDonald 等（2008）等的研究，公司层面的相关并购经验使用并购公司在当前并购交易发生前 5 年至前 1 年，曾经发生的相关并购次数来衡量。

（4）公司非相关并购经验 FUAE。根据 Gulati（1995）、Beckman 和 Haunschild（2002）、McDonald 等（2008）等的研究，公司层面的非相关并购经验使用并购公司在当前并购交易发生前 5 年至前 1 年，曾经发生的非相关并购次数来衡量。

（5）盈利性 ROE。根据 Capron 和 Shen（2007），盈利性用并购公告前 1 年（潜在）目标公司的净资产收益率衡量。

（6）资产质量 BM。根据 Bodnaruk 等（2009）、韩洁等（2014），资产质量用交易宣告前 1 年年末（潜在）目标公司权益的账面价值与市场价值之比衡量。

（7）负债比率 DE。根据王宏利（2005）、Almazan 等（2010），负债比率为交易宣告前 1 年年末，（潜在）目标公司负债权益比率。

（8）公司规模 MV。根据 Bodnaruk 等（2009）、韩洁等（2014）的研究，公司规模为交易宣告前 1 年末（潜在）目标公司总市值的自然对数。

（9）高管持股 SHARE。根据 Jensen 和 Ruback（1983）、Hayward 和 Hambrick（1997）的研究，高管持股使用交易宣告前 1 年年末（潜在）目标公司高管（包括董事）持股比例合计衡量。

（10）股权集中度 CRL。根据 Jensen 和 Ruback（1983）、Shen 和 Reuer（2005）、Cukurova（2012），股权集中度为交易宣告前 1 年年末，（潜在）目标公司第一大股东持股的比例。

（11）成长性 GROWTH。根据 Pagano 等（1998），成长性为交易宣告前 1 年（潜在）目标公司的主营业收入增长率。

（12）价值高估程度 PER。根据赵勇和朱武祥（2000），价值高估程度可用市盈率表示，通过计算交易宣告前 1 年年末，（潜在）目标公司每股市价与每股收益比值得到。

（13）行业竞争程度 HHI。有些实证研究文献用行业的市场集中度比率和交叉价格弹性等指标反映竞争强度。但市场集中度比率指标度量的是一个行业中最大的 n 家公司的产出额占行业总产出额的比例，行业内的竞争并非只是大企业决定的，所以难以准确衡量行业内的竞争强度；由于难以获得公司的定价资料，交叉价格弹性指标也不好计量。于是，本书借鉴姜付秀等（2009）的做法，采用赫芬达尔 – 赫希曼指数（HHI）来度量产品市场竞争强度。

$$HHI = \sum (X_i/X)^2 \tag{3.1}$$

根据公式计算赫芬达尔 – 赫希曼指数，其中，$X = \sum X_i$，X_i 为交易宣告前 1 年年末，（潜在）目标公司 i 的销售额。根据统计学的知识，当一个行业的公司数目一定时，赫芬达尔 – 赫希曼指数越小，说明（潜在）目标公司行业内相同产出规模的公司就越多，行业内公司之间的竞争就越激烈。

（14）股票波动率 STD。Kang 和 Kim（2008）指出，股票收益的标准差越高，预示着公司未来的发展前景越不确定，不确定性的增加意味着风险的扩大，信息不对称程度也会因此而提高。依据他们的研究，本书选取目标公司交易宣告前两年的月股票报酬回报率标准差来衡量股票波动率。

（15）融资约束 ACR。本书使用交易宣告前 1 年年末的财务柔性衡量并购公司的融资约束。根据 Byoun（2011）等的研究，财务柔性是企业通过适当的财务政策安排而建立起来的获取和调用内外部资金的能力。根据定义可知，财务柔性越高，并购公司的融资约束越小，反之亦然。因此，借鉴曾爱民等（2011）的做法，财务柔性 = 负债融资柔性 + 现金柔性，其中，负债融资柔性 = Max（0，行业平均负债比率 – 企业负债比率），现金柔性 = 企业现金比率 – 行业平均现金比率。

（16）两职情况 DUAL。根据 Capron 和 Shen（2007）、陈仕华等（2013），若交易宣告前 1 年年末，（潜在）目标公司董事长与总经理两职兼任，则为 1，否为 0。

（17）董事会独立性 IND。根据 Capron 和 Shen（2007）、陈仕华等（2013），董事会独立性用独立董事比例表示，为交易宣告前 1 年年末，（潜在）目标公司独立董事人数占董事会成员总数的比例。

（18）董事会规模 SCALE。根据 Capron 和 Shen（2007）、陈仕华等（2013），董事会规模为交易宣告前 1 年年末，（潜在）目标公司董事会成员数量。

（19）自由现金流 CASH。根据赵勇和朱武祥（2000），用交易宣告前 1 年年末，（潜在）目标公司自由现金流与总资产的比值衡量（潜在）目标公司的自由现金流状况。

（20）相同地区 SP。根据 Aliberti 和 Green（1999）、Portes 和 Rey（2005），若并购双方处于相同地区（地区划分是以各省或直辖市为标准），则为 1，否为 0。

此外，本书还控制了年份（YEAR）和行业（INDUSTRY）作为文中模型的控制变量。并购交易发生在 2002~2015 年 14 个年份，设置 13 个年份虚拟变量。行业划分标准根据中国证监会《上市公司行业分类指引》（2001 年版）制定的标准，制造业采用二级代码分类，其他行业按一级代码分类，共分为 22 个行业子类，设置 21 个行业虚拟变量。

3.2.3　模型设计

在 Bodnaruk 等（2009）、Cukurova（2012）、陈仕华等（2013）、韩洁等（2014）研究的基础上，结合中国并购行为的特点，本书采用 Probit 回归方程检验董事联结对并购目标公司选择的影响。

$$
\begin{aligned}
TC = {} & \alpha_0 + \alpha_1 BI + \alpha_2 ROE + \alpha_3 BM + \alpha_4 DE + \alpha_5 SHARE + \alpha_6 CRL \\
& + \alpha_7 GROWTH + \alpha_8 PER + \alpha_9 HHI + \alpha_{10} STD + \alpha_{11} ACR \\
& + \alpha_{12} DUAL + \alpha_{13} IND + \alpha_{14} SCALE + \alpha_{15} CASH + \alpha_{16} SP \\
& + \sum_i YEAR + \sum_j INDUSTRY + \varepsilon
\end{aligned}
\tag{3.2}
$$

模型（3.2）中，TC 代表目标公司选择，BI 为董事联结，α_0 为截距项，$\alpha_1 \sim \alpha_{16}$ 为各变量的估计系数，ε 为随机误差项。

为进一步检验联结董事的并购经验对董事联结与并购目标选择的影响，将董事联结与联结董事并购经验的交互项（BI × AE）、联结董事并购经验（AE）以及公司并购经验（FAE）引入模型（3.2）中，构建模型（3.3）。

$$
\begin{aligned}
TC = {} & \beta_0 + \beta_1 BI + \beta_2 AE + \beta_3 BI \times AE + \beta_4 FAE + \beta_5 ROE + \beta_6 BM \\
& + \beta_7 DE + \beta_8 SHARE + \beta_9 CRL + \beta_{10} GROWTH + \beta_{11} PER \\
& + \beta_{12} HHI + \beta_{13} STD + \beta_{14} ACR + \beta_{15} DUAL + \beta_{16} IND \\
& + \beta_{17} SCALE + \beta_{18} CASH + \beta_{19} SP + \sum_i YEAR \\
& + \sum_j INDUSTRY + \varepsilon
\end{aligned}
\tag{3.3}
$$

模型（3.3）中，β_0 为截距项，$\beta_1 \sim \beta_{19}$ 为各变量的估计系数，ε 为随机误差项。

根据并购经验获取的来源，联结董事的并购经验可以细分为不同的类型，本书还分别检验了联结董事不同类型的并购经验对董事联结与并购目标选择的影响。为检验联结董事同行业或同产品市场并购经验对董事联结与并购目标选择的影响，将董事联结与联结董事同行业或同产品市场并购经验的交互项（$BI \times IAE$）、董事联结同行业或同产品市场并购经验（IAE）以及公司同行业或同产品市场并购经验（FIAE）引入模型（3.2）中，构建以下模型：

$$
\begin{aligned}
TC = {} & \eta_0 + \eta_1 BI + \eta_2 IAE + \eta_3 BI \times IAE + \eta_4 FIAE + \eta_5 ROE \\
& + \eta_6 BM + \eta_7 DE + \eta_8 SHARE + \eta_9 CRL + \eta_{10} GROWTH \\
& + \eta_{11} PER + \eta_{12} HHI + \eta_{13} STD + \eta_{14} ACR + \eta_{15} DUAL \\
& + \eta_{16} IND + \eta_{17} SCALE + \eta_{18} CASH + \eta_{19} SP + \sum_i YEAR \\
& + \sum_j INDUSTRY + \varepsilon
\end{aligned}
\tag{3.4}
$$

模型（3.4）中，η_0 为截距项，$\eta_1 \sim \eta_{19}$ 为各变量的估计系数，ε 为随机误差项。

为检验联结董事相关并购经验和非相关并购经验对董事联结与并购目标选择的影响，本章根据前人的研究，将并购事件样本分为相关并购和非相关并购两个子样本（Fowler & Schmidt, 1989；Krishnan et al., 1997；冯根福和吴林江，2001；张新，2003；McDonald et al., 2008）。分别考察在相关并购中，联结董事相关并购经验对董事联结与并购目标选择的影响；在非相关并购中，联结董事非相关并购经验对董事联结与并购目标选择的影响。将董事联结与联结董事相关并购经验的交互项（$BI \times RAE$）、联结董事相关并购经验（RAE）以及公司相关并购经验（FRAE）引入模型（3.2）中，构建模型（3.5）；将董事联结与联结董事非相关并购经验的交互项（$BI \times UAE$）、联结董事非相关并购经验（UAE）以及公司非相关并购经验（FUAE）引入模型（3.2）中，构建模型（3.6）。

$$
\begin{aligned}
TC = {} & \gamma_0 + \gamma_1 BI + \gamma_2 RAE + \gamma_3 BI \times RAE + \gamma_4 FRAE + \gamma_5 ROE \\
& + \gamma_6 BM + \gamma_7 DE + \gamma_8 SHARE + \gamma_9 CRL + \gamma_{10} GROWTH \\
& + \gamma_{11} PER + \gamma_{12} HHI + \gamma_{13} STD + \gamma_{14} ACR + \gamma_{15} DUAL \\
& + \gamma_{16} IND + \gamma_{17} SCALE + \gamma_{18} CASH + \gamma_{19} SP + \sum_i YEAR \\
& + \sum_j INDUSTRY + \varepsilon
\end{aligned}
\tag{3.5}
$$

模型（3.5）中，γ_0 为截距项，$\gamma_1 \sim \gamma_{19}$ 为各变量的估计系数，ε 为随机误差项。

$$
\begin{aligned}
TC = {} & \theta_0 + \theta_1 BI + \theta_2 UAE + \theta_3 BI \times UAE + \theta_4 FUAE + \theta_5 ROE \\
& + \theta_6 BM + \theta_7 DE + \theta_8 SHARE + \theta_9 CRL + \theta_{10} GROWTH \\
& + \theta_{11} PER + \theta_{12} HHI + \theta_{13} STD + \theta_{14} ACR + \theta_{15} DUAL \\
& + \theta_{16} IND + \theta_{17} SCALE + \theta_{18} CASH + \theta_{19} SP + \sum_i YEAR \\
& + \sum_j INDUSTRY + \varepsilon
\end{aligned}
\tag{3.6}
$$

模型（3.6）中，θ_0 为截距项，$\theta_1 \sim \theta_{19}$ 为各变量的估计系数，ε 为随机误差项。

为避免多重共线性，本书对模型中的所有交互项均进行了中心化处理。回归前，本章查看了每个连续自变量的正态性，对不符合正态性的连续变量进行了正态性转化。此外，在回归后，本章对回归模型进行了 linktest 检定，确保模型无设定误差（specification error）。

3.3　实证结果分析

3.3.1　描述性统计

3.3.1.1　并购样本描述性统计分析

表 3-1 给出了按年度划分的并购样本和相对应的董事联结样本概况。2007~2009 年和 2015 年是中国 A 股上市公司并购最为活跃的年份，这是因为 2005 年 5 月股权分置改革之后，并购和新股发行（IPO）成为中国证券市场资源配置的两大主要方式。2010 年以后，尽管并购交易发生数量有所减少，但是并购活动较 2006 年以前仍热度不减。2014 年中国 A 股上市公司并购交易又开始呈现反弹增长趋势，2015 年并购交易数量达到 2002 年以来的最大峰值。相对应的，2007~2009 年和 2015 年并购双方存在的董事联结样本也相对较多，2010 年以后联结数量有所减少，但是 2013 年开始董事联结数量开始回升。整体而言，联结样本占并购总样本的比重达到 19.49%。鉴于中国上市公司并购行为的活跃现状，以及并购双方董事联结关系存在的常见性，本书的研究将具有重要意义。

表 3 - 1 按年度分类的并购样本描述性统计

年度	并购样本	样本比重（%）	联结样本	非联结样本	联结样本比重（%）
2002	20	3. 17	2	18	10. 00
2003	24	3. 80	3	21	12. 50
2004	24	3. 80	1	23	4. 17
2005	20	3. 17	4	16	20. 00
2006	31	4. 91	5	26	16. 13
2007	64	10. 14	8	56	12. 50
2008	71	11. 25	13	58	18. 31
2009	63	9. 98	19	44	30. 16
2010	35	5. 55	7	28	20. 00
2011	40	6. 34	7	33	17. 50
2012	40	6. 34	11	29	27. 50
2013	40	6. 34	14	26	35. 00
2014	50	7. 92	8	42	16. 00
2015	109	17. 27	21	88	19. 27
合计	631	100. 00	123	508	19. 49

表 3 - 2 给出了并购公司和目标公司的行业分布情况（根据中国证监会颁布的《上市公司行业分类指引》（2001 年版），将所有上市公司按照一级行业代码分为 13 个行业子类）。从数量上看，制造业（目标公司在制造业发生 299 次并购交易，占并购交易总数量的 47.39%；并购公司在制造业发生 294 次并购交易，占并购交易总数量的 46.59%）和金融保险业（目标公司在金融保险业发生 105 次并购交易，占并购交易总数量的 16.64%；并购公司目标公司在金融保险业发生 53 次并购交易，占并购交易总数量的 8.40%）是并购最为活跃的行业。紧随其后的是批发和零售贸易、房地产业、信息技术业以及电力、煤气及水的生产和供应业。从表 3 - 2 的最后一行和最后一列可以看到，除了制造业以外，存在董事联结的并购交易并不存在强烈的行业集中，并且其行业分布类似于并购交易的行业分布情况。从并购类型来看，除了制造业（按照一级行业代码分类）和电力、煤气及水的生产和供应业，相关并购样本数量高于非相关并购样本数量以外，在其他 11 个行业发生相关并购的样本数量普遍低于非相关并购。企业发生并购的类型不同，需要的并购专业知识和技能也会有所差异，因此，

联结董事在其他企业积累的特定领域并购经验能否在焦点并购公司的当前并购中发挥效力，可能会在一定程度上受到当前并购类型特征的影响。

表3-2　　　　　　　　　　按行业分类的并购样本描述性统计　　　　　　　　单位：次

目标公司	并购公司													合计	联结交易
	农业业	采掘业	制造业	电力、煤气及水的生产和供应业	建筑业	运输仓储业	信息技术业	批发和零售贸易业	金融保险业	房地产业	社会服务业	传播文化业	综合类		
农业业	2	0	3	0	0	0	0	0	0	0	1	0	0	6	0
采掘业	0	6	8	0	0	0	0	0	2	0	0	0	0	16	2
制造业	4	20	184	10	4	6	15	13	28	5	3	1	6	299	76
电力、煤气及水的生产和供应业	0	0	8	18	1	0	1	0	1	0	0	1	1	31	8
建筑业	0	0	2	0	3	0	0	1	0	2	0	0	0	8	1
运输仓储业	1	0	5	0	0	5	0	1	0	1	0	0	0	15	1
信息技术业	0	0	10	1	0	19	0	5	3	5	0	2	0	45	10
批发和零售贸易业	0	0	11	0	0	0	1	12	2	3	0	0	0	29	6
金融保险业	0	8	37	2	1	1	0	12	10	15	4	11	2	105	6
房地产业	2	3	7	1	0	0	3	0	5	7	0	1	1	30	1
社会服务业	0	0	7	0	0	2	0	0	1	0	1	0	3	14	2
传播文化业	0	0	6	0	0	0	1	0	0	1	3	0	1	12	2
综合类	0	2	0	0	0	0	0	0	0	1	6	0	0	21	8
合计	9	39	294	34	9	33	23	47	53	46	10	21	13	631	123
联结交易	1	4	72	8	4	2	7	13	2	5	2	2	1	123	—

3.3.1.2　变量全样本描述性统计分析

表3-3显示了配对形成的16568个总体样本的描述性统计结果。联结董事的并购经验（AE）均值为1.03，最大值为10，说明并购公司的联结董事普遍具有一定的并购经验，且在个别公司中联结董事的并购经验极其丰富，这有利于联结董事对于并购专业知识的学习和积累。当焦点并购公司也发生并购事件时，

这些在其他公司获取的并购经验可能对焦点并购公司的当前并购决策产生重要的影响。联结董事所拥有的同行业或同产品市场并购经验（IAE）均值为0.15，最大值为3，远低于联结董事的并购总经验，说明联结董事在焦点并购公司的当前并购中可以贡献的与目标公司最为相似的并购经验稍显不足。联结董事的相关并购经验（RAE）均值为0.38，最大值为5，非相关并购经验（IAE）均值为0.65，最大值为10，表明联结董事在执业过程中，参与的较多的是非相关并购，能够为非相关并购带来更多的并购专业知识和技能。焦点并购公司在过去的并购中也积累了一定的并购经验，公司并购经验（FAE）的均值为0.62，最大值为8，公司同行业或同产品市场并购经验（FIAE）均值为0.21，最大值为5，公司相关并购经验（FRAE）均值为0.13，最大值为3，公司非相关并购经验（FUAE）均值为0.48，最大值为7。公司的各类并购经验中，除了同行业或同产品市场并购经验（FIAE）高于联结董事的并购经验以外，其他方面的并购经验均较低，说明联结董事的并购经验仍然是焦点并购公司并购专业知识和技能的主要来源。目标公司并购前一年的市盈率（PER）均值为99.09，说明目标公司的市值存在较严重的高估现象。并购公司交易宣告前一年年末的财务柔性（ACR）均值为-0.12，说明并购公司存在一定程度的融资约束问题，此时选在存在董事联结的公司作为目标公司，可以有效地降低信息不对称程度，当选择股票作为并购支付方式时，可以有效地避免低估并购支付成本。

表3-3　　　　　　　　　　　　变量的描述性统计

变量	均值	标准差	中位数	最小值	最大值
TC	0.04	0.18	0.00	0.00	1.00
BI	0.01	0.09	0.00	0.00	1.00
AE	1.03	1.82	0.00	0.00	10.00
IAE	0.15	0.53	0.00	0.00	3.00
RAE	0.38	0.88	0.00	0.00	5.00
UAE	0.65	1.39	0.00	0.00	10.00
FAE	0.62	3.16	1.00	0.00	8.00
FIAE	0.21	0.89	0.00	0.00	5.00
FRAE	0.13	0.64	0.00	0.00	3.00
FUAE	0.48	2.31	0.00	0.00	7.00
ROE	0.05	0.68	0.06	-29.88	23.27
BM	0.77	1.34	0.48	-17.49	48.95

续表

变量	均值	标准差	中位数	最小值	最大值
DE	1.32	8.32	0.40	0.00	335.10
SHARE	0.06	0.14	0.00	0.00	0.82
CRL	0.34	14.97	0.32	0.03	0.89
GROWTH	1.66	12.19	0.10	−1.00	14.88
PER	99.09	361.40	40.64	−72.00	420.00
HHI	0.05	0.07	0.04	0.02	1.00
STD	0.13	0.05	0.12	0.02	0.98
ACR	−0.12	2.52	−0.03	−0.40	0.33
DUAL	0.23	0.42	0.00	0.00	1.00
IND	0.35	0.08	0.33	0.00	0.71
SCALE	8.93	1.93	9.00	3.00	20.00
CASH	0.01	0.11	0.01	−0.61	0.39
SP	0.07	0.25	0.00	0.00	1.00

3.3.1.3　变量分组样本描述性统计分析

本书以焦点并购公司与潜在目标公司是否存在董事联结为标准，将样本分为联结样本和非联结样本，对两组样本间的差异性进行了均值 T 检验和秩和检验，表 3 – 4 给出了按董事联结情况分组的描述性统计结果。有无董事联结样本之间存在着显著的差异：与焦点并购公司存在董事联结的公司成为并购目标公司（TC）的可能性显著大于不存在董事联结的公司，符合本书的理论预期；联结样本中的联结董事的并购经验（AE）、同行业或同产品市场并购经验（IAE）、相关并购经验（RAE）和非相关并购经验（UAE）显著多于非联结样本组；联结样本中焦点并购公司的同行业或同产品市场并购经验（FIAE）和相关并购经验（FRAE）均显著高于非联结样本组，而焦点并购公司的并购经验（FAE）、非相关并购经验（FUAE）显著低于非联结样本组；联结样本中的目标公司的盈利性（ROE）、资产质量（BM）、负债比率（DE）、成长性（GROWTH）、价值高估程度（PER）、行业竞争程度（HHI）、公司治理水平（主要体现在董事会独立性（IND）和董事会规模（SCALE）两个指标）以及相同地区（SP）均显著高于非联结样本组，高管持股水平（SHARE）显著低于非联结样本组。在总体样本中，董事联结样本数量为 149 个，其中真正发生并购事件的样本为 109 个，通过配对产生的样本数量为 40 个。

表 3 - 4 联结样本和非联结样本描述性统计

变量	联结样本		非联结样本		T - 检验	秩和检验
	均值	中位数	均值	中位数		
TC	0.73	1.00	0.03	0.00	49.83 ***	46.47 ***
AE	1.55	1.00	1.03	0.00	3.50 ***	5.28 ***
IAE	0.35	0.00	0.15	0.00	4.50 ***	5.75 ***
RAE	0.45	0.00	0.38	0.00	0.97	2.23 **
UAE	1.10	1.00	0.65	0.00	3.96 ***	6.23 ***
FAE	0.42	0.00	0.62	0.00	- 2.40 **	- 0.40
FIAE	0.33	0.00	0.21	0.00	3.27 ***	3.96 ***
FRAE	0.16	0.00	0.12	0.00	1.72 *	1.52
FUAE	0.25	0.00	0.48	0.00	- 2.32 **	- 1.05
ROE	0.25	0.07	0.05	0.06	3.67 ***	2.63 ***
BM	0.78	0.58	0.76	0.48	0.16	2.18 **
DE	1.37	0.79	1.32	0.40	0.07	4.67 ***
SHARE	0.02	0.00	0.06	0.00	- 4.11 ***	- 4.92 ***
CRL	0.33	0.30	0.34	0.32	- 1.39	- 1.74 *
GROWTH	0.34	0.16	1.67	0.10	- 0.13	2.20 **
PER	99.30	33.93	72.96	40.70	9.68 ***	1.86 *
HHI	0.07	0.05	0.05	0.04	2.82 ***	2.85 ***
STD	0.13	0.11	0.13	0.12	- 0.91	- 1.44
ACR	0.11	- 0.31	- 0.12	- 0.32	1.10	0.18
DUAL	0.18	0.00	0.23	0.00	- 1.32	- 1.32
IND	0.37	0.35	0.35	0.33	2.02 **	2.10 **
SCALE	9.72	9.00	8.93	9.00	4.94 ***	3.97 ***
CASH	0.02	0.01	0.01	0.01	0.16	- 0.64
SP	0.51	1.00	0.06	0.00	22.39 ***	22.06 ***
样本数	149	149	16419	16419	—	—

注: *、**、*** 分别代表 10%、5% 和 1% 的显著性水平。

本书以焦点公司进行的并购是否相关并购为标准，将样本分为相关并购样本和非相关并购样本，对两组样本间的差异性进行了均值 T 检验和秩和检验，表

3-5 给出了按相关并购情况分组的描述性统计结果。潜在目标选择（TC）和董事联结（BI）在相关并购样本和非相关并购样本中不存在显著差异，说明关于本书的主要结论，并非是由于并购类型的样本差异所造成的。联结董事的并购经验却在两种样本中却存在一定的差异：相关并购样本中联结董事的相关并购经验（RAE）显著高于非相关并购样本组，说明在相关并购中，联结董事具有较多的相关并购经验（RAE），联结董事的相关并购经验可能在相关并购中发挥更大的作用；非相关并购样本中，联结董事的非相关并购经验（UAE）显著高于相关并购样本组，说明在非相关并购中，联结董事具有较多的非相关并购经验（UAE），联结董事的非相关并购经验可能在非相关并购中发挥更大的作用。此外，其他变量在两种样本中也存在一定的差异：相关并购样本中，焦点并购公司的并购经验（FAE）和非相关并购经验（FUAE）显著低于非相关并购样本组；焦点并购公司的同行业或同产品市场并购经验（FIAE）和相关并购经验（FRAE）显著高于非相关并购样本组；相关并购样本中，目标公司的盈利性（ROE）、资产质量（BM）、行业竞争程度（HHI）、股票波动性（STD）、融资约束（ACR）、公司治理水平（主要体现在股权集中程度（CRL）、董事会独立性（IND）和董事会规模（DUAL）三个指标）和相同地区（SP）均显著高于非相关并购样本组，负债比例（DE）和高管持股（SHARE）均显著低于非相关并购样本组。

表 3-5   相关并购样本和非相关并购样本描述性统计

变量	相关并购样本		非相关并购样本		T-检验	秩和检验
	均值	中位数	均值	中位数		
TC	0.04	0.00	0.03	0.00	0.05	0.05
BI	0.01	0.00	0.01	0.00	5.24***	5.24***
AE	0.86	0.00	1.11	0.00	-8.08***	-3.18***
IAE	0.30	0.00	0.09	0.00	3.27***	4.09***
RAE	0.41	0.00	0.37	0.00	2.88***	1.13
UAE	0.45	0.00	0.74	0.00	-12.42***	-4.38***
FAE	0.33	0.00	0.74	0.00	-17.90***	-10.33***
FIAE	0.24	0.00	0.19	0.00	6.58***	10.47***
FRAE	0.25	0.00	0.08	0.00	31.73***	28.95***
FUAE	0.08	0.00	0.64	0.00	-29.50***	-39.73***
ROE	0.06	0.07	0.04	0.06	1.50	8.19***
BM	0.78	0.50	0.76	0.47	0.71	3.25***

变量	相关并购样本		非相关并购样本		T - 检验	秩和检验
	均值	中位数	均值	中位数		
DE	1.05	0.44	1.44	0.38	−2.76 ***	5.27 ***
SHARE	0.05	0.00	0.07	0.00	−5.14 ***	−5.02 ***
CRL	0.35	0.33	0.34	0.32	3.81 ***	3.23 ***
GROWTH	0.78	0.11	2.04	0.09	−0.60	−4.12 ***
PER	156.02	36.25	74.39	43.16	1.32	−6.92 ***
HHI	0.06	0.04	0.05	0.04	2.76 ***	7.28 ***
STD	0.14	0.13	0.13	0.12	5.25 ***	4.16 ***
ACR	0.04	−0.31	−0.20	−0.32	5.21 ***	0.63
DUAL	0.23	0.00	0.23	0.00	−0.33	−0.33
IND	0.36	0.33	0.35	0.33	4.20 ***	1.18
SCALE	9.01	9.00	8.90	9.00	3.11 ***	3.41 ***
CASH	0.01	0.01	0.02	0.02	−0.34	1.29
SP	0.07	0.00	0.06	0.00	2.90 ***	2.90 ***
样本数	4983	4983	11585	11585	—	—

注：*、**、*** 分别代表 10%、5% 和 1% 的显著性水平。

3.3.2 相关性检验

表 3 - 6 展示的是研究变量之间的相关系数矩阵。矩阵的下三角部分为 Pearson 检验结果，上三角部分为 Spearman 检验结果。通过对矩阵进行观察本书发现，董事联结（BI）与潜在目标公司选择（TC）存在显著正相关关系，与焦点并购公司存在董事联结的公司更有可能成为并购目标公司，初步验证了前述假设 1。联结董事的并购经验（AE）与潜在目标公司选择（TC）存在显著正相关关系，这可能是因为当公司中的联结董事成员拥有在其他公司的并购经历以后，会把相关的并购信息传播到焦点并购公司中来，促进公司间重要经济决策的相互模仿，从而使焦点并购公司也开展并购活动。同行业或同产品市场并购经验（IAE）与潜在目标公司选择（TC）存在显著正相关关系，说明当联结董事拥有某行业或产品市场的并购经验时，这些并购经验会促进联结董事推动焦点并购公司在同行业或同产品市场选择并购目标开展并购活动。公司的资产质量（BM）与潜在目标公司选择（TC）存在显著正相关关系，这说明公司的资产质

表 3 - 6　变量的相关性分析

变　量	1	2	3	4	5	6	7	8	9	10	11	12	13
1. TC	1	0.416***	0.019*	0.041**	0.019	-0.024	0.006	0.004	-0.019	-0.001	0.056***	0.030	0.090***
2. BI	0.416***	1	0.031*	0.040**	0.016	0.034**	0.002	0.037**	0.012	-0.019	0.016	0.041**	0.062***
3. AE	0.017*	0.031*	1	0.582***	0.698***	0.905***	0.210***	0.199***	0.218***	0.147***	0.033*	-0.106***	-0.106***
4. IAE	0.041**	0.040**	0.572***	1	0.636	0.510***	0.216***	0.100***	0.233***	0.081***	0.060***	0.001	-0.014
5. RAE	0.030	0.015	0.688***	0.652***	1	0.442***	0.279***	0.045***	0.219***	0.157***	0.048***	-0.067***	-0.080***
6. UAE	-0.019	0.027	0.842***	0.404***	0.391***	1	0.442***	0.146***	0.179***	0.177***	0.006	-0.076***	-0.078***
7. FAE	0.025	-0.020	0.160***	0.161***	0.358***	0.323***	1	0.390***	0.479***	0.721***	-0.020	-0.036**	-0.012
8. FIAE	0.015	0.028	0.148***	0.139***	0.041**	0.055***	0.144***	1	0.548***	0.149***	-0.026	-0.050***	0.025
9. FRAE	-0.015	0.013	0.193***	0.296***	0.196	0.095***	0.481***	0.433***	1	0.154***	-0.002	-0.065***	-0.021
10. FUAE	-0.023	-0.026	0.343***	0.090***	0.131***	0.132***	0.963***	0.030	0.351***	1	-0.021	-0.020	-0.007
11. ROE	0.013	-0.002	0.004	-0.005	0.017	-0.002	-0.066***	0.001	0.032*	-0.101***	1	-0.087***	-0.150***
12. BM	0.052***	0.023	-0.114***	-0.027	-0.074***	-0.077***	-0.058***	-0.080***	-0.044**	-0.027	0.007	1	0.163***
13. DE	0.084***	0.010	-0.042**	-0.018	-0.032*	-0.028	-0.069***	-0.058***	-0.003	-0.075***	0.002	0.190***	1
14. SHARE	-0.061***	-0.037**	0.083***	0.049***	0.040**	0.083***	0.082***	0.033*	0.033*	0.079***	0.033*	-0.076***	-0.036**
15. CRL	-0.040**	-0.031*	-0.068***	-0.032**	-0.036**	-0.061***	-0.033*	-0.022	-0.007	-0.038**	0.022	0.122***	0.072***
16. GROWTH	0.018	-0.002	-0.005	-0.006	-0.014	-0.003	-0.097***	-0.042**	-0.030	-0.078***	0.002	0.008	0.009
17. PER	-0.006	-0.005	-0.011	-0.001	0.001	-0.003	0.017	-0.011	-0.018	0.039**	0.010	-0.021	-0.011
18. HHI	0.129***	0.013	-0.018	-0.032*	-0.095***	0.009	0.016	0.048**	0.021	-0.013	0.010	0.0724***	0.127***
19. STD	0.001	-0.013	-0.010	0.004	-0.078***	0.035*	-0.107***	0.010	-0.055***	-0.070***	0.016	-0.079***	-0.014
20. ACR	0.018	0.029	-0.223***	-0.148***	-0.146***	-0.176***	-0.174***	-0.124***	-0.171***	-0.186***	0.007	-0.028	-0.007
21. DUAL	-0.031*	0.010	0.034*	0.016	0.011	0.022	0.022	0.017	0.019	0.012	0.014	-0.067***	-0.030
22. IND	-0.005	0.061***	0.042**	0.022	0.001	0.017	0.055***	0.058***	0.029	0.019	0.016	-0.071***	-0.040**
23. SCALE	0.139***	0.056***	-0.045***	-0.017	-0.023	-0.035*	-0.057***	-0.047**	-0.011	-0.046**	0.012	0.163***	0.159***
24. CASH	-0.034**	-0.005	-0.017	-0.009	0.028	-0.023	0.013	0.010	0.030	-0.001	-0.041**	0.048**	-0.008
25. SP	0.182***	0.190***	0.052***	0.009	0.026	0.026	0.008	0.003	0.010	0.005	0.008	-0.010	-0.005

续表

变量	14	15	16	17	18	19	20	21	22	23	24	25
1. TC	-0.054	-0.031*	0.054***	-0.066***	0.117***	0.011	0.006	-0.031*	-0.005	0.084***	-0.040**	0.182***
2. BI	-0.046**	-0.030	0.019	-0.017	0.048***	-0.026	-0.001	0.010	0.051***	0.043**	-0.006	0.190***
3. AE	0.103***	-0.056***	0.030	0.030	0.099***	0.011	-0.153***	0.045**	0.032**	-0.032**	-0.038**	0.053***
4. IAE	0.056***	-0.027	0.031*	0.002	-0.021	0.001	-0.116***	0.025	0.018	-0.011	-0.033*	0.029
5. RAE	0.072***	-0.023	0.027	0.016	-0.033*	-0.036*	-0.187***	0.021	-0.012	-0.006	0.000	0.056***
6. UAE	0.106***	-0.058***	0.016	0.032*	0.119***	0.021	-0.107***	0.037**	0.030	-0.028	-0.037**	0.035*
7. FAE	0.1178***	-0.044**	-0.030	0.002	0.004	-0.095***	-0.134***	0.036**	0.021	-0.053***	0.026	0.032*
8. FIAE	0.014	-0.009	-0.023	-0.035*	-0.012	-0.028	-0.080***	0.019	0.069***	-0.031*	0.018	-0.004
9. FRAE	0.030	-0.003	-0.026	-0.015	-0.055***	-0.081***	-0.084***	0.018	0.043***	-0.032*	0.025	0.016
10. FUAE	0.122***	-0.048	-0.026	0.007	0.022	-0.084***	-0.123***	0.035*	0.012	-0.049***	0.022	0.029
11. ROE	0.154***	0.083***	0.215***	-0.149***	0.155***	0.019	-0.016	0.022	-0.016	0.026	0.094***	0.038**
12. BM	-0.175***	0.157***	0.011	-0.250***	-0.131***	-0.224***	0.023	-0.094***	-0.051***	0.177***	0.024	-0.004
13. DE	-0.128***	0.124***	0.034*	-0.181***	-0.144***	-0.140***	0.025	-0.145***	-0.047***	0.243***	-0.064***	-0.010
14. SHARE	1	-0.156***	0.109***	0.122***	0.050***	0.061***	-0.046**	0.204***	0.090***	-0.149***	0.052***	-0.014
15. CRL	-0.071***	1	0.064***	-0.056***	-0.022	-0.030	0.029	-0.075***	-0.039***	-0.006	0.103***	0.016
16. GROWTH	0.012	0.066***	1	0.027	0.112***	0.004	-0.032*	0.045**	-0.018	0.050***	-0.041**	0.048***
17. PER	0.019	-0.030	-0.008	1	0.063***	0.089***	-0.004	0.113***	0.064***	-0.120***	-0.048***	-0.017
18. HHI	0.011	0.026	0.029	-0.009	1	0.027	0.057***	0.092***	0.041***	0.001	-0.091***	0.091***
19. STD	0.037**	-0.014	0.013	0.035*	-0.004	1	0.000	-0.010	0.018	-0.016	-0.076***	0.052***
20. ACR	-0.056***	0.001	-0.023	0.007	-0.017	-0.024	1	0.005	0.002	0.004	0.014	-0.007
21. DUAL	0.192***	-0.082***	-0.003	-0.001	-0.003	-0.002	0.035*	1	0.079***	-0.190***	-0.005	-0.027
22. IND	0.112***	-0.031	0.007	0.003	-0.026	0.003	0.005	0.092***	1	-0.223***	-0.051***	-0.039**
23. SCALE	-0.167***	-0.009	0.003	-0.007	0.194***	-0.009	-0.015	-0.183***	-0.172***	1	-0.012	0.033*
24. CASH	0.021	0.085***	-0.034	-0.024	-0.033*	-0.066***	0.027	-0.051***	-0.065***	-0.014	1	0.005
25. SP	-0.004	0.018	0.007	-0.001	0.046**	0.045**	0.003	-0.027	-0.027	0.033*	0.005	1

注：*、**、***分别代表10%、5%和1%的显著性水平。

量越高越容易成为并购目标公司。公司的负债比率（DE）与潜在目标公司选择（TC）存在显著正相关关系，这说明公司的高负债状况可能会使公司更容易成为并购目标。公司高管持股（SHARE）与潜在目标公司选择（TC）存在显著负相关关系，这说明公司的高管持股水平越高，越不愿意被并购。股权分散程度（CRL）与潜在目标公司选择（TC）存在显著负相关关系，两职情况（DUAL）与潜在目标公司选择（TC）存在显著负相关关系，董事会规模（SCALE）与潜在目标公司选择（TC）存在显著正相关关系，这说明并购公司更愿意选择公司治理效果好的公司进行并购。并购双方是否处于相同地区（SP）与潜在目标公司选择（TC）存在显著正相关关系，这说明并购公司可能会出于信息获取便捷性的考虑，更愿意选择同地区的公司作为并购目标。公司的行业竞争程度（HHI）与潜在目标公司选择（TC）存在显著正相关关系，这说明公司所处行业的竞争越激烈越容易成为并购目标。公司的自由现金流（CASH）与目标公司选择（TC）存在显著负相关关系，这说明并购公司可能不愿意选择自由现金流充裕的公司进行并购。公司的盈利性（ROE）与潜在目标公司选择（TC）存在显著正相关关系（Pearson 检验不显著，Spearman 检验显著），这说明公司的盈利能力越强越容易成为并购目标公司。公司的价值高估程度（PER）与潜在目标公司选择（TC）存在显著负相关关系（Pearson 检验不显著，Spearman 检验显著），这说明并购公司更愿意选择股票价值能够反映公司真实状况的公司进行并购。

联结董事的并购经验（AE）、联结董事的同行业或同产品市场并购经验（IAE）、联结董事的相关并购经验（RAE）以及联结董事的非相关并购经验（UAE）之间存在着显著的正相关关系，且相关系数较高，可见，联结董事并购经验的各个方面存在很强的联系。这是因为联结董事的上述并购经验之间存在着相互包容的关系，联结董事对于某一并购经验的获取可能同时增添几个方面的并购经验（联结董事对于同行业或同产品市场并购经验的获取也会增加联结董事的总并购经验，同时这一经验也属于相关并购经验或非相关并购经验的一种），但是由于这些并购经验并不会同时出现在同一模型之中，因此，不会影响模型的回归结果。同样的，公司的并购检验（FAE）、公司同行业或同产品市场并购经验（FIAE）、公司的相关并购经验（FRAE）以及公司的非相关并购经验（FUAE）也存在着显著的正相关关系，且相关系数较高，这也是因为焦点并购公司的上述并购经验之间存在着相互包容的关系，焦点并购公司对于某一并购经验的获取可能同时增添几种并购经验（焦点并购公司对于同行业或同产品市场并购经验的获取也会增加焦点并购公司的总并购经验，同时这一经验也属于相关并购经验或非相关并购经验的一种），但是由于焦点并购公司的这些并购经验同样不会同时出现在同一模型之中，因此，不会影响模型的回归结果。联结董事并购经验（包括 AE、IAE、RAE 和 UAE）与公司并购经验（包括 FAE、FIAE、FRAE 和 FUAE）之间普遍存在显著的正相关关系，且个别相关系数较高，这可能因为联结董事所在的联结公司发生并购以后，联结董事可能会促进重要战略决策在公司间的传播，从而促使焦点并购公司也开展并购活动，焦点并购公司因此也会产生一定的并购经验。但是由于相关系数较高的并购经验变量并不会同时出现在同一模型之中，因此，不会影响模型的回归结果。其他变量之间的系数都在 0.3 以下，说明这些变量之间并不存在严重的多重共线性问题。本书还使用方差扩大因子法对模型中的自变量进行了共线性检验，检验结果显示方差膨胀因子（VIF）均值为 1.33，小于 2，方差膨胀因子（VIF）最大值为 2.6，小于 10，表明自变量之间无严重共线性问题。

3.3.3　回归结果分析

董事联结与潜在并购目标选择的 Probit 回归结果如表 3 - 7 所示，表 3 - 7 给出了以行业相同和规模相似为原则选择配对样本的回归结果。模型（3.2）的董事联结（BI）系数在 1% 的水平上显著为正，说明与并购公司存在董事联结的潜在目标公司成为目标公司的可能性更高，假设 1 得到验证。

为了检验联结董事并购经验对董事联结与并购目标选择关系的调节作用，本书在模型（3.2）的基础上，引入董事联结与联结董事并购经验的交互项（BI × AE）、联结董事并购经验（AE）以及公司并购经验（FAE），形成模型（3.3）。董事联结与联结董事并购经验的交互项（BI × AE）回归系数在 5% 水平上显著为正，说明焦点并购公司联结董事的并购经验越丰富，与并购公司存在董事联结的潜在目标公司成为目标公司的可能性越大，假设 2 得到验证。并购公司联结董事过去所拥有的并购经验，会促使焦点并购公司董事会做出更合理和有效的并购决策，更倾向于选择与焦点并购公司存在董事联结的潜在目标公司作为并购目标。

为了检验联结董事同行业或同产品市场并购经验对董事联结与并购目标选择关系的调节作用，本书在模型（3.2）的基础上，引入董事联结与联结董事同行业或同产品市场并购经验的交互项（BI × IAE）、董事联结同行业或同产品市场并购经验（IAE）以及公司同行业或同产品市场并购经验（FIAE），形成模型（3.3）。董事联结与联结董事同行业或同产品市场并购经验的交互项（BI×IAE）回归系数在10%水平上显著为正，说明焦点并购公司联结董事的同行业或同产品市场并购经验越丰富，与并购公司存在董事联结的潜在目标公司成为目标公司的可能性越大，假设2-1得到验证。

为了检验相关并购中联结董事相关并购经验对董事联结与并购目标选择关系的调节作用，本书在模型（3.2）的基础上，引入董事联结与联结董事类相关并购经验的交互项（BI×RAE）、联结董事相关并购经验（RAE）以及公司相关并购经验（FRAE），形成模型（3.3）。董事联结与联结董事相关并购经验的交互项（BI×RAE）回归系数在10%水平上显著为正，说明焦点并购公司联结董事的相关并购经验越丰富，在相关并购中，与并购公司存在董事联结的潜在目标公司成为目标公司的可能性越大，假设2-2得到验证。

为了检验非相关并购中联结董事非相关并购经验对董事联结与并购目标选择关系的调节作用，本书在模型（3.2）的基础上，引入董事联结与联结董事非相关并购经验的交互项（BI×UAE）、联结董事非相关并购经验（UAE）以及公司非相关并购经验（FUAE），形成模型（3.5）。董事联结与联结董事非相关并购经验的交互项（BI×UAE）回归系数在5%水平上显著为正，说明焦点并购公司联结董事的非相关并购经验越丰富，在非相关并购中，与并购公司存在董事联结的潜在目标公司成为目标公司的可能性越大，假设2-3得到验证。

模型（3.4）、模型（3.5）以及模型（3.6）的回归结果表明，若联结董事拥有某种并购经验，那么在有效认知董事联结对该种并购有利影响的基础上，联结董事会积极推动焦点并购公司在相应类型并购的过程中选择存在董事联结的潜在目标公司成为并购目标。

表3-7 　　　　　　　董事联结与潜在目标公司选择的回归结果

变量	基准	模型（3.2）	模型（3.3）	模型（3.4）	模型（3.5）	模型（3.6）
BI		2.319 ***	1.840 ***	2.274 ***	2.700 **	1.993 ***
		(10.11)	(5.48)	(8.34)	(5.98)	(4.41)
AE			0.246 *			
			(1.75)			
IAE				0.640 ***		
				(2.82)		

续表

变量	基准	模型 (3.2)	模型 (3.3)	模型 (3.4)	模型 (3.5)	模型 (3.6)
RAE					1.065**	
					(2.55)	
UAE						0.720**
						(2.51)
BI×AE			0.459**			
			(2.37)			
BI×IAE				0.588*		
				(1.67)		
BI×RAE					1.828*	
					(1.74)	
BI×UAE						1.067**
						(1.96)
FAE			0.093*			
			(1.91)			
FIAE				0.083		
				(0.99)		
FRAE					-2.638	
					(-0.02)	
FUAE						0.163*
						(1.88)
ROE	0.163	0.219	0.246	0.376	0.167	-0.001*
	(0.47)	(0.64)	(0.69)	(0.41)	(0.96)	(-1.70)
BM	-0.033	-0.010	-0.001	-0.025	-0.434*	-0.067
	(-0.49)	(-0.16)	(-0.02)	(-0.79)	(-1.86)	(-0.60)
DE	-0.071	-0.091*	-0.100**	-0.131*	-0.062	-0.185***
	(-1.38)	(-1.95)	(-2.12)	(-1.93)	(-0.67)	(-3.82)
SHARE	-2.845**	-2.708**	-2.754**	-2.807**	-2.656	-2.985**
	(-2.49)	(-2.37)	(-2.34)	(-2.35)	(-0.99)	(-1.97)
CRL	-0.006*	-0.006*	-0.006*	-0.004	-0.013**	-0.002
	(-1.80)	(-1.86)	(-1.78)	(-1.20)	(-2.14)	(-0.49)
GROWTH	-0.112	-0.115	-0.115	0.117	0.168	-0.172
	(-0.99)	(-1.00)	(-1.00)	(1.05)	(1.10)	(-1.19)

续表

变量	基准	模型 (3.2)	模型 (3.3)	模型 (3.4)	模型 (3.5)	模型 (3.6)
PER	-0.000	-0.000	-0.000	-0.000	0.000	0.000
	(-0.49)	(-0.51)	(-0.44)	(-0.49)	(0.06)	(-0.02)
HHI	1.047 *	1.209 *	1.031	0.589	1.218	0.637
	(1.65)	(1.91)	(1.58)	(0.90)	(1.61)	(0.40)
STD	2.644 **	2.280 *	2.303 *	1.508	6.163 ***	2.255 ***
	(2.11)	(1.91)	(1.89)	(1.20)	(2.60)	(3.02)
ACR	0.031	-0.005	0.009	0.034	0.081	-0.069
	(0.79)	(-0.10)	(0.19)	(0.82)	(0.71)	(-0.91)
DUAL	-0.200	-0.203	-0.186	-0.182	-0.581 **	-0.177
	(-1.53)	(-1.55)	(-1.42)	(-1.37)	(-1.97)	(-1.13)
IND	-0.202	-0.186	-0.251	-0.008	-0.175	-0.440
	(-0.22)	(-0.21)	(-0.27)	(-0.01)	(-0.52)	(-0.43)
SCALE	0.033	0.036	0.038	0.064 **	0.039	0.024
	(1.41)	(1.54)	(1.58)	(2.11)	(0.91)	(0.82)
CASH	0.104	0.126	0.170	0.160	0.610	-0.051
	(0.36)	(0.44)	(0.58)	(0.54)	(1.11)	(-0.16)
SP	0.878 ***	0.889	0.890 ***	0.883 ***	0.825 ***	0.884 ***
	(7.74)	(7.87)	(7.77)	(7.68)	(6.57)	(7.74)
YEAR	控制	控制	控制	控制	控制	控制
INDUSTRY	控制	控制	控制	控制	控制	控制
C	-11.127 **	-15.823 **	-14.930 *	-13.621 *	-11.593 *	-10.121 **
	(-1.97)	(-2.06)	(-1.89)	(-1.79)	(-1.75)	(-1.96)
Pseudo R^2	0.206	0.275	0.289	0.271	0.251	0.281
LR	353.36	399.73	419.25	421.94	202.12	290.62
Prob LR	0.000	0.000	0.000	0.000	0.000	0.000
样本	全部样本	全部样本	全部样本	全部样本	相关并购样本	非相关并购样本
观察数	16568	16568	16568	16568	4983	11585

注：括号内 z 值；*、**、*** 分别代表 10%、5% 和 1% 的显著性水平。

3.4 稳健性检验

为证明本章结论的可靠性，本书对相关结论进行了稳健性检验，主要包括内生性检验和变量替代性检验。

3.4.1 内生性检验

本书的回归结果显示，与并购公司存在董事联结会增加潜在目标公司成为并购目标的可能性。一种潜在的问题是董事联结的建立有可能是内生性的。为了避免潜在的内生性问题，本书做了以下两方面的检验。首先，检验反向因果关系的可能性，即对特定目标公司感兴趣的并购公司率先对该目标公司建立了董事联结关系。为了检验这种可能性，本书通过查询 CSMAR 数据库的董事信息，并计算联结董事任期发现，并购宣告前联结董事在目标公司的任期均值（中值）为 2.596（3）年，在并购公司的任期均值（中值）为 5.984（5）年，任期均值 T 检验的结果表明，联结董事在并购公司任职的平均时间显著高于在目标公司任职的平均时间（t = 1.97）。如果考虑董事联结关系建立的最开始年份，即同时在目标公司和并购公司任期的最小值，并购交易不可能在交易前 2～3 年提前计划，这一发现表明反向因果关系不是对董事联结影响目标公司选择的一个合理解释。

董事联结的建立有可能是内生性的第二个原因是，目标公司选择可能存在一些不易察觉的规则。可能基于如下情形：相似的公司更可能选择相同的董事，导致董事联结关系的产生。如果并购公司也倾向于选择某些特征与自身相似的公司作为目标公司，那么交易双方的联结董事可能是并购公司与目标公司之间某些特征相似的结果。换句话说，省略掉与并购公司相似的某些特征才是目标公司选择的决定因素。因此，本书推断，若实际目标公司的某些特征具有与并购公司的相似性而使公司成为并购目标，那么在回归分析中，对于每笔交易，本书可以创建一组与实际公司（目标公司）相似的公司，并且在这些样本中检验目标公司选择，此时这些相似特征就能够被潜在目标公司的定义所控制，内生性不应该是一个问题。

Cremers 等（2009）认为，行业、规模、负债比率和资产质量是并购公司进行目标选择的决定性因素。若公司的上述特征能够在目标选择中得到考虑，那么内生性问题将得到控制。前文中，已经使用行业与规模作为配对依据，进行了潜在目标公司配对样本选择。此处，本书选择与目标公司属于同一行业（行业划分标准与行业虚拟变量标准相同）且负债比率相似（公司资产负债率处于真实目标公司资产负债率的 90%～110% 区间）的 A 股上市公司作为配对样本，共得到 3631 个配对样本，4151 个总体样本。其中，总体并购样本中包含 1384 个相关并购样本，2767 个非相关并购样本；实际并购交易样本中包含 159 个相关并购样本，361 个非相关并购样本；配对并购样本中包含 1225 个相关并购样本，2406 个非相关并购样本，回归结果见表 3 - 8。

表 3 - 8　　　　以负债比率为标准选择潜在目标公司样本的回归结果

变量	基准	模型 (3.2)	模型 (3.3)	模型 (3.4)	模型 (3.5)	模型 (3.6)
BI		2.211 ***	1.422 ***	1.816 ***	1.672 **	1.979 ***
		(7.00)	(3.19)	(5.00)	(1.99)	(4.64)
AE			0.393 *			
			(1.71)			
IAE				0.675 **		
				(2.35)		
RAE					0.849 **	
					(2.12)	
UAE						0.052
						(0.93)
BI × AE			0.725 **			
			(2.35)			
BI × IAE				1.126 **		
				(2.44)		
BI × RAE					1.337 **	
					(2.05)	
BI × UAE						0.606 *
						(1.70)
FAE			0.134			
			(1.62)			

续表

变量	基准	模型 (3.2)	模型 (3.3)	模型 (3.4)	模型 (3.5)	模型 (3.6)
FIAE				0.034		
				(0.29)		
FRAE					0.046	
					(0.07)	
FUAE						0.159
						(0.97)
ROE	0.116	0.124	0.114	0.146	0.191	-0.132
	(0.22)	(0.22)	(0.07)	(0.28)	(0.19)	(-0.72)
BM	0.290**	0.305**	0.254	0.621**	0.705**	0.275
	(2.24)	(2.29)	(1.32)	(2.00)	(2.50)	(0.17)
MV	0.170	0.181	0.328*	0.201	0.788**	0.062
	(1.21)	(1.26)	(1.76)	(0.96)	(2.01)	(0.40)
SHARE	-3.086**	-3.327**	-3.874**	-3.504**	-6.058	-1.960**
	(-2.05)	(-2.21)	(-2.37)	(-2.38)	(-0.80)	(-2.11)
CRL	-0.013***	-0.012***	-0.011**	-0.015***	-0.042**	-0.008**
	(-2.76)	(-2.63)	(-2.30)	(-2.81)	(-2.33)	(-2.14)
GROWTH	-0.212	-0.220	-0.130	-0.255	-0.671*	-0.180
	(-0.92)	(-0.94)	(-1.14)	(-0.11)	(-1.84)	(-0.51)
PER	0.000	0.000	0.000	0.000	-0.000	-0.000
	(1.19)	(1.37)	(1.61)	(0.84)	(-0.35)	(-0.10)
HHI	3.286**	3.031**	2.143	2.050	1.871	2.297
	(2.32)	(2.15)	(1.39)	(1.34)	(1.08)	(1.49)
STD	3.870**	4.287**	3.514*	3.867**	2.221	4.829***
	(2.08)	(2.20)	(1.85)	(2.02)	(1.03)	(3.17)
ACR	-0.112	-0.061	-0.049*	-0.055	-0.032**	-0.103
	(-1.47)	(-1.25)	(-1.75)	(-1.12)	(-1.99)	(-1.55)
DUAL	-0.117	-0.097	-0.008	-0.057	-0.066	-0.255
	(-0.60)	(-0.50)	(-0.04)	(-0.28)	(-0.87)	(-1.55)
IND	-0.468	-0.697	0.227*	0.492	-0.880	0.354
	(-0.35)	(-0.51)	(1.82)	(0.03)	(-0.63)	(0.32)
SCALE	0.065*	0.055*	0.142***	0.131***	0.068	0.004
	(1.82)	(1.80)	(3.27)	(2.92)	(1.51)	(0.12)

续表

变量	基准	模型 (3.2)	模型 (3.3)	模型 (3.4)	模型 (3.5)	模型 (3.6)
CASH	0.534	0.552	1.599*	0.876	1.303	-0.537
	(1.02)	(1.06)	(1.81)	(1.43)	(0.69)	(-0.17)
SP	1.016***	1.012***	1.044***	1.058***	2.184***	0.785***
	(5.44)	(5.42)	(5.36)	(5.33)	(2.75)	(4.57)
YEAR	控制	控制	控制	控制	控制	控制
INDUSTRY	控制	控制	控制	控制	控制	控制
C	2.888	1.173	4.893	3.397	7.537	-6.367
	(0.24)	(0.989)	(1.33)	(0.83)	(1.14)	(-0.99)
Pseudo R^2	0.286	0.304	0.329	0.316	0.242	0.317
LR	226.39	229.19	245.97	228.10	145.80	201.24
Prob LR	0.000	0.000	0.000	0.000	0.000	0.000
样本	全部样本	全部样本	全部样本	全部样本	相关并购样本	非相关并购样本
观察数	4151	4151	4151	4151	1384	2767

注：括号内 z 值；*、**、*** 分别代表 10%、5% 和 1% 的显著性水平。

通过观察本书发现，模型（3.2）的董事联结（BI）系数在 1% 的水平上显著为正，与表 3 - 7 的结果一致。模型 3.2 的董事联结与联结董事并购经验的交互项（BI × AE）回归系数在 5% 水平上显著为正，与表 3 - 7 的结果一致。模型（3.4）的董事联结与联结董事同行业或同产品市场并购经验的交互项（BI × IAE）回归系数在 5% 水平上显著为正，与表 3 - 7 的结果相比，交互项的显著性水平有所提高，但结论未发生改变。模型（3.5）的董事联结与联结董事相关并购经验的交互项（BI × RAE）回归系数在 5% 水平上显著为正，与表 3 - 7 的结果相比，交互项的显著性水平有所提高，但结论未发生改变。模型（3.6）的董事联结与联结董事非相关并购经验的交互项（BI × UAE）回归系数在 10% 水平上显著为正，与表 3 - 7 的结果相比，交互项的显著性水平有所下降，但结论未发生改变。综上所述，在以行业和负债比率为标准选择潜在目标公司样本以后，前文的结果均未发生实质性改变。

本书还选择与目标公司属于同一行业（行业划分标准与行业虚拟变量标准相同）且资产质量相似（公司账面市值比处于真实目标公司账面市值比的 90% ~ 110% 区间）的 A 股上市公司作为配对样本，共得到 6236 个配对样本，6788 个总体样本。其中，总体并购样本中包含 2236 个相关并购样本，4552 个非相关并购样本；实际并购交易样本中包含 165 个相关并购样本，387 个非相关并购样本；配对并购样本中包含 2071 个相关并购样本，4165 个非相关并购样本，回归结果见表 3 – 9。

表 3 – 9　　　　　以资产质量为标准选择潜在目标公司样本的回归结果

变量	基准	模型 (3.2)	模型 (3.3)	模型 (3.4)	模型 (3.5)	模型 (3.6)
BI		1.731 ***	1.082 ***	1.430 ***	1.337 **	1.396 ***
		(7.06)	(2.93)	(4.88)	(2.11)	(3.08)
AE			2.475 ***			
			(2.94)			
IAE				0.240		
				(1.29)		
RAE					1.058 *	
					(1.84)	
UAE						0.165
						(0.42)
BI × AE			0.399 **			
			(2.47)			
BI × IAE				0.374 **		
				(2.35)		
BI × RAE					1.043 *	
					(1.95)	
BI × UAE						0.664 **
						(2.38)
FAE			0.170			
			(1.41)			
FIAE				0.255 **		
				(2.23)		
FRAE					– 1.205	
					(– 0.70)	
FUAE						0.042
						(0.19)
ROE	– 0.504	– 0.534	– 0.573	– 0.550	– 2.860 **	– 0.417
	(– 0.92)	(– 0.97)	(– 1.04)	(– 0.45)	(– 2.11)	(– 0.59)

变量	基准	模型（3.2）	模型（3.3）	模型（3.4）	模型（3.5）	模型（3.6）
DE	0.227 ***	0.228 ***	0.251 ***	0.256 *	0.314	0.420 ***
	（2.67）	（2.66）	（2.89）	（1.71）	（1.35）	（3.40）
MV	0.089	0.083	0.099	0.167	0.602	0.360 *
	（0.71）	（0.65）	（0.77）	（0.94）	（1.44）	（1.81）
SHARE	−2.588 **	−2.600 **	−2.452 **	−2.755 ***	−0.458	−1.844 *
	（−2.49）	（−2.49）	（−2.35）	（−2.58）	（−0.02）	（−1.93）
CRL	−0.009 **	−0.010 **	−0.009 **	−0.011 ***	−0.023 **	−0.007
	（−2.42）	（−2.47）	（−2.34）	（−2.66）	（−2.44）	（−1.45）
GROWTH	−0.301 *	−0.299 *	−0.312 *	0.204	0.245	−0.630 **
	（−1.88）	（−1.87）	（−1.92）	（1.20）	（0.89）	（−2.43）
PER	−0.000	0.000	−0.000	0.000	−0.000	0.000
	（−0.02）	（0.04）	（−0.14）	（0.33）	（−0.49）	（0.65）
HHI	3.055 ***	3.012 ***	3.186 ***	3.149 ***	3.758 **	2.531
	（3.30）	（3.26）	（3.39）	（3.40）	（2.44）	（1.62）
STD	4.526 ***	4.694 ***	4.780 ***	3.997 **	11.203 ***	6.516 ***
	（2.91）	（2.89）	（3.05）	（2.51）	（3.23）	（3.55）
ACR	−0.076	−0.040	−0.081	−0.029	0.104	−0.193 *
	（−1.20）	（−0.98）	（−1.27）	（−0.69）	（0.55）	（−1.72）
DUAL	−0.175	−0.181	−0.178	−0.147	−0.156	−0.353
	（−1.08）	（−1.12）	（−1.08）	（−0.89）	（−0.43）	（−1.64）
IND	0.389	0.418	0.422	1.251	−0.851	0.306
	（0.34）	（0.37）	（0.36）	（0.90）	（−0.34）	（0.22）
SCALE	0.033	0.036	0.043	0.078 **	0.045	0.011
	（1.11）	（1.21）	（1.40）	（2.18）	（0.66）	（0.28）
CASH	0.312	0.311	0.351	0.546	0.629	0.463
	（0.80）	（0.80）	（0.89）	（1.35）	（0.74）	（1.01）
SP	0.857 ***	0.862 ***	0.922 ***	0.920 ***	1.269 ***	1.004 ***
	（5.80）	（5.82）	（6.14）	（6.15）	（3.41）	（5.32）
YEAR	控制	控制	控制	控制	控制	控制
INDUSTRY	控制	控制	控制	控制	控制	控制
C	−7.666	−6.982	−7.060	−5.965	4.282	−14.487 *
	（−0.88）	（−0.81）	（−0.79）	（−1.40）	（1.26）	（−1.84）

续表

变量	基准	模型（3.2）	模型（3.3）	模型（3.4）	模型（3.5）	模型（3.6）
Pseudo R^2	0.241	0.270	0.287	0.282	0.252	0.270
LR	251.43	260.73	276.73	272.35	160.79	215.01
Prob LR	0.000	0.000	0.000	0.000	0.000	0.000
样本	全部样本	全部样本	全部样本	全部样本	相关并购样本	非相关并购样本
观察数	6788	6788	6788	6788	2236	4552

注：括号内 z 值；*、**、*** 分别代表10%、5%和1%的显著性水平。

通过观察本书发现，模型（3.2）的董事联结（BI）系数在1%的水平上显著为正，与表3-7的结果一致。模型（3.3）的董事联结与联结董事并购经验的交互项（BI×AE）回归系数在5%水平上显著为正，与表3-7的结果一致。模型（3.4）的董事联结与联结董事同行业或同产品市场并购经验的交互项（BI×IAE）回归系数在5%水平上显著为正，与表3-7的结果相比，交互项的显著性水平有所提高，但结论未发生改变。模型（3.5）的董事联结与联结董事相关并购经验的交互项（BI×RAE）回归系数在10%水平上显著为正，与表3-7的结果一致。模型（3.6）的董事联结与联结董事非相关并购经验的交互项（BI×UAE）回归系数在5%水平上显著为正，与表3-7的结果一致。综上所述，在以行业和资产质量为标准选择潜在目标公司样本以后，前文的结果均未发生实质性改变。

此外，公司治理水平的相似性也可能是并购公司选择并购目标的一个重要因素，因此，本书参考 Linck 等（2008）和 Cremers 等（2009）的研究，选取董事会规模和董事会独立性作为公司治理特征构建配对样本，以控制内生性问题。本书选择与目标公司属于同一行业（行业划分标准与行业虚拟变量标准相同）且董事会规模相似（公司董事会规模处于真实目标公司董事会规模的90%～110%区间）的 A 股上市公司作为配对样本，共得到19745个配对样本，20359个总体样本。其中，总体并购样本中包含5896个相关并购样本，14463个非相关并购样本；实际并购交易样本中包含187个相关并购样本，427个非相关并购样本；配对并购样本中包含5709个相关并购样本，14036个非相关并购样本，回归结果见表3-10。

表 3 – 10　　　　以董事会规模为标准选择潜在目标公司样本的回归结果

变量	基准	模型 (3.2)	模型 (3.3)	模型 (3.4)	模型 (3.5)	模型 (3.6)
BI		2.208 ***	2.529 ***	1.847 ***	1.186 *	1.223 ***
		(5.67)	(2.72)	(4.07)	(1.90)	(2.88)
AE			0.398 *			
			(1.72)			
IAE				0.688 **		
				(2.36)		
RAE					1.393 **	
					(2.06)	
UAE						0.091
						(1.20)
BI × AE			0.763 ***			
			(2.76)			
BI × IAE				0.263 ***		
				(2.72)		
BI × RAE					1.165 **	
					(2.17)	
BI × UAE						0.767 *
						(1.89)
FAE			−0.099			
			(−0.42)			
FIAE				−0.035		
				(−0.30)		
FRAE					0.341	
					(0.59)	
FUAE						0.009
						(0.09)
ROE	0.059	0.042	0.356	0.003	0.090 **	−0.032
	(0.14)	(0.12)	(0.08)	(0.19)	(2.34)	(−0.46)
BM	0.277 **	0.269 **	0.213	0.606 *	0.540 ***	−0.018
	(2.14)	(2.02)	(1.10)	(1.94)	(2.66)	(−0.18)
DE	−0.069	−0.093 **	−0.101 **	−0.129 *	−0.057	−0.179 ***
	(−1.35)	(−1.96)	(−2.34)	(−1.89)	(−0.78)	(−3.85)

续表

变量	基准	模型（3.2）	模型（3.3）	模型（3.4）	模型（3.5）	模型（3.6）
MV	0.209	0.180	0.303	0.226	0.267	0.066
	(1.52)	(1.29)	(1.63)	(1.09)	(1.47)	(0.49)
SHARE	-3.010**	-2.969**	-3.787**	-3.475**	-3.838	-1.774**
	(-2.01)	(-1.98)	(-2.34)	(-2.35)	(-0.97)	(-1.96)
CRL	-0.013***	-0.012***	-0.011**	-0.015***	-0.046***	-0.011***
	(-2.69)	(-2.65)	(-2.26)	(-2.82)	(-2.62)	(-2.60)
GROWTH	-0.190	-0.186	-0.133	-0.057	-0.090**	-0.089
	(-0.85)	(-0.86)	(-1.17)	(-1.24)	(-2.05)	(-0.56)
PER	0.000	0.000	0.000*	0.000	-0.000	0.000
	(1.21)	(1.38)	(1.67)	(0.86)	(-0.39)	(0.23)
HHI	3.213***	3.015**	2.123	2.024	1.865	1.630
	(2.28)	(2.17)	(1.38)	(1.32)	(0.07)	(1.03)
STD	3.451*	3.642*	3.352*	3.537*	4.566	4.828***
	(1.85)	(1.90)	(1.76)	(1.85)	(0.66)	(3.14)
ACR	-0.096	-0.064	-0.041	-0.040	0.488	-0.137*
	(-1.27)	(-1.40)	(-1.57)	(-0.87)	(1.58)	(-1.95)
DUAL	-0.096	-0.106	-0.098	-0.047	-0.606	-0.254
	(-0.50)	(-0.55)	(-0.36)	(-0.23)	(-0.76)	(-1.48)
IND	-0.487	-0.427	-0.403	-0.591	-0.355*	-0.155
	(-0.36)	(-0.31)	(-0.74)	(-0.33)	(-1.90)	(-1.17)
CASH	0.574	0.553	1.741**	0.933	2.166	1.027
	(1.08)	(1.04)	(1.96)	(1.52)	(1.11)	(1.09)
SP	1.088***	1.091***	1.065***	1.110***	2.329***	1.089***
	(5.90)	(5.93)	(5.46)	(5.67)	(3.21)	(7.06)
YEAR	控制	控制	控制	控制	控制	控制
INDUSTRY	控制	控制	控制	控制	控制	控制
C	-12.497*	-12.827*	-15.236	-12.825*	-12.911*	-7.116
	(-1.86)	(-1.85)	(-1.42)	(-1.68)	(-1.75)	(-1.10)
Pseudo R^2	0.214	0.253	0.279	0.268	0.228	0.236
LR	353.54	408.85	459.68	487.12	287.26	316.54
Prob LR	0.000	0.000	0.000	0.000	0.000	0.000
样本	全部样本	全部样本	全部样本	全部样本	相关并购样本	非相关并购样本
观察数	20359	20359	20359	20359	5896	14463

注：括号内 z 值；*、**、*** 分别代表 10%、5% 和 1% 的显著性水平。

通过观察本书发现，模型（3.2）的董事联结（BI）系数在 1% 的水平上显著为正，与表 3 - 7 的结果一致。模型（3.3）的董事联结与联结董事并购经验的交互项（BI × AE）回归系数在 1% 水平上显著为正，与表 3 - 7 的结果相比，交互项的显著性水平有所提高，但结论未发生改变。模型（3.4）的董事联结与联结董事同行业或同产品市场并购经验的交互项（BI × IAE）回归系数在 1% 水平上显著为正，与表 3 - 7 的结果相比，交互项的显著性水平有所提高，但结论未发生改变。模型（3.5）的董事联结与联结董事相关并购经验的交互项（BI × RAE）回归系数在 5% 水平上显著为正，与表 3 - 7 的结果相比，交互项的显著性水平有所提高，但结论未发生改变。模型（3.6）的董事联结与联结董事非相关并购经验的交互项（BI × UAE）回归系数在 10% 水平上显著为正，与表 3 - 7 的结果相比，交互项的显著性水平有所下降，但结论未发生改变。综上所述，在以行业和董事会规模为标准选择潜在目标公司样本以后，前文的结果均未发生实质性改变。

本书还选择与目标公司属于同一行业（行业划分标准与行业虚拟变量标准相同）且董事会独立性相似（公司董事会独立性处于真实目标公司董事会独立性的 90% ~110% 区间）的 A 股上市公司作为配对样本，共得到 29089 个配对样本，29683 个总体样本。其中，总体并购样本中包含 8853 个相关并购样本，20830 个非相关并购样本；实际并购交易样本中包含 179 个相关并购样本，415 个非相关并购样本；配对并购样本中包含 8674 个相关并购样本，20415 个非相关并购样本，回归结果见表 3 - 11。

表 3 - 11　　　以董事会独立性为标准选择潜在目标公司样本的回归结果

变量	基准	模型（3.2）	模型（3.3）	模型（3.4）	模型（3.5）	模型（3.6）
BI		2.054 ***	2.851 **	1.253 ***	3.250 *	3.840 ***
		(5.60)	(2.17)	(3.66)	(1.87)	(2.95)
AE			1.082 **			
			(2.51)			
IAE				0.232		
				(1.24)		
RAE					0.977 *	
					(1.68)	
UAE						0.215
						(0.69)

续表

变量	基准	模型 (3.2)	模型 (3.3)	模型 (3.4)	模型 (3.5)	模型 (3.6)
BI × AE			1.013 **			
			(2.23)			
BI × IAE				0.296 **		
				(2.54)		
BI × RAE					1.567 **	
					(2.21)	
BI × UAE						0.821 ***
						(3.26)
FAE			0.242 *			
			(1.95)			
FIAE				0.283 **		
				(2.47)		
FRAE					-4.662	
					(-0.49)	
FUAE						0.276 *
						(1.81)
ROE	-0.599	-0.624	-0.587	-0.667	-0.819 **	-0.606
	(-1.10)	(-1.14)	(-1.07)	(-0.56)	(-2.12)	(-0.89)
BM	-0.038	-0.007	-0.005	-0.028	-0.485	-0.089
	(-0.53)	(-0.23)	(-0.03)	(-0.83)	(-0.57)	(-0.89)
DE	0.220 ***	0.222 ***	0.249 ***	0.219	-0.111	0.273
	(2.61)	(2.60)	(2.86)	(1.47)	(-0.53)	(1.55)
MV	0.138	0.131	0.131	0.187	0.327	0.198
	(1.09)	(1.04)	(1.02)	(1.06)	(0.99)	(1.09)
SHARE	-2.601 **	-2.894 **	-2.575 **	-2.775 ***	-0.372	-2.755 *
	(-2.49)	(-2.57)	(-2.41)	(-2.59)	(-0.16)	(-1.83)
CRL	-0.009 **	-0.012 **	-0.009 **	-0.010 **	-0.023 **	-0.007 **
	(-2.21)	(-2.27)	(-2.33)	(-2.51)	(-2.45)	(-2.39)
GROWTH	-0.282 *	-0.278 *	-0.315 *	-0.218	-0.238	-0.550 **
	(-1.78)	(-1.75)	(-1.95)	(-1.28)	(-0.84)	(-2.19)
PER	0.000	0.000	0.000	0.000	-0.000	0.000
	(0.01)	(0.09)	(0.04)	(0.32)	(-0.60)	(0.47)

续表

变量	基准	模型（3.2）	模型（3.3）	模型（3.4）	模型（3.5）	模型（3.6）
HHI	2.977***	3.177***	2.995***	3.147***	3.160**	1.966**
	(3.24)	(3.63)	(3.24)	(3.42)	(2.47)	(2.26)
STD	4.244***	4.613***	4.475***	3.787**	10.078***	6.504***
	(2.73)	(2.87)	(2.85)	(2.39)	(2.95)	(3.57)
ACR	-0.054	-0.033	-0.080	-0.023	-0.108	-0.031
	(-0.84)	(-0.82)	(-1.28)	(-0.56)	(-0.58)	(-1.14)
DUAL	-0.164	-0.166	-0.152	-0.149	-0.266	-0.300
	(-1.02)	(-1.03)	(-0.93)	(-0.91)	(-0.71)	(-1.43)
SCALE	0.037	0.040	0.046	0.083**	0.047***	0.023
	(1.24)	(1.36)	(1.51)	(2.31)	(2.68)	(0.62)
CASH	0.362	0.260	0.360	0.577	-0.503	0.525
	(0.93)	(0.48)	(0.92)	(1.44)	(-0.59)	(1.16)
SP	0.907***	0.912***	0.924***	0.941***	1.218***	0.976***
	(6.21)	(6.24)	(6.21)	(6.34)	(3.36)	(5.28)
YEAR	控制	控制	控制	控制	控制	控制
INDUSTRY	控制	控制	控制	控制	控制	控制
C	-13.010*	-8.255**	-8.074*	-5.247	15.109	-14.661*
	(-1.77)	(-1.97)	(-1.92)	(-1.25)	(1.45)	(-1.92)
Pseudo R^2	0.218	0.262	0.282	0.275	0.234	0.271
LR	398.67	426.89	498.63	499.54	324.17	368.29
Prob LR	0.000	0.000	0.000	0.000	0.000	0.000
样本	全部样本	全部样本	全部样本	全部样本	相关并购样本	非相关并购样本
观察数	29683	29683	29683	29683	8853	20830

注：括号内 z 值；*、**、*** 分别代表10%、5%和1%的显著性水平。

通过观察本书发现，模型（3.2）的董事联结（BI）系数在1%的水平上显著为正，与表3-7的结果一致。模型（3.3）的董事联结与联结董事并购经验的交互项（BI×AE）回归系数在5%水平上显著为正，与表3-7的结果一致。模型（3.4）的董事联结与联结董事同行业或同产品市场并购经验的交互项（BI×IAE）回归系数在5%水平上显著为正，与表3-7的结果相比，交互项的显著性水平有所提高，但结论未发生改变。模型（3.5）的董事联结与联结董事相关并购经验的交互项（BI×RAE）回归系数在5%水平上显著为正，与表3-7的结果相比，交互项的显著性水平有所提高，但结论未发生改变。模型（3.6）的董事联结与联结董事非相关并购经验的交互项（BI×UAE）回归系数在 1% 水平上显著为正，与表 3 - 7 的结果相比，交互项的显著性水平有所上升，但结论未发生改变。综上所述，在以行业和董事会独立性为标准选择潜在目标公司样本以后，前文的结果均未发生实质性改变。

3.4.2 变量替代性检验

3.4.2.1 董事联结变量替代性检验

本书参照田高良等（2013）以及 Ishii 和 Xuan（2014）的研究，使用连续变量作为董事联结的替代变量。将两家公司所有的董事组成一个矩阵，一家公司的任意一个董事与另一家公司的任意一个董事配对为矩阵中的元素。董事联结即为两家公司拥有联结董事的个数与董事会成员矩阵元素总数之比，如两家公司存在 2 名联结董事，其中一家公司有 5 名董事，另一家公司有 4 名董事，则平均连接为 10%。董事联结变量替代性检验的回归结果如表 3 - 12 所示。通过观察本书发现，模型（3.2）的董事联结（BI）系数在 1% 的水平上显著为正，与表 3 - 7 的结果一致。模型（3.3）的董事联结与联结董事并购经验的交互项（BI×AE）回归系数在 1% 水平上显著为正，与表 3 - 7 的结果相比，交互项的显著性水平有所提高，但结论未发生改变。模型（3.4）的董事联结与联结董事同行业或同产品市场并购经验的交互项（BI×IAE）回归系数在 10% 水平上显著为正，与表 3 - 7 的结果一致。模型（3.5）的董事联结与联结董事相关并购经验的交互项（BI×RAE）回归系数在 5% 水平上显著为正，与表 3 - 7 的结果相比，交互项的显著性水平有所提高，但结论未发生改变。模型（3.6）的董事联结与联结董事非相关并购经验的交互项（BI×UAE）回归系数在 5% 水平上显著为正，与表 3 - 7 的结果一致。综上所述，在改变董事联结变量的衡量方法以后，前文的结果均未发生实质性改变。

表 3 - 12 董事联结变量替代性检验回归结果

变量	基准	模型（3.2）	模型（3.3）	模型（3.4）	模型（3.5）	模型（3.6）
BI		144.647 ***	104.299 ***	138.422 ***	140.270 **	116.884 ***
		(8.43)	(4.67)	(7.22)	(4.89)	(3.14)
AE			0.258 *			
			(1.80)			

续表

变量	基准	模型 (3.2)	模型 (3.3)	模型 (3.4)	模型 (3.5)	模型 (3.6)
IAE				0.670***		
				(2.88)		
RAE					1.799**	
					(2.33)	
UAE						0.734**
						(2.50)
BI×AE			0.600***			
			(3.22)			
BI×IAE				43.730*		
				(1.91)		
BI×RAE					18.254**	
					(2.08)	
BI×UAE						10.501**
						(2.19)
FAE			0.131			
			(1.52)			
FIAE				0.097		
				(1.15)		
FRAE					−3.169	
					(−0.11)	
FUAE						0.183*
						(1.80)
ROE	0.163	0.198	0.231	0.329	0.151	−0.099*
	(0.47)	(0.59)	(0.66)	(0.36)	(1.00)	(−1.69)
BM	−0.033	−0.019	−0.004	−0.028	−0.549**	−0.075
	(−0.49)	(−0.29)	(−0.06)	(−0.99)	(−2.22)	(−0.67)
DE	−0.071	−0.090**	−0.096**	−0.144**	−0.052	−0.184***
	(−1.38)	(−1.96)	(−2.06)	(−2.10)	(−0.58)	(−3.80)
SHARE	−2.845**	−2.791**	−2.884**	−2.949**	−2.717	−2.516**
	(−2.49)	(−2.43)	(−2.40)	(−2.42)	(−1.01)	(−1.98)
CRL	−0.006*	−0.006*	−0.005*	−0.004	−0.012*	−0.002
	(−1.80)	(−1.82)	(−1.74)	(−1.14)	(−1.95)	(−0.44)

续表

变量	基准	模型 (3.2)	模型 (3.3)	模型 (3.4)	模型 (3.5)	模型 (3.6)
GROWTH	-0.112	-0.108	-0.103	-0.142	0.175	-0.174
	(-0.99)	(-0.96)	(-0.92)	(-1.29)	(1.14)	(-1.20)
PER	-0.000	-0.000	-0.000	-0.000	0.000	-0.000
	(-0.49)	(-0.65)	(-0.50)	(-0.59)	(0.09)	(-0.08)
HHI	1.047*	1.186*	0.961	0.554	1.325	0.485
	(1.65)	(1.88)	(1.49)	(0.84)	(1.63)	(0.30)
STD	2.644**	2.290*	2.287*	1.555	5.604**	4.371***
	(2.11)	(1.92)	(1.88)	(1.24)	(2.38)	(3.10)
ACR	0.031	0.005	0.005	0.041	0.098	-0.064
	(0.79)	(0.11)	(0.10)	(0.99)	(0.88)	(-0.81)
DUAL	-0.200	-0.182	-0.178	-0.168	-0.579**	-0.178
	(-1.53)	(-1.41)	(-1.36)	(-1.27)	(-1.96)	(-1.13)
IND	-0.202	0.0468	-0.108	0.263	-0.419	-0.336
	(-0.22)	(0.05)	(-0.12)	(0.23)	(-0.25)	(-0.33)
SCALE	0.033	0.047**	0.049**	0.076**	0.048	0.032
	(1.41)	(2.02)	(2.07)	(2.51)	(1.14)	(1.11)
CASH	0.104	0.092	0.166	0.143	0.494	-0.037
	(0.36)	(0.33)	(0.57)	(0.48)	(0.88)	(-0.11)
SP	0.878***	0.949***	0.916***	0.940***	0.925***	0.914***
	(7.74)	(8.55)	(8.04)	(8.31)	(8.11)	(8.57)
YEAR	控制	控制	控制	控制	控制	控制
INDUSTRY	控制	控制	控制	控制	控制	控制
C	-11.127**	-17.476**	-15.209*	-14.882*	-13.173*	-10.409**
	(-1.97)	(-2.31)	(-1.94)	(-1.69)	(-1.91)	(-2.01)
Pseudo R^2	0.206	0.272	0.289	0.291	0.237	0.282
LR	353.36	395.39	420.09	421.80	195.66	291.76
Prob LR	0.000	0.000	0.000	0.000	0.000	0.000
样本	全部样本	全部样本	全部样本	全部样本	相关并购样本	非相关并购样本
观察数	16568	16568	16568	16568	4983	11585

注：括号内 z 值；*、**、***分别代表10%、5%和1%的显著性水平。

3.4.2.2　联结董事并购经验变量替代性检验

有学者认为并购经验具有一定的时效性（Meschi 和 Métais，2013），因此，本书将联结董事并购经验获取的期间由并购发生前 5 年至并购发生前 1 年，缩减至并购发生前 3 年至并购发生前 1 年，重新衡量联结董事的并购经验。联结董事同行业或同产品市场并购经验、相关并购经验和非相关并购经验也采用上述方法重新衡量。联结董事并购经验变量替代性检验的回归结果见表 3－13。

表 3－13　联结董事并购经验变量替代性检验回归结果

变量	模型（3.3）	模型（3.4）	模型（3.5）	模型（3.6）
BI	2.125 ***	4.368 ***	3.382 ***	3.351 ***
	(4.24)	(6.02)	(4.29)	(3.68)
AE	0.324 *			
	(1.75)			
IAE		2.003 ***		
		(2.88)		
RAE			2.395 **	
			(2.38)	
UAE				1.334 ***
				(2.58)
BI × AE	0.535 *			
	(1.68)			
BI × IAE		1.584 *		
		(1.76)		
BI × RAE			1.941 *	
			(1.66)	
BI × UAE				1.655 *
				(1.66)
FAE	0.629 **			
	(2.07)			
FIAE		0.187		
		(0.65)		
FRAE			5.004	
			(0.01)	

续表

变量	模型 (3.3)	模型 (3.4)	模型 (3.5)	模型 (3.6)
FUAE				1.374*
				(1.84)
ROE	-0.055	-0.018	-0.712	-1.634**
	(-0.30)	(-1.63)	(-0.53)	(-2.08)
BM	-0.093	-0.038	-0.787*	-0.305
	(-0.77)	(-1.05)	(-1.67)	(-0.95)
DE	-0.117	-0.063	0.077	-0.099
	(-1.40)	(-0.38)	(0.32)	(-0.65)
SHARE	-4.638*	-10.586*	-1.978	-1.329
	(-1.86)	(-1.89)	(-0.67)	(-0.48)
CRL	-0.005	-0.015*	-0.029***	-0.022**
	(-1.17)	(-1.83)	(-2.68)	(-2.31)
GROWTH	-0.249*	0.194	0.175	0.237
	(-1.78)	(1.00)	(0.78)	(-1.16)
PER	-0.000	-0.000	-0.001	-0.001
	(-0.75)	(-1.07)	(-0.83)	(-1.02)
HHI	0.356	0.661	0.501	0.785
	(0.49)	(0.46)	(1.01)	(1.18)
STD	2.893*	5.303	9.628***	9.119***
	(1.78)	(1.64)	(2.68)	(2.68)
ACR	-0.015	0.097	0.306	0.037
	(-1.09)	(0.81)	(1.29)	(0.24)
DUAL	-0.564***	-1.220***	-0.806*	-0.592
	(-3.01)	(-2.96)	(-1.91)	(-1.63)
IND	-0.417	0.519	0.362	0.530
	(-0.46)	(0.17)	(0.14)	(0.22)
SCALE	0.039	0.067	0.083	0.108*
	(1.36)	(1.17)	(1.19)	(1.85)
CASH	0.681	1.273	2.398**	1.769**
	(1.55)	(1.40)	(2.43)	(2.01)
SP	0.986***	1.834***	1.098***	1.042***
	(6.37)	(6.22)	(3.06)	(3.42)

变量	模型（3.3）	模型（3.4）	模型（3.5）	模型（3.6）
YEAR	控制	控制	控制	控制
INDUSTRY	控制	控制	控制	控制
C	-11.088^{*} （-1.77）	-9.249^{*} （-1.67）	-17.983^{**} （-1.93）	-13.480^{*} （-1.79）
Pseudo R^2	0.319	0.316	0.284	0.359
LR	302.54	309.81	163.54	172.70
Prob LR	0.000	0.000	0.000	0.000
样本	全部样本	全部样本	相关并购样本	非相关并购样本
观察数	16568	16568	4983	11585

注：括号内 z 值；*、**、*** 分别代表 10%、5% 和 1% 的显著性水平。

模型（3.3）的董事联结与联结董事并购经验的交互项（BI×AE）回归系数在 10% 水平上显著为正，与表 3-7 的结果相比，交互项的显著性水平有所下降，但结论未发生改变。模型（3.4）的董事联结与联结董事同行业或同产品市场并购经验的交互项（BI×IAE）回归系数在 10% 水平上显著为正，与表 3-7 的结果一致。模型（3.5）的董事联结与联结董事相关并购经验的交互项（BI×RAE）回归系数在 10% 水平上显著为正，与表 3-7 的结果一致。模型（3.6）的董事联结与联结董事非相关并购经验的交互项（BI×UAE）回归系数在 10% 水平上显著为正，与表 3-7 的结果相比，交互项的显著性水平有所下降，但结论未发生改变。综上所述，在改变联结董事并购经验变量的衡量方法以后，前文的结果均未发生实质性改变。

3.5 本章小结

2002～2015 年高达 19.49% 的中国上市公司选择与其存在董事联结的公司作为并购目标。董事联结关系的存在为促进目标公司与并购公司的沟通与交流提供了合法途径，也为并购过程中信息的传递提供了有效渠道，可以有效地降低并购双方的信息不对称程度，因而，与并购公司存在董事联结关系的潜在目标公司更容易成为目标公司。以上述理论为指导，本章检验了董事联结对并购目标选择的影响。结果表明，与并购公司存在董事联结的公司成为目标公司的可能性更高，当潜在目标公司按照不同公司特征进行配对选取时这一结论仍然成立，董事联结能够有效地降低并购双方的信息不对称程度，减少逆向选择问题的出现。

关于经验研究的心理学文献还指出，若联结董事拥有较为丰富的并购经验，将有助于并购公司做出较为合理和有效的并购决策。因此，本书进一步检验了并购公司联结董事所拥有的并购经验，是否会促使并购公司更倾向于选择与并购公司存在董事联结的公司作为并购目标。结果表明，联结董事并购经验对董事联结与并购目标选择关系具有正向调节作用。联结董事前期并购经验的积累，有助于联结董事提高自身的抽象知识组织能力和类比推理能力，这些能力的增强可以帮助联结董事有效的认知与存在董事联结的企业进行并购所带来的经济效益，将这种目标选择方案作为解决并购目标决策难题的有效方案，积极向并购公司推广，促进并购公司选择与其存在董事联结的公司作为并购目标公司。

此外，联结董事并购经验获取的来源不同，通过并购经验的积累帮助联结董事提升的抽象知识组织能力和类比推理能力也存在差异。因此，本书分别检验了联结董事同行业或同产品市场并购经验、相关并购经验和非相关并购经验会对董事联结与并购目标选择的关系产生何种影响。结果表明，当焦点并购公司的联结董事具有同行业或同产品市场并购经验时，与焦点并购公司存在董事联结的公司成为目标公司的可能性更高；当焦点并购公司的联结董事具有相关并购经验时，在相关并购中，与焦点并购公司存在董事联结的公司成为目标公司的可能性更高；当焦点并购公司的联结董事具有非相关并购经验时，在非相关并购中，与焦点并购公司存在董事联结的公司成为目标公司的可能性更高。若联结董事拥有某种并购经验，那么在有效认知董事联结对并购有利影响的基础上，联结董事会积极推动焦点并购公司在该种并购的过程中选择存在董事联结的公司作为目标公司。

在中国并购市场正式制度不尽完善的背景下，董事联结作为一种非正式的关系机制，可以缓解由于正式制度缺失而带来的信息摩擦问题。当联结董事拥有并购经验时，联结董事能够更加深刻的认知董事联结对并购产生的有利影响，董事联结将发挥更大的作用。以往的研究主要从目标公司的财务特征和治理特征两个角度考虑哪些公司更容易成为目标公司，本章的研究发现，并购公司目标公司的董事联结以及联结董事的并购经验对于并购目标选择也将具有重要作用。上市公司管理者、相关政策法规制定者和投资者在制定并购政策和做出并购决策时应充分考虑并购双方的董事联结关系形成的"关系并购"对并购目标选择行为的影响。

第4章 董事联结对并购溢价的影响

4.1 理 论 分 析 与 假 设 提 出

上一章本书考察了董事联结对并购目标选择决策的影响，在并购目标确定以后，做出合理的并购价格决策，也关系着并购交易能否顺利进行以及并购价值能否得以实现。因此，本章接下来关注董事联结对并购溢价的影响。

并购溢价即并购方为标的支付的交易价格与标的本身内在价值（并购宣告前的标的市值）之间差额的百分比（陈仕华和卢昌崇，2013）。并购溢价存在着很大的波动空间（Haunschild，1993）。Varaiya 和 Ferris（1987）的研究发现，西方国家并购活动中平均的并购溢价水平在50%左右，并购溢价低于0或超过100%的并购交易也很常见（本书使用的并购样本溢价最小值为－98.8%，最大值为1170.8%）。并购溢价存在很大的不确定性，这可能是因为：首先，并购溢价的确定需要考虑多方关系，并购价格不仅要反映并购标的真实价值，还要符合并购目标企业的心理预期，同时，当并购交易存在竞争对手时，还要考虑怎样的并购溢价水平既能击败其他竞争者而又不会因为盲目追高而给并购方造成损失。其次，当竞标过程中出现多个竞争对手时，无论高管做出怎样的选择，提高标价继续竞标还是撤标，其结果都是难以准确估计的。最后，在并购价格制定过程中，虽然会有并购标的的评估价格作为参考，由于影响标的估价的因素有很多，所以评估公司对并购标的价值的评估也存在较大的不确定性，准确的标的评估价值可能难以获取。Trauwein（1990）认为，标的价值受很多因素影响，若无法对上述因素进行全面的考察，高管可能难以进行准确的价值评估。

资源依赖理论认为，联系可以帮助组织稳定组织与环境之间的相互交换和减少不确定性（Pfeffer & Salancik，1978）。董事联结为组织之间建立了联系，是较为常见的一种管理环境的方式。董事联结通过任命组织外部环境的代表为其董事会成员，以获取更加丰富的资源，降低环境的不确定（Pfeffer & Salancik，1978）。这就是人们熟识的增选法，一种获取资源、相互交换信息、发展组织间承诺和建立合法性的战略。研究表明，董事联结会对许多行为产生影响，如多元化战略（Chen et al.，2009）、毒丸计划和黄金降落伞（Kaczmarek et al.，2014）、证券交易所之间的倒戈（Rao et al.，2000）、股票期权回溯（李留闯等，2012）以及财务报告重述（Chiu et al.，2012）等。本书认为，由于并购溢价决策存在着巨大的不确定性，现实中高管在进行并购溢价决策时便不会遵循方案搜寻和选择的常规化过程，而是经常依赖于现有的信息渠道进行决策（March & Olsen，1976）。董事联结关系的存在为促进目标公司与并购公司的沟通与交流提供了合法途径，也为并购过程中信息的传递提供了有效渠道，因此，若并购公司与存在董事联结的公司进行并购，那么这可能是降低并购溢价的不确定性，提高并购定价合理性的有效方法，其作用机理如下：

第一，由于并购公司董事同时在目标公司任职，有助于并购公司了解目标公司的真实情况，在对目标公司情况深入分析的基础上，帮助并购公司准确估计目标公司的资源、业务、技术、能力和市场等方面的信息，信息优势地位有助于并购公司高管对目标公司进行较为准确地估价，避免向目标公司支付过高的收购溢价（陈仕华等，2013）。第二，如果并购双方之间存在董事联结，那么并购方可以凭此获得较多的有关目标公司的"私密信息"，甄别目标公司故意散布的"虚假信息"，这也有助于并购公司在并购交易价格支付的谈判中拥有谈判优势，进而支付较少的并购溢价（Cai & Sevilir，2012）。第三，目标公司董事会的联结董事可以限制处于信息劣势的外部投标者的进入（Cai & Sevilir，2012）。目标公司能够允许联结董事限制外部投标者的进入，这是因为，目标公司的市场业绩和财务业绩往往较差，鉴于其较弱的财务和运营状况，他们在并购谈判中要求更高价格的能力或者收到其他外部投标者邀约的能力都是有限的。由于竞争者减少，目标公司的议价能力也会随之减弱。综合上述分析，本书认为，董事联结的存在有助于并购溢价的降低。由此，本书提出：

假设 1：其他情况相同时，并购双方的董事联结会降低并购溢价。

联结董事的前期并购经验和所产生的专业知识能够有效解决复杂并购决策的各种挑战（Bruce et al.，2008；McDonald et al.，2008）。并购定价决策是一种复杂的组织决策，在并购双方存在董事联结的并购中，联结董事的前期并购经验可能对并购溢价产生进一步的影响。首先，联结董事的并购经验将进一步提高焦点并购公司对存在董事联结的目标公司估价的准确性。与目标公司存在董事联结可以降低并购双方的信息不对称程度，帮助焦点并购公司获取目标公司的资源和经营信息（Davies，2011）。而联结董事过去的并购经验能够帮助焦点并购公司的董事会对所获取的联结目标公司信息进行进一步的处理和加工，从而对并购目标进行更加准确的估价，这是因为：前期并购经验能够提高联结董事的抽象组织能力（McDonald et al.，2008），使联结董事拥有更完善的因果关系思维模式（Glaser & Chi，1988；Sternberg，1997），帮助他们区分哪些并购目标信息对并购定价决策来说是至关重要的信息而哪些是无关的信息；前期并购经验还能够提高联结董事的类比推理能力（Anderson et al.，1997），根据以往的并购经验目录，并购经验可以提高联结董事对并购定价决策相关信息的处理速度和准确性，并增强联结董事对并购目标的未来战略价值进行评估的能力。

其次，联结董事的并购经验将进一步提高并购公司的议价能力。并购双方之间存在董事联结，可以帮助并购公司获知目标公司较多的"私密信息"，甄别目标公司故意散布的"虚假信息"（Cai & Sevilir，2012）。前期并购经验能够提高联结董事的抽象组织能力，将并购公司通过联结董事所获取的"私密信息"与甄别的"虚假信息"与并购标的价值相联系，更加快速准确的发现对目标公司价值评估产生不利影响的信息，从而进一步提高并购公司的议价能力；前期并购经验还能够提高联结董事的类比推理能力，在发现影响目标公司价值评估的不利信息以后，运用自己亲身经历的利用这些不利信息而取得谈判优势的真实案例，找到在当前并购价格谈判中控制并购溢价的有效方案。

因此，本书认为，联结董事在其他企业的并购经验将进一步提高焦点并购公司对存在董事联结的目标公司估价的准确性，增强焦点并购公司的议价能力，从而加强董事联结关系对并购溢价的影响。由此，本书提出：

假设 2：其他情况相同时，联结董事的并购经验越丰富，董事联结企业间的并购溢价越低。

结合第 3 章所讨论的，联结董事并购经验获取的来源不同，通过并购经验的积累帮助联结董事提升的抽象知识组织能力和类比推理能力也存在差异。若当前并购与已发生的并购高度类似，那么并购经验将对并购决策的合理性和有效性产生积极影响，而错误的差异化则对当前并购决策无影响（Haleblian & Finkelstein，1999；Finkelstein & Haleblian，2002；程兆谦，2011）。当联结董事拥有某种并购经验时，焦点并购公司也进行同种并购，将使联结董事的并购经验得到更有效的发挥（Haleblian & Finkelstein，1999）。

若联结董事曾经参与某行业或某产品市场的并购活动，而焦点并购公司也拟在该行业或该产品市场进行并购，那么，联结董事的同行业或同产品市场并购经验将进一步增强并购公司对存在董事联结的目标公司估价的准确性，提高并购公司的议价能力，从而加强董事联结关系对并购溢价的影响；若联结董事过去曾经在其他公司参与了大量的相关并购活动，那么，联结董事的相关并购经验将进一步增强相关并购中并购公司对存在董事联结的目标公司估价的准确性，提高并购公司的议价能力，从而加强董事联结关系对并购溢价的影响；若联结董事过去曾经在其他公司参与了大量的非相关并购活动，那么，联结董事的非相关并购经验将进一步增强非相关并购中并购公司对存在董事联结的目标公司估价的准确性，提高并购公司的议价能力，从而加强董事联结关系对并购溢价的影响。由此，本书提出：

假设 2 - 1：其他情况相同时，联结董事的同行业或同产品市场并购经验越丰富，董事联结企业间的并购溢价越低。

假设 2 - 2：其他情况相同时，联结董事的相关并购经验越丰富，在相关并购中董事联结企业间的并购溢价越低。

假设 2 - 3：其他情况相同时，联结董事的非相关并购经验越丰富，在非相关并购中董事联结企业间的并购溢价越低。

4.2　研究设计

4.2.1　样本选择和数据来源

本书所使用的并购溢价数据通过手工查询上海证券交易所和深圳证券交易所网站的并购交易信息获得，董事联结数据、联结董事并购经验数据和其他变量数据来自国泰安（CSMAR）数据库，对个别缺失的数据通过巨潮资讯网和新浪财经网查找手工补充。董事联结数据在查询 CSMAR 数据库高管兼职信息的基础上，通过对上市公司间具有相同姓名董事的年龄、性别和简历进行逐一匹配获得。CSMAR 数据库中高管兼任信息的最早披露年度为 2001 年，因此本书董事联结数据样本区间为 2001～2014 年。学者们认为，董事联结关系正式形成后才能对并购产生一定的影响，并购事件数据的选择应滞后董事联结数据 1 年（Cai & Sevilir，2012；陈仕华等，2013；田高良等，2013；等等），因此，本书确定并购事件的样本区间为 2002 ~ 2015 年。并购事件样本按照如下原则进行筛选：（1）剔除并购双方不是中国 A 股上市公司的样本；（2）剔除并购交易未取得成功的样本；（3）剔除属于资产剥离、资产置换、债务重组和股份回购的重组样本；（4）剔除并购双方一天中发生多笔交易的样本；（5）剔除交易金额小于 500 万元的样本；（6）剔除计算并购溢价所需数据缺失的样本；（7）剔除其他变量缺失的样本。经过上述处理，本书最终的并购样本数量为 382 个，其中并购双方存在董事联结的样本数量为 82 个。为检验文中提出的假设，根据前人的研究，本书将并购事件分为相关并购和非相关并购两个子样本（Fowler & Schmidt，1989；Krishnan et al.，1997；冯根福和吴林江，2001；张新，2003；McDonald et al.，2008）。其中，相关并购为当并购公司与被并购公司属于同一行业（根据中国证监会《上市公司行业分类指引》（2001 年版）制定的标准，制造业采用二级代码分类，其他行业按一级代码分类，共分为 22 个行业子类）的并购，其他并购则为非相关并购。本章总体并购样本中包含 129 个相关并购样本，253 个非相关并购样本。为消除异常值的影响，本书对所有连续变量进行了上下 1% 的 Winsorize 处理。研究中使用 Excel 软件进行基础数据的整理工作，使用 STATA 和 SAS 软件进行统计分析工作。

4.2.2 变量操作性定义

4.2.2.1 被解释变量

并购溢价 PREM，国外学者（Barda & Holderness，1989；Haunschild & Miner，1997；Kim et al.，2011）主要采用以下方法计算测量：并购溢价 =（并购价格 ÷ 目标公司宣告日前 43 天的目标公司市场价值）- 1。不过，这种测量方法适用于较为完善的资本市场环境下的并购交易，而我国目前的制度环境较为复杂，不适用于采用上述方法测量并购溢价。我国资本市场中的诸多因素，如壳资源的稀缺性、政府（中央政府和地方政府）对并购行为的政治干预、市场投资者非理性跟风、大股东攫取控制权收益以及投机炒作等，都会导致采用股票价格计算并购溢价的市场测量方法失效。目前中国并购市场并购交易主要通过协议转让方式进行，净资产是交易双方进行定价谈判的基础，因此，国内学者（唐宗明和蒋位，2002；陈仕华和卢昌崇，2013；陈仕华和李维安，2016）

根据我国并购交易市场的特殊性，以净资产为基础对并购溢价进行计算测量，本书沿用国内学者的这种计算方法。并购溢价的测量公式如下：

$$并购溢价 = \frac{交易总价 - 交易标的净资产}{交易标的净资产} \qquad (4.1)$$

4.2.2.2　解释变量

（1）董事联结 BI（board interlock）。根据 Mizruchi（1996）、Beckman 和 Haunschild（2002）、Shipilov 等（2009）、陈仕华等（2013）、韩洁等（2014）的研究，若并购公司与目标公司存在董事联结关系，取值为 1，否则为 0。

（2）联结董事并购经验 AE（acquisition experience）。同第 3 章中定义相同。

（3）联结董事同行业或同产品市场并购经验 IAE（industry acquisition experience）。同第 3 章中定义相同。

（4）联结董事相关并购经验 RAE（related acquisition experience）。同第 3 章中定义相同。

（5）联结董事非相关并购经验 UAE（unrelated acquisition experience）。同第 3 章中界定相同。

4.2.2.3　控制变量

（1）公司并购经验 FAE。同第 3 章中界定相同。

（2）公司同行业或同产品市场并购经验 FIAE。同第 3 章中界定相同。

（3）公司相关并购经验 FRAE。同第 3 章中界定相同。

（4）公司非相关并购经验 FUAE。同第 3 章中界定相同。

（5）交易比例 RATIO。根据徐信忠等（2006）、陈仕华和卢昌崇（2013）的研究，交易比例使用标的股权（资产）占被并购公司总股权（总资产）的比例衡量。

（6）支付方式 METHOD。Slusky 和 Caves（1991）研究表明，支付方式会对并购溢价产生一定的影响，一般而言，与股票支付方式相比，现金支付方式的并购溢价更低。因此，本书根据 Slusky 和 Caves（1991）与陈仕华和李维安（2016）的研究，支付方式使用并购公司是否采用现金支付方式衡量，是为 1，否为 0。

（7）财务顾问 CON。Haunschild 和 Miner（1997）、Kim 等（2011）和陈仕华和卢昌崇（2013）认为，并购交易中若聘任财务顾问，支付的并购溢价可能更低。本书使用名义变量衡量财务顾问，并购公司在并购交易中聘用财务顾问，则为1，否为0。

Sirower（1997）认为，并购双方的协同程度越高，并购方愿意支付的溢价水平也会越高。因此，本书借鉴 Hayward 和 Hambrick（1997）的做法，控制以下两种协同效应：产品协同（SYN_P）和财务协同（SYN_F）。

（8）产品协同 SYN_P。参照 Hayward 和 Hambrick（1997）和陈仕华和卢昌崇（2013）的测量方法，以4点量表测量产品协同程度，并购双方在相同行业（行业划分标准与行业虚拟变量设置相同）为4，并购双方存在价值链的上下游关系为3，并购双方的无形资产存在共性为2，并购双方无关则为1。

（9）财务协同 SYN_F。根据 Slusky 和 Caves（1991）及 Hayward 和 Hambrick（1997）的研究，财务协同为交易宣告前一年年末，目标公司权益负债率（负债/所有者权益）减去并购公司的权益负债率。

（10）自由现金流 CASH。根据赵勇和朱武祥（2000），用交易宣告前一年年末，并购公司自由现金流与总资产的比值衡量自由现金流状况。

（11）成长性 GROWTH。根据 Pagano 等（1998），成长性为交易宣告前一年并购公司的主营业务收入增长率。

（12）股权集中度 CRL。根据 Jensen 和 Ruback（1983）、Shen 和 Reuer（2005）、Cukurova（2012），股权集中度为交易宣告前一年，并购公司第一大股东持股的比例。

（13）高管持股 SHARE。根据 Hayward 和 Hambrick（1997）、陈仕华和卢昌崇（2013），高管持股为交易宣告前一年年末目标公司高管（包括董事）持股比例合计。

（14）相对绩效 ROE_R。根据 Hayward 和 Hambrick（1997），相对绩效为交易宣告前一年，目标公司净资产收益率减去同行业（行业划分标准与行业虚拟变量设置相同）平均净资产收益率。

（15）相对规模 SIZE_R。根据 Hayward 和 Hambrick（1997）的研究，相对规模为交易宣告前一年年末，目标公司总资产除以并购公司总资产。

（16）两职情况 DUAL。根据 Capron 和 Shen（2007）、陈仕华和卢昌崇（2013）的研究，若交易宣告前一年年末，并购公司董事长与总经理两职兼任，则为1，否为0。

（17）董事会独立性 IND。根据 Capron 和 Shen（2007）、陈仕华和卢昌崇（2013）的研究，董事会独立性用独立董事比例表示，为交易宣告前一年年末，并购公司独立董事人数占董事会成员总数的比例。

（18）董事会规模 SCALE。根据 Capron 和 Shen（2007）、陈仕华和卢昌崇（2013）的研究，董事会规模为交易宣告前一年年末，并购公司董事会成员数量。

（19）相同地区 SP。根据 Aliberti 和 Green（1999）、Portes 和 Rey（2005），若并购双方处于相同地区（地区划分是以各省或直辖市为标准），则为1，否为0。

（20）市场周期 MC。根据姜英兵（2014）的研究，中国 A 股市场处于牛市的 2006 年、2007 年、2014 年和 2015 年这四年取值为1，其他年份取值为0。

此外，本书还控制了年份（YEAR）和行业（INDUSTRY）作为文中模型的控制变量。并购交易发生在 2002 ~ 2015 年 14 个年份，设置 13 个年份虚拟变量。行业划分标准根据中国证监会《上市公司行业分类指引》（2001 年版）制定的标准，制造业采用二级代码分类，其他行业按一级代码分类，共分为 22 个行业子类，设置 21 个行业虚拟变量。

4.2.3　模型设计

在对已有文献（Varaiya & Ferris，1987；Haunschild，1994；Cai & Sevilir，2012；陈仕华和卢昌崇，2013；等等）回顾和理论分析的基础上，结合中国并购行为的特点，本书将并购溢价作为被解释变量，将董事联结作为解释变量，并根据已有的研究结论设置了相关控制变量，从而构建如下回归方程，以检验董事联结对并购溢价的影响：

$$\begin{aligned}
PREM = &\alpha_0 + \alpha_1 BI + \alpha_2 RATIO + \alpha_3 METHOD + \alpha_4 CON \\
&+ \alpha_5 SYN\_P + \alpha_6 SYN\_F + \alpha_7 CASH + \alpha_8 GROWTH \\
&+ \alpha_9 CRL + \alpha_{10} SHARE + \alpha_{11} ROE\_R + \alpha_{12} SIZE\_R \\
&+ \alpha_{13} DUAL + \alpha_{14} IND + \alpha_{15} SCALE + \alpha_{16} SP + \alpha_{17} MC \\
&+ \sum_i YEAR + \sum_j INDUSTRY + \varepsilon
\end{aligned} \tag{4.2}$$

模型（4.2）中，PREM 代表并购溢价水平，BI 为董事联结，α_0 为截距项，$\alpha_1 \sim \alpha_{17}$ 为各变量的估计系数，ε 为随机误差项。

为进一步检验联结董事的并购经验对董事联结与并购溢价关系的影响，将董事联结与联结董事并购经验的交互项（BI × AE）、联结董事并购经验（AE）以及公司并购经验（FAE）引入模型（4.2）中，构建模型（4.3）。

$$PREM = \beta_0 + \beta_1 BI + \beta_2 AE + \beta_3 BI \times AE + \beta_4 FAE + \beta_5 RATIO$$

$$+ \beta_6 METHOD + \beta_7 CON + \beta_8 SYN\_P + \beta_9 SYN\_F$$
$$+ \beta_{10} CASH + \beta_{11} GROWTH + \beta_{12} CRL + \beta_{13} SHARE$$
$$+ \beta_{14} ROE\_R + \beta_{15} SIZE\_R + \beta_{16} DUAL + \beta_{17} IND$$
$$+ \beta_{18} SCALE + \beta_{19} SP + \beta_{20} MC + \sum_i YEAR$$
$$+ \sum_j INDUSTRY + \varepsilon \tag{4.3}$$

模型（4.3）中，β_0 为截距项，$\beta_1 \sim \beta_{20}$ 为各变量的估计系数，ε 为随机误差项。

根据并购经验获取的来源，联结董事的并购经验还可以细分为不同的类型，本书还分别检验了联结董事不同类型的并购经验对董事联结与并购溢价关系的影响。为检验联结董事同行业或同产品市场并购经验对董事联结与并购溢价关系的影响，将董事联结与联结董事同行业或同产品市场并购经验的交互项（BI×IAE）、联结董事同行业或同产品市场并购经验（IAE）以及公司同行业或同产品市场并购经验（FIAE）引入模型（4.2）中，构建模型（4.4）。

$$PREM = \eta_0 + \eta_1 BI + \eta_2 IAE + \eta_3 BI \times IAE + \eta_4 FIAE + \eta_5 RATIO$$
$$+ \eta_6 METHOD + \eta_7 CON + \eta_8 SYN\_P + \eta_9 SYN\_F$$
$$+ \eta_{10} CASH + \eta_{11} GROWTH + \eta_{12} CRL + \eta_{13} SHARE$$
$$+ \eta_{14} ROE\_R + \eta_{15} SIZE\_R + \eta_{16} DUAL + \eta_{17} IND$$
$$+ \eta_{18} SCALE + \eta_{19} SP + \eta_{20} MC + \sum_i YEAR$$
$$+ \sum_j INDUSTRY + \varepsilon \tag{4.4}$$

模型（4.4）中，η_0 为截距项，$\eta_1 \sim \eta_{20}$ 为各变量的估计系数，ε 为随机误差项。

为检验联结董事相关并购经验和非相关并购经验对董事联结与并购溢价关系的影响，本章根据前人的研究，将并购事件样本分为相关并购和非相关并购两个子样本（Fowler & Schmidt，1989；Krishnan et al.，1997；冯根福和吴林江，2001；张新，2003；McDonald et al.，2008）。分别考察在相关并购中，联结董事相关并购经验对董事联结与并购溢价关系的影响；在非相关并购中，联结董事非相关并购经验对董事联结与并购溢价关系的影响。将董事联结与联结董事相关并购经验的交互项（BI×RAE）、联结董事相关并购经验（RAE）以及公司相关并购经验（FRAE）引入模型（4.2）中，构建模型（4.5）；将董事联结与联结董事非相关并购经验的交互项（BI×UAE）、联结董事非相关并购经验（UAE）以及公司非相关并购经验（FUAE）引入模型（4.2）中，构建模型（4.6）。

$$
\begin{aligned}
PREM = {} & \gamma_0 + \gamma_1 BI + \gamma_2 RAE + \gamma_3 BI \times RAE + \gamma_4 FRAE \\
& + \gamma_5 RATIO + \gamma_6 METHON + \gamma_7 CON + \gamma_8 SYN\_P \\
& + \gamma_9 SYN\_F + \gamma_{10} CASH + \gamma_{11} GROWTH + \gamma_{12} CRL \\
& + \gamma_{13} SHARE + \gamma_{14} ROE\_R + \gamma_{15} SIZE\_R + \gamma_{16} DUAL \\
& + \gamma_{17} IND + \gamma_{18} SCALE + \gamma_{19} SP + \gamma_{20} MC + \sum_i YEAR \\
& + \sum_j INDUSTRY + \varepsilon
\end{aligned} \tag{4.5}
$$

模型（4.5）中，γ_0 为截距项，$\gamma_1 \sim \gamma_{20}$ 为各变量的估计系数，ε 为随机误差项。

$$
\begin{aligned}
PREM = {} & \theta_0 + \theta_1 BI + \theta_2 UAE + \theta_3 BI \times UAE + \theta_4 FUAE \\
& + \theta_5 RATIO + \theta_6 METHOD + \theta_7 CON + \theta_8 SYN\_P \\
& + \theta_9 SYN\_F + \theta_{10} CASH + \theta_{11} GROWTH + \theta_{12} CRL \\
& + \theta_{13} SHARE + \theta_{14} ROE\_R + \theta_{15} SIZE\_R + \theta_{16} DUAL \\
& + \theta_{17} IND + \theta_{18} SCALE + \theta_{19} SP + \theta_{20} MC + \sum_i YEAR \\
& + \sum_j INDUSTRY + \varepsilon
\end{aligned} \tag{4.6}
$$

模型（4.6）中，θ_0 为截距项，$\theta_1 \sim \theta_{20}$ 为各变量的估计系数，ε 为随机误差项。

为避免多重共线性，本书对模型中的所有交互项均进行了中心化处理。回归前，本章查看了每个连续自变量的正态性，对不符合正态性的连续变量进行了正态性转化。此外，在回归后，本章对回归模型进行了 linktest 检定，确保模型无设定误差（specification error）。

4.3　实证结果分析

4.3.1　描述性统计

因为本章主要研究董事联结对并购溢价的作用，首先，对并购溢价展开详细的描述性统计分析，得到中国上市公司并购溢价的年度数据特征，以便进一步揭示本章所研究内容的价值和意义。为了更加真实的反映中国上市公司并购溢价实际情况，这部分描述性统计分析没有针对异常值进行处理。其次，本章对所使用的代理变量进行细致的全样本描述性统计分析。由于这些代理变量都将在后续的模型检验中加以使用，所以，为了消除异常值的影响，这部分样本进行了 Winsorize 截尾处理。最后，本章还根据主要解释变量的特征，将样本分为存在董事联结和不存在董事联结的样本，相关并购和非相关并购样本，对上述分组样本的全部变量进行了描述性统计分析和比较，以为本书后续的实证检验提供依据和基础。这部分数据按照实证设计部分的内容，也进行了 Winsorize 截尾处理。

因此，本章描述性统计分析部分包括如下三个主要部分：并购溢价描述性统计分析、所有变量全样本描述性统计分析和所有变量分组样本描述性统计分析。

4.3.1.1 并购溢价描述性统计分析

表 4 - 1 给出了并购溢价按照年度分组的描述性统计结果。根据表 4 - 1 所示，从并购溢价的均值来看，除了 2003 年、2008 年、2013 年和 2015 年并购溢价高于 1 以外，其他年度并购溢价均小于 1，且随着时间的推移，均值变化较为频繁，并购溢价并不随时间发展呈现规律式的变动；从并购溢价的最大和最小值以及分位数统计数据可以看到，并购溢价在 1/4 分位数和 3/4 分位数之间的变化范围较小（主要在 - 0.124 ~ 2.122 之间波动），但是并购溢价的最小值 - 0.988，最大值 11.708，变化范围较大，标准差总体上数值也偏高，表明中国上市公司并购溢价存在一定的两端分化特征。上述结果说明我国上市公司并购溢价普遍偏高，且具有较大的不确定性。因此，降低并购双方信息的不对称程度，帮助并购公司准确评估目标公司的真实价值，充分利用具有并购经验的高管人员的意见，提高并购公司并购价格谈判过程中的议价能力，可能有助于提高并购价格制定的合理性，降低并购公司的并购成本。

表 4 - 1 　　　　　　　　　　并购溢价描述性统计分析结果

会计年度	样本数	均值	标准差	最小值	最大值	分位数		
						25%	50%	75%
2002	11	0.386	0.911	0.000	1.170	0.000	0.171	0.751
2003	14	1.859	7.844	0.000	11.708	0.082	0.167	1.038
2004	16	0.671	2.773	- 0.133	4.498	0.000	0.012	0.475
2005	15	0.285	0.996	- 0.423	1.611	- 0.001	0.054	0.539
2006	19	0.211	0.638	- 0.988	0.798	0.001	0.082	0.500

续表

会计年度	样本数	均值	标准差	最小值	最大值	分位数		
						25%	50%	75%
2007	27	0.773	2.740	-0.877	6.212	0.148	0.480	0.888
2008	24	1.015	4.022	-0.972	6.212	-0.124	0.105	1.503
2009	27	0.627	3.234	-0.071	8.866	0.004	0.129	0.891
2010	26	0.355	1.538	-0.936	2.859	-0.025	0.100	0.447
2011	26	0.868	3.349	-0.859	6.950	0.106	0.269	0.791
2012	28	0.676	3.734	-0.805	9.029	-0.005	0.093	0.250
2013	20	1.003	4.829	-0.367	8.425	0.000	0.054	0.203
2014	35	0.976	3.348	-0.840	5.830	0.057	0.336	1.102
2015	94	1.204	3.444	-0.982	6.297	0.316	0.754	2.122
合计	382	0.779	3.405	-0.988	11.708	0.000	0.180	0.943

注：为了更好地反映中国上市公司并购溢价特征，此表数据使用未经过 Winsorize 截尾处理。

4.3.1.2　变量全样本描述性统计分析

表 4-2 显示了所有变量全样本的描述性统计结果。董事联结（BI）的均值为 0.19，说明样本中 19% 的并购交易是在并购公司与联结企业间发生，董事联结可能对并购价格的最终确定发挥重要影响。联结董事的并购经验（AE）均值为 0.88，最大值为 10，说明并购公司的联结董事普遍具有一定的并购经验，且在个别公司中联结董事的并购经验极其丰富，这有利于联结董事对于并购专业知识的学习和积累。当焦点并购公司也发生并购事件时，这些在其他公司获取的并购经验可能对焦点并购公司并购价格的谈判产生重要的影响。联结董事所拥有的同行业或同产品市场并购经验（IAE）均值为 0.12，最大值为 3，远低于联结董事的并购总经验，说明联结董事在焦点并购公司的当前并购中可以贡献的与目标公司所在行业最为相似的并购经验稍显不足。联结董事的相关并购经验（RAE）均值为 0.28，最大值为 5，非相关并购经验（UAE）均值为 0.60，最大值为 10，表明联结董事在执业过程中，参与的较多的是非相关并购，能够为非相关并购带来更多的并购专业知识和技能。焦点并购公司在过去的并购中也积累了一定的并购经验，公司并购经验（FAE）的均值为 0.51，最大值为 8，公司同行业或同产品市场并购经验（FIAE）均值为 0.22，最大值为 5，公司相关并购经验（FRAE）均值为 0.11，最大值为 3，公司非相关并购经验（FUAE）

均值为0.39，最大值为7。公司的各类并购经验中，除了同行业或同产品市场并购经验（FIAE）高于联结董事的同种并购经验以外，其他方面的并购经验均较低，说明联结董事的并购经验仍然是焦点并购公司并购专业知识和技能的主要来源。交易比例（RATIO）的均值为0.38，说明样本中大宗股权转让的交易较多，这可能会导致并购交易价格的提升。支付方式（METHOD）的均值0.81，说明样本中81%的并购交易以现金作为支付方式，这可能对并购溢价具有一定的抑制作用。财务顾问（CON）均值为0.08，说明样本中聘请财务顾问的公司较少，财务顾问的专业意见可能对并购溢价具有一定的限制作用，样本中财务顾问对并购溢价的作用可能发挥的较为有限。产品协同（SYN_P）的均值为2.08，说明样本中并购双方产品协同的程度一般，并购公司可能不会为了产品协同程度较低的目标公司支付过高的并购溢价。财务协同（SYN_F）的均值为0.02，说明样本中并购双方财务协同的程度较高，这可能会导致较高并购溢价的产生。自由现金流（CASH）的均值为0.04，说明样本中并购公司的自由现金流量相对充足，能够支付较高的并购溢价。成长性（GROWTH）的均值为0.24，说明样本中目标公司的成长性较好，并购公司可能因此愿意支付较高的并购溢价。股权集中度（CRL）的均值为0.29，说明样本中并购公司股权较为集中，能够对控制并购溢价发挥一定的作用。高管持股（SHARE）的均值为0.02，说明样本中高管持股数量较低。相对绩效（ROE_R）的均值为0，说明样本中目标公司与行业内其他公司的获利能力差异较小，对并购溢价的影响也将较小。相对规模（SIZE_R）的均值为0.98，说明样本中目标公司与并购公司的经济规模相当。相同地区（SP）的均值为0.31，并购双方处于相同地区有利于信息的有效传递，说明样本中处于异地的并购双方处可能需要其他渠道有效的传递并购信息。

表4-2   变量全样本描述性统计

变量	样本数	均值	标准差	中位数	最小值	最大值
PREM	382	0.75	3.28	0.18	-1.00	9.43
BI	382	0.19	0.39	0	0	1
AE	382	0.88	1.71	0	0	10
IAE	382	0.12	0.46	0	0	3
RAE	382	0.28	0.64	0	0	5
UAE	382	0.60	1.22	0	0	10

续表

变量	样本数	均值	标准差	中位数	最小值	最大值
FAE	382	0.51	2.48	0	0	8
FIAE	382	0.22	1.29	0	0	5
FRAE	382	0.11	0.58	0	0	3
FUAE	382	0.39	1.84	0	0	7
RATIO	382	0.38	0.36	0.24	0	1
METHOD	382	0.81	0.39	1	0	1
CON	382	0.08	0.26	0	0	1
SYN_P	382	2.08	1.33	1	1	4
SYN_F	382	0.02	6.92	0.02	−0.13	0.31
CASH	382	0.04	0.12	0.03	−0.31	0.50
GROWTH	382	0.24	0.70	0.10	−0.57	4.79
CRL	382	0.29	19.03	0.28	0	0.74
SHARE	382	0.02	0.06	0	0	0.37
ROE_R	382	0.00	0.12	0	−0.50	0.59
SIZE_R	382	0.96	0.31	0.98	0	1.55
DUAL	382	0.16	0.37	0	0	1
IND	382	0.35	0.08	0.33	0	0.60
SCALE	382	10.06	3.04	9	5	19
MC	382	0.42	0.49	0	0	1
SP	382	0.31	0.46	0	0	1

4.3.1.3　变量分组样本描述性统计分析

本书以焦点并购公司与目标公司是否存在董事联结为标准，将样本分为联结样本和非联结样本，对两组样本间的差异性进行了均值 T 检验和秩和检验，表 4-3 给出了两组样本的描述性统计结果。有无董事联结样本之间存在着显著的差异：与目标公司存在董事联结的公司并购溢价（PREM）显著小于不存在董事联结的公司，符合本书的理论预期；联结样本中联结董事的并购经验（AE）、同行业或同产品市场并购经验（IAE）、相关并购经验（RAE）和非相关并购经验（UAE）显著多于非联结样本组；联结样本中公司的同行业或同产品市场并购经验（FIAE）以及相关并购经验（FRAE）均显著高于非联结样本组，而公司的并购经验（FAE）和非相关并购经验（FUAE）则显著低于非联结样本组；

联结样本中的产品协同（SYN_P）、相对绩效（ROE_R）、公司治理水平（主要体现在股权集中度（CRL）、两职情况（DUAL）和董事会独立性（IND）三个指标）和相同地区（SP）均显著高于非联结样本组，财务协同（SYN_F）和高管持股水平（SHARE）均显著低于非联结样本组。

表 4 - 3　　　　　　　　　　联结样本和非联结样本描述性统计

变量	联结样本		非联结样本		T - 检验	秩和检验
	均值	中位数	均值	中位数		
PREM	0.49	0.08	0.82	0.22	- 2.12 ***	- 2.424 ***
AE	1.43	1.00	0.75	0.00	4.01 ***	5.77 ***
IAE	0.34	0.00	0.07	0.00	5.98 ***	5.80 ***
RAE	0.48	0.00	0.23	0.00	3.74 ***	3.85 ***
UAE	0.95	0.00	0.51	0.00	3.62 ***	5.29 ***
FAE	0.42	0.00	0.54	0.00	- 0.94	- 1.87 *
FIAE	0.30	0.00	0.20	0.00	1.88 *	3.94 ***
FRAE	0.18	0.00	0.09	0.00	3.28 ***	2.98 ***
FUAE	0.23	0.00	0.43	0.00	- 2.06 **	- 1.02
RATIO	0.39	0.27	0.37	0.23	0.49	0.15
METHOD	0.80	1.00	0.82	1.00	- 0.54	- 0.54
CON	0.08	0.00	0.07	0.00	0.28	0.28
SYN_P	2.70	3.00	1.94	1.00	5.88 ***	5.60 ***
SYN_F	0.01	0.01	0.03	0.02	- 2.83 ***	- 0.58
CASH	0.05	0.04	0.04	0.00	0.78	0.97
GROWTH	0.23	0.15	0.24	0.08	- 0.08	0.94
CRL	0.31	0.29	0.29	0.30	1.79 *	1.65 *
SHARE	0.01	0.00	0.02	0.00	- 1.82 *	- 0.49
ROE_R	0.03	0.00	0.00	0.00	2.44 **	1.52
SIZE_R	0.94	0.95	0.97	0.99	- 0.88	- 2.19
DUAL	0.23	0.00	0.14	ROE_R	2.32 **	2.31 **
IND	0.37	0.33	0.35	0.33	1.81 *	2.00 **
SCALE	9.71	9.00	10.14	9.00	- 1.37	- 1.06
MC	0.36	0.00	0.43	0.00	- 1.55	- 1.55
SP	0.56	1.00	0.25	0.00	6.83 ***	6.60 ***
样本数	82	82	300	300	—	—

注：*、**、***分别代表10%、5%和1%的显著性水平。

　　本书以焦点公司进行的并购是否相关并购为标准，将样本分为相关并购样本和非相关并购样本，对两组样本间的差异性进行了均值 T 检验和秩和检验，表 4-4 给出了两组样本的描述性统计结果。并购溢价（PREM）在两种样本中存在一定的差异：相关并购样本中的并购溢价显著低于非相关并购样本中的并购溢价，说明相关并购中，由于并购双方同属一个行业或产品市场，相对于非相关并购而言信息不对称程度较低，因此，并购溢价得到了一定的控制。董事联结（BI）在相关并购样本和非相关并购样本中不存在显著差异，说明关于本书的主要结论，并非是由于并购类型的样本差异所造成的。联结董事的并购经验在两种样本中也存在一定的差异：相关并购样本中联结董事的相关并购经验（RAE）显著高于非相关并购样本组，说明具有较多相关并购经验（RAE）的联结董事会倾向于推动焦点并购公司也进行相关并购，因为此时联结董事的并购经验将得到更有好的发挥，联结董事能够更加广泛且有效地组织抽象知识并运用类比推理能力解决当前并购遇到的问题，为焦点并购公司董事会提出更为恰当和合理的建议；非相关并购样本中，联结董事的非相关并购经验（UAE）显著高于相关并购样本组，说明具有较多非相关并购经验（UAE）的联结董事会倾向于推动焦点并购公司也进行非相关并购，原因同上。此外，其他变量在两种样本中也存在一定的差异：相关并购样本中，联结董事的并购经验（AE）显著高于非相关并购样本组；联结董事的同行业或同产品市场并购经验（IAE）显著高于非相关并购样本组；公司的并购经验（FAE）和非相关并购经验（FUAE）显著低于非相关并购样本组；公司的相关并购经验（FRAE）显著高于非相关并购样本组；交易比例（RATIO）、产品协同（SYN_P）、董事会独立性（IND）和相同地区（SP）均显著高于非相关并购样本组，财务协同（SYN_F）和相对规模（SIZE_R）均显著低于非相关并购样本组。

表 4-4　　　　　　　　　相关并购样本和非相关并购样本描述性统计

变量	相关并购样本		非相关并购样本		T-检验	秩和检验
	均值	中位数	均值	中位数		
PREM	0.52	0.10	0.86	0.27	-2.36**	-2.26**
BI	0.30	0.00	0.17	0.00	1.46	1.53
AE	1.01	0.00	0.81	0.00	1.22	2.21**
IAE	0.26	0.00	0.06	0.00	5.14***	4.06***
RAE	0.55	0.00	0.14	0.00	2.70***	3.11***

变量	相关并购样本		非相关并购样本		T - 检验	秩和检验
	均值	中位数	均值	中位数		
UAE	0.45	0.00	0.67	0.00	- 1.97 **	- 1.95 *
FAE	0.32	0.00	0.61	0.00	- 2.70 ***	- 1.39
FIAE	0.20	0.00	0.23	0.00	- 0.38	0.87
FRAE	0.20	0.00	0.06	0.00	5.88 ***	5.25 ***
FUAE	0.11	0.00	0.54	0.00	- 4.98 ***	- 6.39 ***
RATIO	0.43	0.36	0.35	0.20	2.35 **	2.17 **
METHOD	0.77	1.00	0.83	1.00	- 1.74 *	- 1.74 *
CON	0.08	0.00	0.07	0.00	0.12	0.12
SYN_P	4.00	4.00	1.28	1.00	61.28 ***	22.33 ***
SYN_F	0.01	0.01	0.03	0.02	- 3.25 ***	- 0.31
CASH	0.04	0.02	0.05	0.03	- 1.22	- 1.31
GROWTH	0.23	0.07	0.24	0.11	- 0.31	- 0.99
CRL	0.30	0.29	0.29	0.30	0.33	0.17
SHARE	0.01	0.00	0.02	0.00	- 1.46	0.44
ROE_R	0.03	0.00	0.00	0.00	0.89	0.03
SIZE_R	0.91	0.98	0.99	0.99	- 3.09 ***	- 2.30 **
DUAL	0.17	0.00	0.15	0.00	0.41	0.41
IND	0.36	0.33	0.35	0.33	1.73 *	0.94
SCALE	9.63	9.00	10.24	9.00	- 1.37	- 1.64
MC	0.37	0.00	0.44	0.00	- 1.64	- 1.64
SP	0.44	0.00	0.26	0.00	4.58 ***	4.51 ***
样本数	129	129	253	253	—	—

注：*、**、*** 分别代表10%、5%和1%的显著性水平。

4.3.2 相关性检验

表4－5展示的是研究变量之间的相关系数矩阵。矩阵的下三角部分为 Pearson 检验结果，上三角部分为 Spearman 检验结果。通过对矩阵进行观察本书发现，董事联结（BI）与并购溢价（PREM）存在显著负相关关系，与目标公司存在董事联结的焦点并购公司并购溢价更低，初步验证了前文假设 1。联结董事的

表 4 - 5　变量的相关性分析

变　量	1	2	3	4	5	6	7	8	9	10	11	12	13
1. PREM	1												
2. BI	-0.119**	1											
3. AE	-0.020*	0.098*	1										
4. IAE	-0.042*	0.143***	0.429***	1									
5. RAE	-0.022*	0.079	0.546***	0.585***	1								
6. UAE	0.038	0.101*	0.888***	0.207***	0.216***	1							
7. FAE	-0.021	0.053	0.098*	0.068	0.130**	0.086	1						
8. FIAE	-0.130**	0.159***	0.049	0.109*	0.073	0.041	0.488***	1					
9. FRAE	-0.093*	0.131*	0.098*	0.183***	0.165***	0.058	0.513***	0.556***	1				
10. FUAE	0.054	0.016	0.078	0.016	0.092	0.078	0.959***	0.366***	0.246***	1			
11. RATIO	0.090**	0.031	0.011	0.015	0.028	-0.015	-0.123*	-0.107*	-0.098*	-0.106*	1		
12. METHOD	-0.148***	0.020	0	-0.092	-0.025	0.028	0.047	0.075	0.132**	0.010	-0.198***	1	
13. CON	-0.219***	0.051	0.072	0.085	0.012	0.054	-0.037	-0.039	-0.066	-0.020	0.144***	-0.189***	1
14. SYN_P	0.103*	0.110*	-0.018	0.146***	0.050	-0.053	-0.150***	0.067	0.179***	-0.128***	0.163***	0.078	-0.057
15. SYN_F	-0.041	-0.028	-0.132**	-0.094	-0.071	-0.097*	-0.029	-0.007	0.001	-0.033	-0.037	0.055	0.045
16. CASH	-0.070	-0.041	0.008	-0.005	0.005	-0.004	-0.002	-0.034	-0.079	0.025	-0.028	-0.133**	-0.046
17. GROWTH	-0.241***	-0.007	-0.012	0.106*	0.046	-0.020	-0.035	0.012	0.057	-0.059	-0.023	-0.011	0.161***
18. CRL	0.016	-0.122**	0.103*	0.176***	0.125**	0.043	0.088	-0.053	0.054	0.081	0.074	-0.123***	0.175
19. SHARE	0.152***	-0.129***	-0.025	-0.021	-0.025	-0.007	-0.002	-0.072	-0.082	0.025	0.101*	-0.057	0.001
20. ROE_R	0.058	0.044	0.041	-0.017	0.056	0.018	0.030	0.007	0.003	0.033	-0.057	0.022	-0.020
21. SIZE_R	-0.057	-0.093	-0.110*	-0.109*	-0.085	-0.109*	-0.111***	-0.173***	-0.148***	-0.168***	0.169***	-0.175***	0.181***
22. DUAL	0.090	0.057	-0.009	0.018	-0.003	0.006	-0.042	0.000	-0.028	-0.038	0.003	0.023	-0.056
23. IND	-0.159***	0.014	0.033	-0.060	0.047	0.044	0.007	-0.025	-0.056	0.027	0.083	-0.101*	0.045
24. SCALE	-0.023	0.080	0.032	0.017	-0.047	0.064	0.030	0.068	0.071	0.011	-0.091	-0.120**	0.112*
25. MC	0.151***	-0.103**	0.022	-0.030	0.022	-0.024	0.092	0.056	-0.084	0.132**	-0.047	-0.102**	0.083
26. SP	-0.003	0.170***	-0.011	0.010	-0.051	0.009	-0.075	-0.039	-0.005	-0.083	-0.004	0.003	-0.008

续表

变　　量	14	15	16	17	18	19	20	21	22	23	24	25	26
1. PREM	0.063	-0.064	-0.087	-0.007	0.047	0.261***	0.039	-0.048	-0.003	-0.124**	0.056	0.190***	0.029
2. BI	0.107*	0.027	-0.038	0.102*	-0.140**	-0.116**	0.026	-0.097*	0.057	0.010	0.041	-0.103*	0.170***
3. AE	0.008	-0.068	0.009	-0.007	0.002	-0.053	0.095	-0.118**	-0.020	-0.006	0.081	-0.078	0.031
4. IAE	0.111*	-0.160***	0.041	0.007	0.128**	-0.038	-0.017	-0.138***	-0.014	-0.063	0.058	-0.031	0.030
5. RAE	0.080	-0.027	0.025	-0.008	0.096*	-0.072	0.054	-0.093	0.012	-0.023	-0.048	-0.003	-0.005
6. UAE	-0.060	-0.072	0.030	-0.010	-0.007	-0.048	0.045	-0.150***	-0.008	0.035	0.078	-0.100*	0.092
7. FAE	-0.100*	0.028	0.001	0.035	0.005	-0.010	-0.015	-0.162***	-0.018	0.013	0.112*	0.024	-0.014
8. FIAE	0.073	0.084	-0.031	0.050	-0.043	-0.030	0.009	-0.179***	0.002	-0.046	0.063	0.017	-0.026
9. FRAE	0.125**	0.054	-0.076	0.014	0.036	-0.065	0.052	-0.187***	-0.040	-0.047	0.079	-0.129**	-0.014
10. FUAE	-0.180***	-0.028	0.071	-0.006	0.025	0.020	-0.053	-0.189***	-0.021	0.064	0.079	0.113*	-0.020
11. RATIO	0.154***	0.035	-0.009	-0.073	0.080	-0.032	-0.088	0.200***	0.013	0.071	-0.140**	-0.078	-0.016
12. METHOD	0.073	0.018	-0.110*	0.054	-0.120**	-0.078	0.020	-0.164***	0.023	-0.099*	-0.048	-0.102*	0.003
13. CON	-0.055	0.106*	-0.060	0.033	0.182***	0.065	0.019	0.144***	-0.056	0.019	0.061	0.083	-0.008
14. SYN_P	1	0.074	-0.079	-0.049	-0.013	0.037	-0.020	0.065	0.013	-0.074	0.059	-0.097*	0.027
15. SYN_F	0.005	1	-0.137***	0.122**	0.003	-0.061	-0.135**	0.143***	-0.008	0	0.075	-0.052	0.075
16. CASH	-0.061	-0.174***	1	-0.198***	0.113*	0.003	0.098**	-0.136**	0.018	-0.064	0.030	0.098*	-0.069
17. GROWTH	-0.012	-0.001	-0.140**	1	-0.020	-0.036	0.135**	0.084	0.017	-0.014	-0.061	-0.011	-0.067
18. CRL	-0.006	-0.069	0.073	0.051	1	-0.028	0.026	0.002	-0.084	-0.019	0.006	0.015	0.007
19. SHARE	-0.006	-0.078	-0.011	-0.077	-0.031	1	0	-0.032	0.120**	0.135***	-0.114**	0.166***	-0.108
20. ROE_R	-0.121**	-0.100	0.081	0.060	-0.022	-0.106*	1	-0.047	-0.007	-0.018	0.059	0.026	-0.117
21. SIZE_R	-0.009	0.119***	-0.123**	0.061	0	-0.080	-0.029	1	-0.074	0.038	0.066	0.099*	-0.059
22. DUAL	0.016	-0.026	0.003	-0.027	-0.087	0.127**	0.004	-0.102*	1	0.076	-0.165***	-0.043	-0.064
23. IND	-0.064	-0.016	-0.065	-0.081	0.017	0.136***	0.055	0.096*	0.117***	1	-0.102**	-0.001	0.054
24. SCALE	0.048	0.142**	0.026	-0.050	0.018	-0.168***	0.049	0.190***	-0.167***	-0.148***	1	-0.050	0.004
25. MC	-0.109*	-0.116**	0.075	-0.037	0.025	0.145***	-0.014	0.088	-0.043	-0.012	-0.069	1	-0.179***
26. SP	0.041	0.138**	-0.067	-0.040	0.020	-0.130**	-0.045	-0.062	-0.064	0.055	0.030	-0.179***	1

注: *、**、***分别代表10%、5%和1%的显著性水平。

并购经验（AE）与并购溢价（PREM）存在显著负相关关系，这可能是因为：当公司中的联结董事成员拥有在其他公司的并购经历以后，有助于焦点并购公司更为准确地对并购目标信息进行分析和判断，从而对并购目标进行较为准确的估价；还有助于焦点并购公司董事会获得一定的并购谈判技巧，使并购价格更为合理。联结董事同行业或同产品市场并购经验（IAE）和联结董事相关并购经验（RAE）与并购溢价（PREM）存在显著负相关关系，说明当联结董事拥有上述两种并购经验时，有助于降低焦点并购公司的并购溢价。公司层面的同行业或同产品市场并购经验（FIAE）和公司相关并购经验（FRAE）与并购溢价（PREM）存在显著负相关关系，说明当焦点并购公司拥有上述两种并购经验时，有助于降低焦点并购公司的并购溢价。并购交易比例（RATIO）与并购溢价（PREM）存在显著正相关关系，这意味着交易比例可能会显著影响并购溢价，与徐信忠等（2006）的研究结论相同。并购支付方式（METHOD）与并购溢价（PREM）存在显著负相关关系，这说明现金支付方式的溢价水平会相对较低，符合 Slusky 和 Caves（1991）、葛伟杰等（2014）的研究结论。财务顾问（CON）与并购溢价（PREM）存在显著负相关关系，这说明我国上市公司的并购溢价可能会由于聘请财务顾问而下降。产品协同（SYN_P）与并购溢价（PREM）存在显著正相关关系，这说明并购双方的产品协同效应程度越高，并购公司越愿意支付较高的溢价。并购公司的成长性（GROWTH）与并购溢价（PREM）存在显著负相关关系，这说明当并购公司存在成长问题时，更愿意支付较高的溢价。目标公司高管持股（SHARE）与并购溢价（PREM）存在显著正相关关系，这说明目标公司的高管持股水平较高时，会促使他们索要较高的并购价格，并购溢价也会更高。董事会独立性（IND）与并购溢价（PREM）存在显著负相关关系，这是因为独立董事从并购公司的利益出发会争取更低的并购价格。市场周期（MC）与并购溢价（PREM）存在显著正相关关系，这说明当股票市场处于牛市时，大的外部环境会使并购溢价更高。

　　联结董事的并购经验（AE）、联结董事的同行业或同产品市场并购经验（IAE）、联结董事的相关并购经验（RAE）以及联结董事的非相关并购经验（UAE）之间存在着显著的正相关关系，且相关系数较高，可见，联结董事并购经验的各个方面存在很强的联系。这是因为联结董事的上述并购经验之间存在着相互包容的关系，联结董事对于某一并购经验的获取可能同时增添几种并购经验（联结董事对于同行业或同产品市场并购经验的获取也会增加联结董事的总并购经验，同时这一经验也属于相关并购经验或非相关并购经验的一种），但是由于这些并购经验并不会同时出现在同一模型之中，因此，不会影响模型的回归结果。同样的，公司的并购检验（FAE）、公司同行业或同产品市场并购经验（FIAE）、公司的相关并购经验（FRAE）以及公司的非相关并购经验（FUAE）也存在着显著的正相关关系，且相关系数较高，这也是因为焦点并购公司的上述并购经验之间存在着相互包容的关系，并购公司对于某一并购经验的获取可能同时增添多种并购经验（并购公司对于同行业或同产品市场并购经验的获取也会增加并购公司的总并购经验，同时这一经验也属于相关并购经验或非相关并购经验的一种），但是由于并购公司的这些并购经验同样不会同时出现在同一模型之中，因此，不会影响模型的回归结果。其他变量之间的系数都在 0.3 以下，说明这些变量之间并不存在严重的多重共线性问题。本书还使用方差扩大因子法对模型中的自变量进行了共线性检验，检验结果显示方差膨胀因子（VIF）均值为 1.27，小于 2，方差膨胀因子（VIF）最大值为 2.39，小于 10，表明自变量之间无严重共线性问题。

4.3.3 回归结果分析

表 4 - 6 给出前文假设的回归结果。其中，第一列为所有控制变量构成的基准模型回归结果。基准模型的回归结果显示，交易比例（RATIO）变量的回归系数显著为正，说明交易比例越高，并购公司需要支付的并购价格越高，这与徐信忠等（2006）的研究结论相同。财务顾问（CON）变量的回归系数显著为负，说明聘请财务顾问的并购公司支付了较少的并购溢价，这与 Hauschild 和 Miner（1997）、Kim 等（2011）、Cai 和 Sevilir（2012）的结论相符。成长性（GROWTH）变量的回归系数显著为负，说明当并购公司存在成长性压力时，更愿意支付较高的溢价，这与 Kim 等（2011）的结论相符。高管持股（SHARE）变量的回归系数显著为正，说明目标公司的高管持股水平较高时，会促使他们索要较高的并购价格，并购溢价也会更高，这符合 Hayward 和 Hambrick（1997）的观点。相对规模（SIZE_R）变量的回归系数显著为负，说明目标公司与并购公司的规模相差越大，并购溢价越小，反之亦然，与 Hayward 和 Hambrick（1997）的观点基本相符。上述控制变量的回归结果表明本书的数据具有一定的合理性及有效性。

表 4 – 6　　　　　　　　　　董事联结与并购溢价的回归结果

变量	基准	模型 (4.2)	模型 (4.3)	模型 (4.4)	模型 (4.5)	模型 (4.6)
BI		−0.576 *** (−2.71)	−0.333 *** (−2.84)	−0.734 *** (−3.21)	−0.156 ** (−1.96)	−0.419 ** (−2.50)
AE			−0.019 (−0.85)			
IAE				−0.505 * (−1.68)		
RAE					−0.263 (−1.30)	
UAE						−0.040 (−1.18)
BI × AE			−0.086 * (−1.83)			
BI × IAE				−0.531 ** (−2.25)		
BI × RAE					−0.072 ** (−1.99)	
BI × UAE						−0.156 ** (−1.97)
FAE			−0.062 (−1.55)			
FIAE				−0.077 (−0.50)		
FRAE					−0.109 (−0.31)	
FUAE						−0.150 (−1.09)
RATIO	1.017 *** (4.29)	0.009 *** (4.45)	0.708 *** (6.40)	0.985 *** (4.17)	0.021 ** (2.21)	0.943 *** (6.06)
METHOD	−0.090 (−0.35)	−0.184 (−0.79)	−0.105 (−0.87)	−0.145 (−0.56)	−0.199 (−0.76)	−0.317 ** (−2.03)
CON	−0.832 ** (−2.57)	−0.764 ** (−2.58)	−0.474 *** (−3.12)	−0.785 ** (−2.43)	−0.670 * (−1.95)	−0.293 (−1.51)

变量	基准	模型 (4.2)	模型 (4.3)	模型 (4.4)	模型 (4.5)	模型 (4.6)
SYN_P	0.098	0.137	0.075	0.115	−0.109	0.063
	(0.60)	(0.92)	(0.98)	(0.71)	(−0.11)	(0.70)
SYN_F	−0.003	0.003	−0.001	−0.002	0.020	0.003
	(−0.13)	(0.14)	(−0.03)	(−0.07)	(0.96)	(0.23)
CASH	−0.809	−0.172	−0.310	−0.826	−0.189	−0.396 *
	(−1.29)	(−0.50)	(−1.06)	(−1.32)	(−0.45)	(−1.69)
GROWTH	−0.175 *	−0.140 *	−0.071 *	−0.184 *	−0.176 ***	−0.116
	(−1.65)	(−1.73)	(−1.83)	(−1.72)	(−3.10)	(−0.67)
CRL	−0.008	−0.008	−0.004	−0.008	−0.002	−0.005
	(−1.52)	(−1.54)	(−1.48)	(−1.51)	(−0.95)	(−1.21)
SHARE	1.344 *	1.065 *	1.276	1.110 *	0.339 **	0.725
	(1.87)	(1.80)	(1.56)	(1.84)	(2.29)	(1.35)
ROE_R	0.050	0.018	0.019	−0.072	−0.357	0.603 *
	(0.09)	(0.04)	(0.07)	(−0.13)	(−1.07)	(1.94)
SIZE_R	−1.635 *	−0.901 *	−0.795 *	−1.562	−0.325	−0.801
	(−1.67)	(−1.72)	(−1.66)	(−1.53)	(−0.36)	(−1.20)
DUAL	0.025	0.317	0.035	0.005	0.044	0.026
	(0.21)	(1.43)	(0.37)	(0.03)	(0.30)	(0.19)
IND	−1.454	−0.718	−1.376 **	−1.351	−1.641	−2.061 *
	(−0.97)	(−0.75)	(−1.98)	(−0.91)	(−1.38)	(−1.95)
SCALE	−0.054	−0.012	−0.024	−0.052	−0.022	−0.051 *
	(−1.36)	(−0.37)	(−1.27)	(−1.31)	(−0.70)	(−1.81)
MC	0.095	−0.760	0.191	−0.113	0.650	−0.150
	(0.09)	(−1.11)	(0.39)	(−0.11)	(0.90)	(−1.09)
SP	0.160	0.064	0.049	0.180	−0.064	0.224 *
	(0.89)	(0.41)	(0.58)	(1.00)	(−0.52)	(1.80)
YEAR	控制	控制	控制	控制	控制	控制
INDUSTRY	控制	控制	控制	控制	控制	控制
C	−0.171	−0.191	−0.566	−0.214	−0.728	−0.724
	(−0.15)	(−0.14)	(−0.89)	(−0.16)	(−0.19)	(−0.88)
Adj R^2	0.177	0.208	0.290	0.216	0.201	0.265
F 值	2.35 ***	2.43 ***	3.15 ***	2.40 ***	2.26 ***	3.01 ***

续表

变量	基准	模型 (4.2)	模型 (4.3)	模型 (4.4)	模型 (4.5)	模型 (4.6)
样本	全部样本	全部样本	全部样本	全部样本	相关并购样本	非相关并购样本
样本数	382	382	382	382	129	253

注：括号内 t 值；*、**、*** 分别代表10%、5%和1%的显著性水平。

董事联结（BI）与并购溢价（PREM）的回归结果如表4-6所示。模型（4.2）将董事联结（BI）变量引入基础模型，回归系数在1%的水平上显著为正，说明与目标公司存在董事联结的并购公司并购溢价更低，董事联结对并购溢价具有显著的负向影响，假设1得到验证。

为了检验联结董事并购经验对董事联结与并购溢价关系的调节作用，本书在模型（4.2）的基础上，引入董事联结与联结董事并购经验的交互项（BI×AE）、联结董事并购经验（AE）以及公司并购经验（FAE），形成模型（4.3）。董事联结与联结董事并购经验的交互项（BI×AE）回归系数在10%水平上显著为负，说明焦点并购公司联结董事的并购经验越丰富，董事联结企业间的并购溢价越低，假设2得到验证。并购公司联结董事过去所拥有的并购经验，会促使焦点并购公司董事会做出最合理和有效的并购决策，达成较为合理的并购价格。

为了检验联结董事同行业或同产品市场并购经验对董事联结与并购溢价关系的调节作用，本书在模型（4.2）的基础上，引入董事联结与联结董事同行业或同产品市场并购经验的交互项（BI×IAE）、联结董事同行业或同产品市场并购经验（IAE）以及公司同行业或同产品市场并购经验（FIAE），形成模型（4.4）。董事联结与联结董事同行业或同产品市场并购经验的交互项（BI×IAE）回归系数在5%水平上显著为负，说明焦点并购公司联结董事的同行业或同产品市场并购经验越丰富，董事联结企业间的并购溢价越低，假设2-1得到验证。

为了检验相关并购中联结董事相关并购经验对董事联结与并购溢价关系的调节作用，本书在模型（4.2）的基础上，引入董事联结与联结董事类相关并购经验的交互项（BI×RAE）、联结董事相关并购经验（RAE）以及公司相关并购经验（FRAE），形成模型（4.5）。董事联结与联结董事相关并购经验的交互项（BI×RAE）回归系数在5%水平上显著为负，说明在相关并购中，焦点并购公司联结董事的相关并购经验越丰富，董事联结企业间的并购溢价越低，假设2-2得到验证。

为了检验非相关并购中联结董事非相关并购经验对董事联结与并购溢价关

系的调节作用，本书在模型（4.2）的基础上，引入董事联结与联结董事非相关并购经验的交互项（BI×UAE）、联结董事非相关并购经验（UAE）以及公司非相关并购经验（FUAE），形成模型（4.6）。董事联结与联结董事非相关并购经验的交互项（BI×UAE）回归系数在 5% 水平上显著为负，说明在非相关并购中，焦点并购公司联结董事的非相关并购经验越丰富，董事联结企业间的并购溢价越低，假设 2 - 3 得到验证。

模型（4.4）、模型（4.5）以及模型（4.6）的回归结果表明，当联结董事拥有某种并购经验时，若焦点并购公司也进行同种并购，将使联结董事的并购经验得到更有效的发挥，帮助焦点并购公司在该种并购的过程中向联结目标公司支付更合理的并购价格。

4.4 稳健性检验

为证明本章结论的可靠性，本书对相关结论进行了以下稳健性检验：

4.4.1 剔除发生过并购的样本

陈仕华和卢昌崇（2013）认为，若并购公司过去曾经发生过并购，那么过去并购的溢价水平可能对当前并购溢价产生影响，从而产生内生性问题。因此，本书将并购公司过去曾经发生过并购的样本在总样本中予以剔除，并对剔除后样本重新进行假设检验。剔除并购公司曾经过去发生过并购的样本后，并购样本数量变为 253 个。其中，存在董事联结的样本数量为 46 个，不存在董事联结的样本数量为 207 个；相关并购样本数量为 87 个，非相关并购样本数量为 166 个。剔除发生过并购样本的回归结果如表 4 - 7 所示。

表 4 - 7   剔除发生过并购样本的回归结果

变量	基准	模型（4.2）	模型（4.3）	模型（4.4）	模型（4.5）	模型（4.6）
BI		-0.425^{**} (-1.99)	-0.562^{*} (-1.90)	-0.603^{**} (-2.08)	-0.760^{*} (-1.88)	-0.209^{*} (-1.70)
AE			-0.027 (-0.46)			

续表

变量	基准	模型 (4.2)	模型 (4.3)	模型 (4.4)	模型 (4.5)	模型 (4.6)
IAE				-1.083**		
				(-2.16)		
RAE					-0.730	
					(-0.44)	
UAE						-0.003
						(-0.04)
BI × AE			-0.015*			
			(-1.87)			
BI × IAE				-0.875*		
				(-1.71)		
BI × RAE					-0.103***	
					(-3.06)	
BI × UAE						-0.049**
						(-2.59)
RATIO	1.295***	1.143***	1.342***	1.289***	0.191*	0.657***
	(4.51)	(4.82)	(4.88)	(4.50)	(1.77)	(6.50)
METHOD	-0.035	-0.117	-0.108	-0.073	-0.369*	-0.174
	(-0.10)	(-0.40)	(-0.34)	(-0.21)	(-1.75)	(-1.57)
CON	1.088**	0.999***	1.021**	1.066**	0.503*	0.250*
	(2.47)	(2.62)	(2.47)	(2.41)	(1.78)	(1.88)
SYN_P	0.112	0.062	0.120	0.044	0.016	0.025
	(0.53)	(0.34)	(0.60)	(0.21)	(0.35)	(0.43)
SYN_F	-0.019	-0.003	-0.011	-0.021	-0.125***	-0.002
	(-0.56)	(-0.13)	(-0.36)	(-0.62)	(-3.17)	(-0.28)
CASH	-0.752	-0.379	-0.547	-0.885	-0.991***	-0.206
	(-1.11)	(-1.06)	(-0.85)	(-1.30)	(-2.77)	(-1.51)
GROWTH	-0.251**	-0.022*	-0.219*	-0.295**	-0.053	-0.013
	(-2.11)	(-1.68)	(-1.66)	(-2.47)	(-1.31)	(-0.26)
CRL	-0.007	-0.007	-0.004	-0.006	-0.001	-0.001
	(-1.10)	(-1.29)	(-0.68)	(-0.90)	(-0.40)	(-0.56)
SHARE	2.306**	2.101**	2.377**	2.168*	1.370*	0.632**
	(2.04)	(2.52)	(2.17)	(1.91)	(1.79)	(2.08)

续表

变量	基准	模型 (4.2)	模型 (4.3)	模型 (4.4)	模型 (4.5)	模型 (4.6)
ROE_R	0.461	0.519***	0.485***	0.458	0.318	0.057
	(0.73)	(4.52)	(3.77)	(0.73)	(1.03)	(0.31)
SIZE_R	-2.547*	-1.614	-2.706**	-2.583*	-2.307	-2.210
	(-1.84)	(-1.41)	(-2.03)	(-1.87)	(-0.46)	(-0.43)
DUAL	0.141	0.207	0.182	0.104	0.081	0.060
	(0.57)	(0.82)	(0.78)	(0.42)	(0.58)	(0.75)
IND	-1.577	-0.216	-2.373	-1.056	-0.360	-0.933
	(-0.90)	(-0.18)	(-1.40)	(-0.60)	(-0.44)	(-1.33)
SCALE	-0.062	-0.010	-0.071	-0.057	-0.037	-0.009
	(-1.23)	(-0.27)	(-1.45)	(-1.12)	(-1.56)	(-0.43)
MC	0.533	0.275	0.818	0.463	0.863*	0.113
	(0.49)	(0.39)	(0.79)	(0.43)	(1.88)	(0.33)
SP	0.001	0.123	-0.042	0.043	-0.197**	0.011
	(0.42)	(0.68)	(-0.20)	(0.19)	(-2.48)	(0.14)
YEAR	控制	控制	控制	控制	控制	控制
INDUSTRY	控制	控制	控制	控制	控制	控制
C	-0.123	-0.407	-0.434	-0.032	-0.127	-0.961*
	(-0.07)	(-0.31)	(-0.27)	(-0.02)	(-0.12)	(-1.83)
Adj R²	0.148	0.159	0.204	0.157	0.176	0.196
F 值	2.88***	3.34***	3.30***	2.82***	2.19***	4.25***
样本	全部样本	全部样本	全部样本	全部样本	相关并购样本	非相关并购样本
样本数	253	253	253	253	87	166

注：括号内 t 值；*、**、*** 分别代表10%、5%和1%的显著性水平。

通过观察本书发现，模型（4.2）的董事联结（BI）系数在5%的水平上显著为负，与表4-6的结果相比，显著性水平有所下降，但结论未发生改变。模型（4.3）的董事联结与联结董事并购经验的交互项（BI×AE）回归系数在10%水平上显著为负，与表4-6的结果一致。模型（4.4）的董事联结与联结董事同行业或同产品市场并购经验的交互项（BI×IAE）回归系数在10%水平上显著为负，与表4-6的结果相比，交互项的显著性水平有所下降，但结论未发生改变。模型（4.5）的董事联结与联结董事相关并购经验的交互项（BI×RAE）回归系数在1%水平上显著为负，与表4-6的结果相比，交互项的显著性水平有所提高,但结论未发生改变。模型(4.6)的董事联结与联结董事非相关并购经验的交互项(BI×UAE)回归系数在 5% 水平上显著为负,与表 4-6 的结果一致。综上所述,在剔除并购公司过去曾经发生过并购的样本以后,前文的结果均未发生实质性改变。

4.4.2 并购溢价标准化处理

Laamanen(2007)、蒋丽娜等(2011)以及陈仕华和卢昌崇(2013)认为,并购溢价水平具有较强的行业特征,因此,本书对并购溢价数据进行行业调整,即按年份和行业对并购溢价数据进行标准化处理(行业分类与行业虚拟变量标准相同)。并购溢价经过标准化处理后,样本并未发生改变,回归结果如表 4-8 所示。

表 4-8 并购溢价标准化处理的回归结果

变量	基准	模型(4.2)	模型(4.3)	模型(4.4)	模型(4.5)	模型(4.6)
BI		-0.290* (-1.79)	-0.378* (-1.91)	-0.419** (-2.42)	-0.548* (-1.82)	-0.577** (-2.49)
AE			-0.077** (-2.26)			
IAE				-0.134 (-0.61)		
RAE					-0.726 (-1.38)	
UAE						-0.069 (-1.38)
BI×AE			-0.167* (-1.77)			
BI×IAE				-0.242** (-2.30)		
BI×RAE					-0.174** (-2.03)	
BI×UAE						-0.153* (-1.83)

续表

变量	基准	模型（4.2）	模型（4.3）	模型（4.4）	模型（4.5）	模型（4.6）
FAE			−0.175			
			（−1.55）			
FIAE				−0.114		
				（−1.06）		
FRAE					−0.930	
					（−0.57）	
FUAE						−0.127
						（−0.61）
RATIO	1.017***	0.586***	0.212*	0.594***	0.158***	0.784***
	（4.29）	（3.27）	（1.92）	（3.33）	（2.34）	（3.27）
METHOD	−0.090	−0.259	−0.373*	−0.243	−0.226	−0.358
	（−0.35）	（−1.38）	（−1.92）	（−1.30）	（−0.43）	（−1.52）
CON	−0.832**	−0.483**	−0.614**	−0.457*	−0.205**	−0.315**
	（−2.57）	（−1.98）	（−2.50）	（−1.88）	（−2.32）	（−2.05）
SYN_P	0.098	0.234**	0.261**	0.237**	0.015	0.150
	（0.60）	（2.00）	（2.23）	（2.04）	（0.23）	（1.15）
SYN_F	−0.003	−0.014	−0.001	−0.008	−0.025	−0.016
	（−0.13）	（−0.70）	（−0.03）	（−0.39）	（−0.22）	（−0.80）
CASH	−0.809	−0.708	−0.794	−0.766	−1.298	−0.147
	（−1.29）	（−1.49）	（−1.63）	（−1.62）	（−1.28）	（−0.41）
GROWTH	−0.175*	−0.050*	−0.068*	−0.077*	−0.077	−0.581**
	（−1.65）	（−1.91）	（−1.68）	（−1.74）	（−0.51）	（−2.10）
CRL	−0.008	−0.002	−0.003	−0.002	−0.001	−0.002
	（−1.52）	（−0.47）	（−0.05）	（−0.40）	（−0.02）	（−0.36）
SHARE	1.344*	0.527*	0.419*	0.589*	0.728	0.714
	（1.87）	（1.70）	（1.83）	（1.78）	（0.31）	（0.93）
ROE_R	0.550	0.266	0.105	0.186	1.088	0.985**
	（0.09）	（0.81）	（0.04）	（0.46）	（0.74）	（2.22）
SIZE_R	−1.635*	−1.168*	−0.431*	−1.169**	−2.473*	−1.055**
	（−1.67）	（−1.81）	（−1.89）	（−2.21）	（−1.72）	（−2.05）
DUAL	0.025	0.006	0.008	0.006	0.058	0.046
	（0.21）	（0.04）	（0.05）	（0.04）	（0.52）	（0.69）

续表

变量	基准	模型 (4.2)	模型 (4.3)	模型 (4.4)	模型 (4.5)	模型 (4.6)
IND	-1.454	-0.479	-0.247	-0.704	-2.061**	-0.802**
	(-0.97)	(-0.43)	(-0.22)	(-0.63)	(-2.55)	(-2.49)
SCALE	-0.054	-0.010	-0.037	-0.005	-0.103	-0.022
	(-1.36)	(-0.33)	(-1.18)	(-0.16)	(-1.40)	(-0.50)
MC	-0.095	0.070	0.317	-0.064	-0.158	-0.406
	(-0.09)	(0.10)	(0.47)	(-0.10)	(-0.22)	(-0.88)
SP	0.160	0.060	0.076	0.073	0.441	0.032
	(0.89)	(0.43)	(0.52)	(0.52)	(1.46)	(0.17)
YEAR	控制	控制	控制	控制	控制	控制
INDUSTRY	控制	控制	控制	控制	控制	控制
C	-0.171	-0.663	-0.852	-0.661	-1.870	-0.196
	(-0.15)	(-0.55)	(-0.67)	(-0.56)	(-0.64)	(-0.87)
Adj R^2	0.177	0.213	0.218	0.247	0.180	0.217
F 值	2.35***	2.53***	2.53***	2.63***	2.35***	2.32***
样本	全部样本	全部样本	全部样本	全部样本	相关并购样本	非相关并购样本
样本数	382	382	382	382	129	253

注：括号内 t 值；*、**、*** 分别代表 10%、5% 和 1% 的显著性水平。

通过观察本书发现，模型（4.2）的董事联结（BI）系数在 10% 的水平上显著为负，与表 4 - 6 的结果相比，显著性水平有所下降，但结论未发生改变。模型（4.3）的董事联结与联结董事并购经验的交互项（BI×AE）回归系数在 10% 水平上显著为负，模型（4.4）的董事联结与联结董事同行业或同产品市场并购经验的交互项（BI×IAE）回归系数在 5% 水平上显著为负，模型（4.5）的董事联结与联结董事相关并购经验的交互项（BI×RAE）回归系数在 5% 水平上显著为负，上述回归结果与表 4 - 6 的结果一致。模型（4.6）的董事联结与联结董事非相关并购经验的交互项（BI×UAE）回归系数在 10% 水平上显著为负，与表4 - 6 的结果相比，交互项的显著性水平有所下降，但结论未发生改变。综上所述，并购溢价按照年度和行业标准化处理以后，前文的结果均未发生实质性改变。

4.4.3　并购溢价变量替代性检验

本书参考 Cukurova（2012）、陈仕华和卢昌崇（2013）、杨超（2014）的研究，使用名义变量作为并购溢价的替代变量。并购溢价会在一定区间进行波动，本书分别以 1/2 分位数、1/4 分位数、3/4 分位数作为分界点，如果并购溢价高于分界点，则说明并购溢价程度较高，取值为 1，否则取值为 0。本书采用 Probit 回归方程检验董事联结对并购溢价的影响。在改变并购溢价变量的衡量方法以后，样本并未发生改变，以 1/2 分位数作为分界点的回归结果如表 4 – 9 所示，以 1/4 分位数作为分界点的回归结果如表 4 – 10 所示，以 3/4 分位数作为分界点的回归结果如表 4 – 11 所示。

表 4 – 9　　　　　　　并购溢价变量替代性检验（1/2 分位数作为分界点）

变量	基准	模型（4.2）	模型（4.3）	模型（4.4）	模型（4.5）	模型（4.6）
BI		−0.637 *** （−2.77）	−0.979 *** （−3.40）	−0.721 *** （−2.85）	−0.499 * （−1.69）	−1.958 *** （−3.15）
AE			−0.149 ** （−2.51）			
IAE				−0.672 * （−1.68）		
RAE					−2.908 ** （−2.20）	
UAE						−0.230 （−0.71）
BI × AE			−0.289 ** （−2.49）			
BI × IAE				−0.163 ** （−2.22）		
BI × RAE					−0.107 * （−1.87）	
BI × UAE						−0.846 ** （−2.23）
FAE			−0.288 * （−1.69）			
FIAE				−0.058 （−0.35）		
FRAE					−2.632 （−1.24）	

续表

变量	基准	模型（4.2）	模型（4.3）	模型（4.4）	模型（4.5）	模型（4.6）
FUAE						−0.003
						（−0.02）
RATIO	1.038 ***	1.087 ***	1.126 ***	1.079 ***	0.869 ***	1.766 ***
	（4.46）	（4.25）	（4.37）	（4.17）	（4.06）	（4.48）
METHOD	−0.188	−0.069	−0.055	−0.086	−0.590 *	−0.455
	（−0.76）	（−0.27）	（−0.21）	（−0.32）	（−1.89）	（−1.32）
CON	−0.918 **	−1.123 ***	−1.317 ***	−1.156 ***	−0.794 **	−1.438 **
	（−2.45）	（−2.77）	（−3.16）	（−2.82）	（−2.55）	（−2.41）
SYN_P	0.131	0.163	0.165	0.141	0.125	0.189
	（0.83）	（0.98）	（0.98）	（0.84）	（0.58）	（0.91）
SYN_F	−0.026	−0.011	−0.009	−0.011	−0.060	−0.003
	（−0.93）	（−0.39）	（−0.32）	（−0.39）	（−0.59）	（−0.08）
CASH	−0.189	−0.280	−0.288	−0.299	−0.347	−0.124
	（−0.49）	（−0.43）	（−0.43）	（−0.45）	（−0.40）	（−0.20）
GROWTH	−0.020 **	−0.056 **	−0.039 **	−0.080 **	−0.031 **	−0.286 ***
	（−1.97）	（−2.42）	（−2.28）	（−2.58）	（−2.33）	（−2.70）
CRL	−0.011	−0.002	−0.002	−0.005	−0.022	−0.010
	（−0.26）	（−0.33）	（−0.39）	（−0.91）	（−1.08）	（−1.11）
SHARE	0.736 *	0.881 *	0.862 *	0.830 *	1.037 *	0.596 *
	（1.81）	（1.77）	（1.74）	（1.72）	（1.78）	（1.88）
ROE_R	0.224	0.235	0.438	0.114	0.483	0.802
	（0.40）	（0.38）	（0.70）	（0.69）	（1.28）	（1.08）
SIZE_R	−1.613 *	−1.730 *	−1.772 *	−2.000 *	−1.591 *	−0.277 **
	（−1.86）	（−1.83）	（−1.84）	（−1.76）	（−1.74）	（−2.17）
DUAL	0.166	0.040	0.070	0.029	0.620 **	0.484 *
	（0.70）	（0.19）	（0.33）	（0.13）	（2.14）	（1.94）
IND	−1.247	−1.159	−1.051	−1.052	−2.653	−1.329
	（−0.23）	（−0.69）	（−0.62）	（−0.62）	（−0.47）	（−0.47）
SCALE	−0.064 *	−0.009 *	−0.009 *	−0.007 **	−0.086 ***	−0.045 **
	（−1.83）	（−1.72）	（−1.92）	（−2.16）	（−2.88）	（−2.28）
MC	0.278	0.558	0.576	0.529	1.397	0.039
	（0.40）	（1.52）	（1.54）	（1.38）	（1.10）	（0.07）

续表

变量	基准	模型 (4.2)	模型 (4.3)	模型 (4.4)	模型 (4.5)	模型 (4.6)
SP	0.185 (1.09)	0.117 (0.60)	−0.086 (−0.43)	−0.133 (−0.67)	0.144 (0.25)	−0.039 (−0.13)
YEAR	控制	控制	控制	控制	控制	控制
INDUSTRY	控制	控制	控制	控制	控制	控制
C	−0.958 (−0.70)	−0.706 (−0.46)	−0.661 (−0.42)	−0.358 (−0.23)	−0.459 (−0.68)	−0.572 (−0.28)
Pseudo R^2	0.184	0.197	0.215	0.212	0.182	0.219
样本	全部样本	全部样本	全部样本	全部样本	相关并购样本	非相关并购样本
样本数	382	382	382	382	129	253

注：括号内 z 值；*、**、*** 分别代表 10%、5% 和 1% 的显著性水平。

表 4 – 10   并购溢价变量替代性检验（1/4 分位数作为分界点）

变量	基准	模型 (4.2)	模型 (4.3)	模型 (4.4)	模型 (4.5)	模型 (4.6)
BI		−0.696 *** (−2.74)	−1.115 *** (−3.71)	−0.863 *** (−3.18)	−1.197 * (−1.79)	−1.087 ** (−2.25)
AE			−0.105 * (−1.71)			
IAE				−0.528 (−1.32)		
RAE					−0.124 (−0.09)	
UAE						−0.568 (−1.36)
BI × AE			−0.339 ** (−2.45)			
BI × IAE				−0.411 * (−1.67)		
BI × RAE					−0.184 ** (−2.16)	
BI × UAE						−0.742 * (−1.92)

续表

变量	基准	模型 (4.2)	模型 (4.3)	模型 (4.4)	模型 (4.5)	模型 (4.6)
FAE			−0.132			
			(−0.65)			
FIAE				−0.141		
				(−0.71)		
FRAE					0.612	
					(0.51)	
FUAE						−0.451 **
						(−2.12)
RATIO	0.194 *	0.213 **	0.154 *	0.196 *	0.101 *	0.204 *
	(1.74)	(1.99)	(1.93)	(1.68)	(1.79)	(1.85)
METHOD	−0.119	−0.156	−0.083	−0.132	−0.242	−0.122
	(−0.39)	(−0.48)	(−0.25)	(−0.41)	(−0.59)	(−0.72)
CON	−1.299 ***	−1.293 ***	−1.384 ***	−1.289 ***	−1.330 **	−1.005 **
	(−2.72)	(−2.67)	(−2.81)	(−2.66)	(−2.36)	(−2.22)
SYN_P	0.420 *	0.400 *	0.305 *	0.334	0.108	0.511
	(1.88)	(1.73)	(1.93)	(1.46)	(0.29)	(1.50)
SYN_F	−0.052	−0.046	−0.061	−0.057	−0.291	−0.033
	(−1.46)	(−1.22)	(−1.59)	(−1.50)	(−0.91)	(−0.78)
CASH	−0.549	−1.091	−1.359	−1.390	−1.326	−0.237
	(−1.26)	(−1.42)	(−1.29)	(−1.35)	(−0.24)	(−0.95)
GROWTH	−0.081 *	−0.086 *	−0.094 *	−0.095 *	−0.086 *	−0.040 **
	(−1.77)	(−1.88)	(−1.72)	(−1.66)	(−1.72)	(−1.99)
CRL	−0.009	−0.009	−0.010	−0.007	−0.071	−0.017
	(−1.44)	(−1.35)	(−1.45)	(−1.11)	(−1.62)	(−0.66)
SHARE	1.216 **	1.380 *	1.518 *	1.324 *	1.894 *	1.045 *
	(1.97)	(1.95)	(1.94)	(1.88)	(1.76)	(1.82)
ROE_R	0.268	0.654	0.945	0.782	0.271	0.141
	(0.45)	(1.02)	(1.43)	(1.49)	(1.39)	(0.17)
SIZE_R	−2.685 **	−3.745 ***	−3.802 ***	−4.012 ***	−2.069 *	−3.634 *
	(−2.18)	(−2.72)	(−2.86)	(−2.95)	(−1.65)	(−1.74)
DUAL	0.322	0.166	0.108	0.150	0.162	0.418
	(1.22)	(0.69)	(0.45)	(0.62)	(1.39)	(0.84)

续表

变量	基准	模型 (4.2)	模型 (4.3)	模型 (4.4)	模型 (4.5)	模型 (4.6)
IND	-0.187	-0.703	-0.765	-1.056	-0.525	-0.395
	(-0.15)	(-0.87)	(-0.19)	(-1.05)	(-1.14)	(-0.12)
SCALE	-0.109	-0.070	-0.075	-0.070	-0.303*	0.051
	(-0.24)	(-1.45)	(-1.62)	(-1.46)	(-1.83)	(0.64)
MC	1.093	-0.115	0.548	0.164	0.856*	0.605
	(1.47)	(-0.10)	(0.47)	(0.14)	(1.79)	(0.98)
SP	0.164	0.085	0.139	0.053	0.083	-0.045
	(0.83)	(0.38)	(0.61)	(0.24)	(0.78)	(-0.13)
YEAR	控制	控制	控制	控制	控制	控制
INDUSTRY	控制	控制	控制	控制	控制	控制
C	2.588	1.252	0.704	1.254	1.043	2.165
	(1.58)	(0.70)	(0.40)	(0.69)	(1.28)	(0.82)
Pseudo R^2	0.218	0.236	0.239	0.241	0.208	0.224
样本	全部样本	全部样本	全部样本	全部样本	相关并购样本	非相关并购样本
样本数	382	382	382	382	129	253

注: 括号内 z 值; *、**、*** 分别代表 10%、5% 和 1% 的显著性水平。

表 4-11　　　　并购溢价变量替代性检验（3/4 分位数作为分界点）

变量	基准	模型 (4.2)	模型 (4.3)	模型 (4.4)	模型 (4.5)	模型 (4.6)
BI		-0.289*	-0.490*	-0.161*	-1.068*	-1.275**
		(-1.95)	(-1.91)	(-1.80)	(-1.84)	(-1.96)
AE			-1.284			
			(-1.27)			
IAE				-0.611		
				(-1.46)		
RAE					-0.078	
					(-0.82)	
UAE						-0.405
						(-0.97)
BI × AE			-0.704*			
			(-1.77)			

续表

变量	基准	模型 (4.2)	模型 (4.3)	模型 (4.4)	模型 (4.5)	模型 (4.6)
BI × IAE				−0.216*		
				(−1.95)		
BI × RAE					−0.077*	
					(−1.74)	
BI × UAE						−0.814**
						(−1.97)
FAE			−0.107			
			(−0.59)			
FIAE				−0.125		
				(−0.69)		
FRAE					−1.539*	
					(−1.91)	
FUAE						−0.156
						(−0.38)
RATIO	0.756***	0.870**	1.764***	1.762***	0.311**	2.854***
	(4.46)	(2.31)	(6.40)	(6.36)	(2.29)	(6.03)
METHOD	−0.310	−0.563**	−0.242	−0.290	−0.224	−0.934**
	(−0.04)	(−2.24)	(−0.87)	(−1.03)	(−0.32)	(−2.29)
CON	−1.117***	−0.590*	−0.509*	−0.492*	−2.274*	−0.488*
	(−2.78)	(−1.88)	(−1.81)	(−1.85)	(−1.90)	(−1.95)
SYN_P	0.143*	0.040*	0.023*	0.009*	0.159*	0.054*
	(1.84)	(1.73)	(1.83)	(1.95)	(1.95)	(1.82)
SYN_F	−0.032	−0.046	−0.056	−0.075	−0.018	−0.036
	(−1.06)	(−1.35)	(−1.22)	(−1.49)	(−0.54)	(−0.63)
CASH	−1.179	−1.551**	−0.932	−0.947	−2.066	−0.279
	(−0.27)	(−2.54)	(−1.32)	(−1.35)	(−0.42)	(−0.35)
GROWTH	−0.451*	−0.503*	−0.008*	−0.030**	−1.596**	−0.381*
	(−1.78)	(−1.91)	(−1.86)	(−2.23)	(−2.39)	(−1.74)
CRL	−0.011	−0.008	−0.009	−0.010	−0.131*	0.015
	(−0.15)	(−1.35)	(−1.43)	(−1.58)	(−1.81)	(1.37)
SHARE	1.358*	0.994*	0.036*	0.218*	1.961*	0.128*
	(1.75)	(1.83)	(1.73)	(1.88)	(1.85)	(1.78)

续表

变量	基准	模型 (4.2)	模型 (4.3)	模型 (4.4)	模型 (4.5)	模型 (4.6)
ROE_R	0.177	0.743	1.050	0.842	0.248	0.086**
	(0.29)	(1.57)	(1.58)	(1.27)	(0.04)	(2.26)
SIZE_R	-1.732*	-1.132**	-1.555*	-1.589**	-2.413**	-1.038*
	(-1.94)	(-2.13)	(-1.92)	(-2.21)	(-2.30)	(-1.92)
DUAL	0.022	0.110	0.031	0.053	0.004	0.580
	(0.10)	(0.44)	(0.13)	(0.23)	(0.53)	(1.59)
IND	-1.398	-1.283	-1.107	-0.893	-1.508	-0.883
	(-0.83)	(-1.17)	(-0.65)	(-0.52)	(-0.41)	(-0.29)
SCALE	-0.023	-0.079**	-0.034	-0.034	-0.013*	-0.085
	(-0.54)	(-2.14)	(-0.73)	(-0.72)	(-1.74)	(-1.13)
MC	0.593	-0.322	0.324	0.323	0.653	-0.242
	(1.61)	(-0.45)	(0.79)	(0.79)	(0.03)	(-0.37)
SP	-0.147	-0.146	-0.320	-0.336	0.529	-0.027
	(-0.75)	(-0.80)	(-1.45)	(-1.51)	(1.55)	(-0.08)
YEAR	控制	控制	控制	控制	控制	控制
INDUSTRY	控制	控制	控制	控制	控制	控制
C	-0.705	-0.254	-1.396	-1.312	0.936	-1.573
	(-0.46)	(-0.17)	(-0.82)	(-0.75)	(0.32)	(-0.64)
Pseudo R^2	0.169	0.172	0.273	0.274	0.231	0.240
样本	全部样本	全部样本	全部样本	全部样本	相关并购样本	非相关并购样本
样本数	382	382	382	382	129	253

注：括号内 z 值；*、**、*** 分别代表10%、5%和1%的显著性水平。

通过观察表4-9本书发现，模型（4.2）的董事联结（BI）系数在1%的水平上显著为负，与表4-6的结果一致。模型（4.3）的董事联结与联结董事并购经验的交互项（BI×AE）回归系数在5%水平上显著为负，与表4-6的结果相比，交互项的显著性水平有所提高，但结论未发生改变。模型（4.4）的董事联结与联结董事同行业或同产品市场并购经验的交互项（BI×IAE）回归系数在5%水平上显著为负，与表4-6的结果一致。模型（4.5）的董事联结与联结董事相关并购经验的交互项（BI×RAE）回归系数在10%水平上显著为负，与表4-6的结果相比，交互项的显著性水平有所下降，但结论未发生改变。模型（4.6）的董事联结与联结董事非相关并购经验的交互项（BI×UAE）回归系数在 5% 水平上显著为负，与表 4 – 6 的结果一致。综上所述，在改变并购溢价变量的衡量方法以后（1/2 分位数作为分界点），前文的结果均未发生实质性改变。

通过观察表 4 – 10 本书发现，模型（4.2）的董事联结（BI）系数在 1% 的水平上显著为负，与表 4 – 6 的结果一致。模型（4.3）的董事联结与联结董事并购经验的交互项（BI × AE）回归系数在 5% 水平上显著为负，与表 4 – 6 的结果相比，交互项的显著性水平有所提高，但结论未发生改变。模型（4.4）的董事联结与联结董事同行业或同产品市场并购经验的交互项（BI × IAE）回归系数在 10% 水平上显著为负，与表 4 – 6 的结果相比，交互项的显著性水平有所下降，但结论未发生改变。模型（4.5）的董事联结与联结董事相关并购经验的交互项（BI × RAE）回归系数在 5% 水平上显著为负，与表 4 – 6 的结果一致。模型（4.6）的董事联结与联结董事非相关并购经验的交互项（BI × UAE）回归系数在 10% 水平上显著为负，与表 4 – 6 的结果相比，交互项的显著性水平有所下降，但结论未发生改变。综上所述，在改变并购溢价变量的衡量方法以后（1/4 分位数作为分界点），前文的结果均未发生实质性改变。

通过观察表 4 – 11 本书发现，模型（4.2）的董事联结（BI）系数在 10% 的水平上显著为负，与表 4 – 6 的结果相比，交互项的显著性水平有所下降，但结论未发生改变。模型（4.3）的董事联结与联结董事并购经验的交互项（BI × AE）回归系数在 10% 水平上显著为负，与表 4 – 6 的结果一致。模型（4.4）的董事联结与联结董事同行业或同产品市场并购经验的交互项（BI × IAE）回归系数在 10% 水平上显著为负，模型（4.5）的董事联结与联结董事相关并购经验的交互项（BI × RAE）回归系数在 10% 水平上显著为负，与表 4 – 6 的结果相比，交互项的显著性水平有所下降，但结论未发生改变。模型（4.6）的董事联结与联结董事非相关并购经验的交互项（BI × UAE）回归系数在 5% 水平上显著为负，与表 4 – 6 的结果一致。综上所述，在改变并购溢价变量的衡量方法以后（3/4 分位数作为分界点），前文的结果均未发生实质性改变。

在使用名义变量作为并购溢价的替代变量以后，通过表 4 – 9、表 4 – 10 和表 4 – 11 可以发现，无论是以 1/2 分位数、1/4 分位数，还是 3/4 分位数作为并购溢价的分界点，前文的结果均未发生实质性改变。

4.4.4　董事联结变量替代性检验

本章继续参照田高良等（2013）、Ishii 和 Xuan（2014）的研究，使用连续变量作为董事联结的替代变量。将两家公司所有的董事组成一个矩阵，一家公司的任意一个董事与另一家公司的任意一个董事配对为矩阵中的元素。董事联结即为两家公司拥有联结董事的个数与董事会成员矩阵元素总数之比，如两家公司存在 2 名联结董事，其中一家公司有 5 名董事，另一家公司有 4 名董事，则平均连接为 10%。董事联结变量替代性检验的回归结果如表 4 – 12 所示。通过观察本书发现，模型（4.2）的董事联结（BI）系数在 10% 的水平上显著为负，与表 4 – 6 的结果相比，交互项的显著性水平有所下降，但结论未发生改变。模型（4.3）的董事联结与联结董事并购经验的交互项（BI × AE）回归系数在 10% 水平上显著为负，与表 4 – 6 的结果一致。模型（4.4）的董事联结与联结董事同行业或同产品市场并购经验的交互项（BI × IAE）回归系数在 5% 水平上显著为负，与表 4 – 6 的结果一致。模型（4.5）的董事联结与联结董事相关并购经验的交互项（BI × RAE）回归系数在 10% 水平上显著为负，模型（4.6）的董事联结与联结董事非相关并购经验的交互项（BI × UAE）回归系数在 10% 水平上显著为负，与表 4 – 6 的结果相比，交互项的显著性水平有所下降，但结论未发生改变。综上所述，在改变董事联结变量的衡量方法以后，前文的结果均未发生实质性改变。

表 4 – 12　　　　　　　　　　**董事联结变量替代性检验回归结果**

变量	基准	模型（4.2）	模型（4.3）	模型（4.4）	模型（4.5）	模型（4.6）
BI		-11.880^{*} (-1.71)	-13.590^{*} (-1.78)	-38.558^{**} (-2.00)	-4.169^{*} (-1.79)	-15.380^{*} (-1.96)
AE			-0.014 (-0.63)			
IAE				-0.591^{*} (-1.91)		
RAE					-0.262 (-1.25)	
UAE						-0.042 (-1.22)
BI × AE			-3.989^{*} (-1.87)			
BI × IAE				-6.493^{**} (-2.10)		

续表

变量	基准	模型 (4.2)	模型 (4.3)	模型 (4.4)	模型 (4.5)	模型 (4.6)
BI × RAE					-0.768*	
					(-1.88)	
BI × UAE						-0.226*
						(-1.82)
FAE			-0.018			
			(-0.22)			
FIAE				-0.134		
				(-0.80)		
FRAE					-0.389	
					(-0.50)	
FUAE						-0.160
						(-1.15)
RATIO	1.017***	1.015***	0.697***	1.106*	0.698**	1.942***
	(4.29)	(4.19)	(6.22)	(1.87)	(2.28)	(5.95)
METHOD	-0.090	-0.110	-0.113	-0.386	-0.155	-0.008**
	(-0.35)	(-0.42)	(-0.91)	(-1.39)	(-0.56)	(-2.20)
CON	-0.832**	-0.781**	-0.456***	-0.826**	-0.564**	-1.255**
	(-2.57)	(-2.36)	(-2.95)	(-2.43)	(-2.54)	(-2.31)
SYN_P	0.098	0.119	0.077	0.147	0.068	0.078
	(0.60)	(0.72)	(1.00)	(0.87)	(0.69)	(0.87)
SYN_F	-0.003	-0.001	-0.001	-0.005	-0.021	-0.004
	(-0.13)	(-0.05)	(-0.03)	(-0.20)	(-1.02)	(-0.28)
CASH	-0.809	-0.758	-0.285	-0.986	-0.264	-1.410*
	(-1.29)	(-1.19)	(-0.97)	(-1.53)	(-0.62)	(-1.74)
GROWTH	-0.175*	-0.176*	-0.078*	-0.190*	-0.170***	-0.122**
	(-1.65)	(-1.69)	(-1.86)	(-1.73)	(-2.90)	(-2.40)
CRL	-0.008	-0.008	-0.004	-0.008	-0.005	-0.014
	(-1.52)	(-1.43)	(-1.52)	(-1.36)	(-1.06)	(-1.08)
SHARE	1.344*	1.331*	0.248*	0.389*	1.054**	1.727*
	(1.87)	(1.94)	(1.92)	(1.86)	(1.97)	(1.84)
ROE_R	0.050	0.093	0.020	0.366	0.051	0.043**
	(0.09)	(0.16)	(0.07)	(0.63)	(0.23)	(2.05)

变量	基准	模型 (4.2)	模型 (4.3)	模型 (4.4)	模型 (4.5)	模型 (4.6)
SIZE_R	-1.635*	-1.427*	-0.705*	-1.108*	-0.651*	-2.503*
	(-1.67)	(-1.68)	(-1.88)	(-1.77)	(-1.72)	(-1.75)
DUAL	0.025	0.013	0.028	0.005	0.100	0.009
	(0.21)	(0.06)	(0.29)	(0.03)	(0.66)	(0.36)
IND	-1.454	-1.380	-1.382**	-1.602*	-1.545	-1.221
	(-0.97)	(-0.91)	(-1.96)	(-1.93)	(-1.27)	(1.48)
SCALE	-0.054	-0.040	-0.021	-0.048	-0.026	-0.072
	(-1.36)	(-0.99)	(-0.34)	(-1.14)	(-0.82)	(-1.01)
MC	0.095	-0.108	0.170	0.392	0.012	0.199
	(0.09)	(-0.10)	(0.34)	(0.36)	(0.84)	(0.83)
SP	0.160	0.107	0.035	0.157	-0.094	0.203
	(0.89)	(0.59)	(0.40)	(0.84)	(-0.78)	(1.60)
YEAR	控制	控制	控制	控制	控制	控制
INDUSTRY	控制	控制	控制	控制	控制	控制
C	-0.171	-0.263	-0.634	-0.291	-1.291	-0.765
	(-0.15)	(-0.19)	(-0.99)	(-0.21)	(-0.92)	(-0.93)
Adj R^2	0.177	0.193	0.279	0.265	0.203	0.255
F 值	2.35***	2.29***	3.02***	2.29***	2.24***	2.93***
样本	全部样本	全部样本	全部样本	全部样本	相关并购样本	非相关并购样本
样本数	382	382	382	382	129	253

注：括号内 t 值；*、**、*** 分别代表 10%、5% 和 1% 的显著性水平。

4.4.5 联结董事并购经验变量替代性检验

有学者认为并购经验具有一定的时效性（Meschi 和 Métais，2013），因此，本书将联结董事并购经验获取的期间由并购发生前 5 年至并购发生前 1 年，缩减至并购发生前 3 年至并购发生前 1 年，重新衡量联结董事的并购经验。联结董事同行业或同产品市场并购经验、相关并购经验和非相关并购经验也采用上述方法重新衡量。联结董事并购经验变量替代性检验的回归结果如表 4 - 13 所示。

表 4 – 13　　　　　　联结董事并购经验变量替代性检验回归结果

变量	模型（4.3）	模型（4.4）	模型（4.5）	模型（4.6）
BI	− 0.327 *** （− 2.77）	− 0.684 *** （− 2.99）	− 0.131 * （− 1.72）	− 0.408 ** （− 2.41）
AE	− 0.021 （− 0.96）			
IAE		− 0.508 * （− 1.69）		
RAE			− 0.282 （− 1.13）	
UAE				− 0.051 （− 1.22）
BI × AE	− 0.089 * （− 1.80）			
BI × IAE		− 0.604 ** （− 2.19）		
BI × RAE			− 0.083 * （− 1.81）	
BI × UAE				− 0.157 ** （− 1.97）
FAE	− 0.052 （− 0.66）			
FIAE		− 0.036 （− 0.11）		
FRAE			− 0.018 （− 0.21）	
FUAE				− 0.164 （− 1.18）
RATIO	0.713 *** （6.39）	0.972 *** （4.13）	1.237 *** （3.27）	0.926 *** （5.94）
METHOD	− 0.092 （− 0.75）	− 0.143 （− 0.55）	0.199 （0.70）	− 0.336 ** （− 2.14）
CON	− 0.510 *** （− 3.27）	− 0.777 ** （− 2.40）	− 0.974 ** （− 2.52）	0.317 * （1.92）

变量	模型 (4.3)	模型 (4.4)	模型 (4.5)	模型 (4.6)
SYN_P	0.070	0.087	0.968	0.075
	(0.92)	(0.54)	(0.72)	(0.83)
SYN_F	-0.001	-0.001	-0.013	0.002
	(-0.11)	(-0.04)	(-0.68)	(0.15)
CASH	-0.440	-0.799	-1.161	-0.405*
	(-1.11)	(-0.96)	(-0.37)	(-1.72)
GROWTH	-0.168*	-0.203*	-0.191***	-0.113*
	(-1.87)	(-1.94)	(-2.91)	(-1.67)
CRL	-0.003	-0.009	-0.001	-0.005
	(-1.34)	(-1.58)	(-0.12)	(-1.32)
SHARE	0.351*	1.140**	1.490**	0.751*
	(1.73)	(1.97)	(2.16)	(1.94)
ROE_R	0.088	0.127	-0.377	0.586*
	(0.33)	(0.29)	(-1.13)	(1.87)
SIZE_R	-0.678*	-1.474*	-2.285*	-0.519*
	(-1.73)	(-1.89)	(-1.77)	(-1.80)
DUAL	0.039	0.018	0.068	0.040
	(0.41)	(0.09)	(0.43)	(0.29)
IND	-1.306*	-1.575	-1.376	-1.552
	(-1.87)	(-1.05)	(-1.32)	(-1.34)
SCALE	-0.020	-0.057	-0.021	-0.142
	(-1.07)	(-1.43)	(-0.67)	(-1.46)
MC	0.226	-0.004	0.563	-0.656
	(0.45)	(-0.18)	(0.77)	(-0.92)
SP	0.043	0.186	-0.063	0.228
	(0.50)	(1.04)	(-0.51)	(1.02)
YEAR	控制	控制	控制	控制
INDUSTRY	控制	控制	控制	控制
C	-0.679	-0.429	-0.502	-0.768
	(-1.06)	(-0.32)	(-0.94)	(-0.91)
Adj R^2	0.280	0.217	0.200	0.255
F 值	3.05***	2.41***	2.82***	2.92***

续表

变量	模型 (4.3)	模型 (4.4)	模型 (4.5)	模型 (4.6)
样本	全部样本	全部样本	相关并购样本	非相关并购样本
样本数	382	382	129	253

注：括号内 t 值；*、**、*** 分别代表 10%、5% 和 1% 的显著性水平。

模型（4.3）的董事联结与联结董事并购经验的交互项（BI × AE）回归系数在 10% 水平上显著为负，与表 4-6 的结果一致。模型（4.4）的董事联结与联结董事同行业或同产品市场并购经验的交互项（BI × IAE）回归系数在 5% 水平上显著为负，与表 4-6 的结果一致。模型（4.5）的董事联结与联结董事相关并购经验的交互项（BI × RAE）回归系数在 10% 水平上显著为负，模型（4.6）的董事联结与联结董事非相关并购经验的交互项（BI × UAE）回归系数在 5% 水平上显著为负，与表 4-6 的结果相比，结论未发生改变。综上所述，在改变联结董事并购经验变量的衡量方法以后，前文的结果均未发生实质性改变。

4.5 本章小结

继第 3 章检验了董事联结对并购目标选择的影响后，本章检验了董事联结对并购溢价的影响。与国外的研究相一致，我国上市公司的并购溢价也存在着较大的不确定性，本书使用的并购样本溢价最小值为 -98.8%，最大值为 1170.8%。由于并购溢价存在着较大的不确定性，现实中高管在进行并购溢价决策时便不会遵循方案搜寻和选择的常规化过程，而是经常依赖于现有的信息渠道进行决策。董事联结关系的存在为促进目标公司与并购公司的沟通与交流提供了合法途径，也为并购过程中信息的传递提供了有效渠道。因此，若并购公司与存在董事联结的公司进行并购，那么这可能是降低并购溢价不确定性，提高并购价格合理性的有效方法。以上述理论为指导，本章检验了董事联结对并购溢价的影响。结果表明，与目标公司存在董事联结的并购公司并购溢价更低，董事联结对并购溢价具有显著的负向影响。董事联结能够帮助并购公司做出较为合理的并购定价决策，有效的抑制并购溢价。

关于经验研究的心理学文献还指出，联结董事的前期并购经验和所产生的专业知识能够有效解决复杂并购决策的各种挑战。并购定价决策是一种复杂的组织决策，在并购双方存在董事联结的并购中，联结董事的前期并购经验可能对并购溢价产生进一步的影响。因此，本书进一步检验了联结董事并购经验对董事联结与并购溢价关系的影响。结果表明，联结董事的并购经验越丰富，董事联结企业间的并购溢价越低。联结董事在其他企业的并购经验将进一步提高焦点并购公司对存在董事联结的目标公司估价的准确性，增强焦点并购公司的议价能力，从而加强董事联结关系对并购溢价的影响。

此外，联结董事并购经验获取的来源不同，通过并购经验的积累帮助联结董事提升的抽象知识组织能力和类比推理能力也存在差异。因此，本书分别检验了联结董事同行业或同产品市场并购经验、相关并购经验和非相关并购经验会对董事联结与并购溢价的关系产生何种影响。结果表明，焦点并购公司联结董事的同行业或同产品市场并购经验越丰富，董事联结企业间的并购溢价越低；在相关并购中，焦点并购公司联结董事的相关并购经验越丰富，董事联结企业间的并购溢价越低；在非相关并购中，焦点并购公司联结董事的非相关并购经验越丰富，董事联结企业间的并购溢价越低。当联结董事拥有某种并购经验时，若焦点并购公司也进行同种并购，将使联结董事的并购经验得到更有效的发挥，帮助焦点并购公司在该种并购的过程中向联结目标公司支付更合理的并购价格。

并购溢价存在较大的不确定性，是并购无法为并购公司股东创造价值的重要原因之一。以往的研究多从市场层面和企业层面两个角度考察哪些因素会影响并购方支付的溢价水平，却忽略了董事及其社会关系属性给企业并购决策带来的影响。董事联结为组织之间建立了联系，联系可以帮助组织稳定组织与环境之间的相互交换和减少不确定性，是较为常见的一种管理环境的方式。并购公司和目标公司存在董事联结，意味着并购双方建立了联系，这种联系的建立为并购双方的信息沟通提供了有效的渠道。本书的研究证明，董事及其建立起来的企业间的联系有利于并购溢价的降低。此外，当联结董事拥有某种并购经验，而焦点并购公司也进行同种并购时，董事联结对并购溢价的影响会更大。因此，当并购决策制定者在做出并购溢价决策时，除了需要考虑并购市场环境和目标公司的财务特征和治理特征，还应充分考虑并购双方的董事联结关系和董事在其他企业的任职经历，这些都可能会对企业并购溢价产生重要的影响。

第 5 章   董事联结对并购绩效的影响

5.1   理论分析与假设提出

本书的第 3 章考察了董事联结对并购目标选择的影响，发现董事联结会促进并购公司董事会做出更合理和有效的并购目标选择决策，更倾向于选择与并购公司存在董事联结的公司作为并购目标。本书的第 4 章考察了董事联结对并购溢价的影响，发现董事联结有助于降低并购溢价的不确定性，提高并购价格制定的合理性。并购目标选择和并购价格制定是并购交易的事前和事中两个阶段。进行恰当地并购目标选择是并购价值创造的前提，而合理降低并购溢价的不确定性和超额支付风险，是并购创造价值的关键条件。在帮助并购公司选择了恰当的并购目标，做出合理的并购价格决策以后，董事联结最终会对企业的并购绩效产生怎样的影响呢？接下来，本章将关注这一问题。

并购中的信息分为私有信息和公开信息，其中私有信息是指潜在的交易双方未公开的信息（Haunschild & Beckman，1998）。在信息不对称的环境中，当并购公司仅依赖于公开信息时，那么它所掌握的信息是有限的，就会面临信息不对称的风险，导致逆向选择问题的产生。由于并购双方信息不对称而产生的逆向选择，不仅会妨碍并购交易的顺利开展（Hansen，1987），而且也是并购绩效不尽如人意的重要原因之一（Aliberti & Green，1999；Faccio & Masulis，2005；Cai & Sevilir，2012；陈仕华等，2013）。但是，若并购公司选择存在董事联结的企业进行并购，那么这一问题就可以得到有效缓解。董事联结关系的存在为促进目标公司与并购公司的沟通与交流提供了合法途径，也为并购过程中信息的传递提供了重要渠道，可以有效地降低并购双方的信息不对称程度，使并购交易合理高效地进行，并促进并购双方财富价值的增加。具体来说：

第一，在选择并购目标的过程中，董事联结的存在有利于并购双方传递真实有效的信息。对于并购公司来讲，并购活动通常意味着大量的资本支出。Bruner（2004）认为并购交易是高成本的商业行为，其中一部分高额的成本来源于收集丰富的与并购相关的交易信息，尤其是非公开信息的搜集。董事联结的存在一方面可以促进并购公司对潜在目标公司私有信息和真实价值的了解（Rousseau & Stroup，2015），进而选择合适的目标公司进行并购，降低信息搜寻成本；另一方面联结董事也可以向目标公司提供并购公司的基本信息，说明并购公司的并购意图，帮助目标公司做出正确判断（Useem，1984）。存在董事联结的双方公司由于具有信息优势而更容易把握合适的并购机会，使它们的并购财富高于其他公司（Schonlau & Singh，2009）。

第二，在并购协议签订过程中，董事联结的存在可以降低并购溢价的不确定性，提高并购定价的合理性。在信息不对称的市场环境中，并购公司通常处于劣势地位。由于信息披露的成本性和对某些"不利信息"潜在的隐匿倾向，目标公司披露的信息可能并不全面（何毓海等，2007）。目标公司还可能会通过粉饰其披露的信息，虚报业绩而获取与实际价值不符的价格支付。因此，如果并购公司在不了解目标公司的情况下贸然进行并购，便很有可能做出错误的价格决策，造成并购公司股东财富的损失。并购公司与存在董事联结的公司进行并购，将有利于降低并购价格决策的不确定性，提高并购定价的合理性。首先，并购公司董事同时在目标公司任职，有助于并购公司了解目标公司的真实情况，在对目标公司情况深入分析的基础上，帮助并购公司准确估计目标公司的资源、业务、技术、能力和市场等方面的信息，信息优势地位有助于并购公司高管对目标公司进行较为准确地估价，避免向目标公司支付过高的收购溢价（陈仕华等，2013）。其次，如果并购双方之间存在董事联结，那么并购方可以凭此获得较多的有关目标公司的"私密信息"，甄别目标公司故意散布的"虚假信息"，这也有助于并购公司在并购交易价格支付的谈判中拥有谈判优势，进而支付较少的并购溢价（Cai & Sevilir，2012）。实证结果表明，若并购双方存在信息不对称，那么并购公司很可能会过度支付，其宣告日收益率为负。反之，并购公司若能准确估计目标方的价值，那么其宣告日收益率会提高（Cai et al.，2014）。因此，董事联结的存在有助于并购公司获得更多真实的信息，从而做出合理的并购定价决策，促进并购公司和并购后实体股东财富的增加。

第三，在交易协议达成后，并购的参与者能够通过董事联结充分地整合利用双方资源。在并购协议签署以后，并购公司通常会对目标公司进行并购整合，而缺乏对目标公司的了解，可能会使并购公司制订出不恰当的整合计划和措施，导致并购后的人才流失和企业文化水土不服，甚至出现目标公司管理人员或核心员工不遵循事前承诺恶意破坏双方合作等问题，从而增加整合成本，降低并购协同收益（DePamphilis，2005）。若并购公司与存在董事联结的公司进行并购，那么，并购双方可以将董事联结作为信息、资源以及资本的共享渠道，在深入了解对方相关信息的基础上，有效地将资源进行整合，以达到共赢的结果（曹廷求等，2013）。此外，董事联结的存在还可能有助于降低并购后整合过程中目标公司高管和员工的抵制成本。并购过程中经常会出现由于前期并购方案不完全，并购后期并购公司未能兑现承诺或事后商谈不一致，导致目标公司高管和核心员工不满而辞职。Palmer 等（1986）认为，董事联结关系可以促进两种类型的联系：一阶联系（first-order bond）和二阶联系（second-order bond），这类似于 Granovetter（1973）在"弱连带优势"中提出的"朋友"和"朋友的朋友"。当焦点企业的董事兼任另一家企业的董事时，他便和那一家企业有了经常的联系，从而产生一阶联系（"认识了朋友"）。而随着该董事与那家企业所有董事成员变得熟悉，会使那家企业董事成员逐渐熟悉该董事所在焦点企业的其他董事成员，这样便产生了二阶联系（"认识了朋友的朋友"）。二阶联系的形成有助于两家企业董事会成员之间变得熟悉和信任。因此，从该视角来看，企业间的董事联结关系有助于提高目标公司董事会整体与并购企业董事会整体的交流和沟通，进而改善目标公司董事会整体对并购交易的友善程度，让目标公司对于并购交易感到更加熟悉、舒适和方便。并购双方之间的董事联结一方面由于事前了解，另一方面易于形成事后信任，因此，能够有效降低目标公司高管和员工的抵制成本，为并购双方股东创造财富。

综合以上分析，本书得出，董事联结能够降低并购活动中的信息不对称程度，提高并购决策的合理性和并购方案实施的有效性，从而促进并购财富的增加。由此，本书提出：

假设 1：其他情况相同时，并购双方的董事联结会提高并购公司和并购后实体的并购绩效。

通过第 3 章和第 4 章的分析和实证检验，本书发现联结董事的前期并购经验和所产生的专业知识能够在并购目标选择和并购溢价两个方面促进董事联结作用的发挥，为并购双方股东创造财富。在并购整合方面，联结董事以往的并购经验也可以帮助联结董事广泛且有效地组织抽象知识，对通过董事联结而获得的关于并购双方资源和资本的信息进行深度加工和处理，识别和选择对并购双方更有利的并购整合方案（McDonald et al.，2008）。并且联结董事以往的并购经验还可以帮助联结董事运用类比推理的方法，引入其他企业成功的整合经验，预判并购整合过程中可能出现的问题，提高并购整合方案的可行性和可操作性。因而，联结董事的并购经验能够帮助存在董事联结的并购双方制订更合理的并购整合方案，更有效的整合利用双方资源，增加并购双方股东财富。此外，联结董事的并购经验还可以使董事联结更有效地降低目标公司高管或员工的抵制成本。联结董事的并购经验能够帮助焦点并购公司董事会掌握更有效地沟通技巧和谈判技巧，通过董事联结帮助焦点并购公司了解目标公司高管和员工的基本诉求以后，并购经验可以帮助联结董事提高抽象知识组织能力，快速而准确地抓住问题的主要矛盾。同时，并购经验又可以帮助联结董事利用过去的并购经历，找到在保证并购双方利益实现的前提下解决这一问题的有效方案，或者找到有效地沟通方案说服目标公司高管或员工放弃不合理的要求，接受并购公司的合理安排（Kroll et al.，2008）。因而，联结董事的并购经验可以帮助存在董事联结的并购双方进一步降低目标公司高管和员工的抵制成本，更有效地减少并购后公司整合的阻力，增加并购双方股东财富。

综合以上分析，本书认为，联结董事的并购经验在并购目标选择、并购价格制定和并购整合方面，能够使董事联结对并购产生的更大的影响，降低并购成本，增加并购公司和并购后实体股东的财富。由此，本书提出：

假设2：其他情况相同时，联结董事的并购经验越丰富，并购双方的董事联结对并购公司和并购后实体并购绩效的影响越大。

结合第3章和第4章所讨论的，联结董事并购经验获取的来源不同，通过并购经验的积累帮助联结董事提升的抽象知识组织能力和类比推理能力也存在差异。当联结董事拥有某种并购经验时，焦点并购公司也进行同种并购，将使联结董事的并购经验得到更有效的发挥（Haleblian & Finkelstein，1999）。本书认为，若联结董事曾经在联结公司参与过的并购与焦点并购公司正在进行的并购属于同一行业或产品市场，那么联结董事的同行业或同产品市场并购经验，能够在并购目标选择、并购价格制定和并购整合方面更好地加强董事联结对并购产生的有利影响，提高并购公司和并购后实体并购绩效；若联结董事过去曾经在其他公司参与了大量的相关并购活动，那么联结董事在参与相关并购时所产生的并购经验，能够在相关并购中的并购目标选择、并购价格制定和并购整合方面更好地加强董事联结对并购产生的有利影响，提高并购公司和并购后实体并购绩效；若联结董事过去曾经在其他公司参与了大量的非相关并购活动，那么联结董事在参与非相关并购时所产生的并购经验，能够在非相关并购中的并购目标选择、并购价格制定和并购整合方面更好地加强董事联结对并购产生的有利影响，提高并购公司和并购后实体并购绩效。由此，本书提出：

假设 2 - 1：其他情况相同时，联结董事的同行业或同产品市场并购经验越丰富，并购双方的董事联结对并购公司和并购后实体并购绩效的影响越大。

假设 2 - 2：其他情况相同时，联结董事的相关并购经验越丰富，在相关并购中并购双方的董事联结对并购公司和并购后实体并购绩效的影响越大。

假设 2 - 3：其他情况相同时，联结董事的非相关并购经验越丰富，在非相关并购中并购双方的董事联结对并购公司和并购后实体并购绩效的影响越大。

在并购宣告前，目标公司的财务和运营能力往往很低，并购的发生是目标公司改变现状的一次机会，因此，对于目标公司而言，收购的宣告可以帮其获得可观的市场回报 (Cai & Sevilir，2012)。国内外学者的研究发现，相对于并购公司而言，并购事件为目标公司创造了更多的财富 (Dodd & Ruback，1977；Jensen & Ruback，1983；Healy et al.，1992；Bruner，2002；张新，2003；宋希亮，2008；Ishii & Xuan，2014)。也就是说，并购使目标公司获得了相较于并购公司而言更高的并购绩效。但是，若并购公司选择与存在董事联结的企业进行并购，目标公司的相对并购绩效可能会因为董事联结的存在而受到影响。

通过第 4 章的实证检验和分析，本书发现，董事联结的存在有效降低了并购溢价。这是因为，首先，当目标公司并购公司存在董事联结时，并购公司能够更加清楚的了解目标公司的真实情况，从而帮助并购公司高管对目标公司进行较为准确地估价，避免向目标方支付过高的收购溢价 (陈仕华等，2013)。其次，董事联结的存在有助于并购公司获得更多的有关目标公司的"私密信息"，有效甄别目标公司故意散播的"虚假信息"，这也有助于并购公司在并购交易价格支付的谈判中拥有谈判优势，进而支付较少的并购溢价 (Cai & Sevilir，2012)。最后，目标公司董事会的联结董事还可以限制处于信息劣势的外部投标者的进入 (Cai & Sevilir，2012)。由于竞争者减少，目标公司的议价能力会进一步降低。

董事联结的存在降低了目标公司的议价能力，使并购公司能够以更合理的价格进行并购，从而减少了并购公司的并购支付成本，为并购公司股东创造了收益，但是，与此同时，董事联结也使目标公司获得的并购价值补偿变少。由此，本书认为，虽然并购对于目标公司而言是一个好消息，能够改善目标公司的财务和经营状况，但是由于并购双方董事联结的存在，却降低了目标公司对并购交易价格的议价能力。并购双方的董事联结使并购公司能够以较低的溢价收购目标公司，使并购公司股东获得了更多的财富，但是却导致目标公司的股东获得的财富变少，目标公司的相对并购绩效因此而降低。由此，本书提出：

假设3：其他情况相同时，并购双方的董事联结关系会降低目标公司的相对并购绩效。

通过第4章的分析可知，在并购价格的制定过程中，联结董事的并购经验能够进一步提高焦点并购公司对存在董事联结的目标公司估价的准确性，增强焦点并购公司的议价能力，从而使董事联结抑制并购溢价的作用得到更好的发挥。并购溢价的减少有助于并购公司并购价值的创造。相对应的，并购经验给并购公司带来的收益，也造成了目标公司的相对损失。联结董事的并购经验能够快速而准确地对通过董事联结所获取的信息进行处理和加工（Glaser & Chi，1988；Sternberg，1997；McDonald et al.，2008），更有效地区分价值评估"真实信息"和"虚假信息"，导致目标公司难以通过虚报业绩而获取更多的并购价值补偿。同时，董事联结有助于并购公司获取目标公司的"私密信息"（韩洁等，2014；Rousseau & Stroup，2015），并购经验能够通过对这些信息进行分析和推理，帮助联结董事发现对目标公司价值评估产生不利影响的信息，并对这些信息进行合理使用，削弱目标公司的议价能力，迫使目标公司接受并购公司提出的并购价格方案。由上述分析可知，联结董事的并购经验进一步降低了目标公司的并购价格谈判能力，使与目标公司存在董事联结的并购公司以更低的并购溢价收购目标公司。因此，本书认为，联结董事的并购经验通过加强董事联结对并购溢价的影响，从而更加有助于焦点并购公司并购价值的创造，导致目标公司相对并购绩效的降低。由此，本书提出：

假设4：其他情况相同时，联结董事的并购经验越丰富，并购双方的董事联结关系对目标公司相对并购绩效的负向影响越大。

由前文讨论可知，如果当前并购与已发生的并购高度类似，联结董事的并购经验将对并购决策产生更加积极的影响。因此，本书认为，若联结董事曾经在联结公司参与过的并购与焦点并购公司正在进行的并购属于同一行业或产品市场，那么联结董事的同行业或同产品市场并购经验将进一步加强董事联结对并购溢价的影响，从而导致目标公司相对并购绩效的降低；若联结董事过去曾经在其他公司参与了大量的相关并购活动，那么联结董事的相关并购经验将进一步加强相关并购中董事联结对并购溢价的影响，从而导致目标公司相对并购绩效的降低；若联结董事过去曾经在其他公司参与了大量的非相关并购活动，那么联结董事的非相关并购经验，将进一步加强非相关并购中董事联结对并购溢价的影响，从而导致目标公司相对并购绩效的降低。由此，本书提出：

假设 4 – 1：其他情况相同时，联结董事拥有的同行业或同产品市场并购经验越丰富，并购双方的董事联结对目标公司相对并购绩效的负向影响越大。

假设 4 – 2：其他情况相同时，联结董事拥有的相关并购经验越丰富，相关并购中并购双方的董事联结对目标公司相对并购绩效的负向影响越大。

假设 4 – 3：其他情况相同时，联结董事拥有的非相关并购经验越丰富，非相关并购中并购双方的董事联结对目标公司相对并购绩效的负向影响越大。

5.2　研究设计

5.2.1　样本选择和数据来源

本书所使用的数据来自国泰安（CSMAR）数据库，对个别缺失的数据通过巨潮资讯网和新浪财经网查找手工补充。董事联结数据在查询 CSMAR 数据库高管兼职信息的基础上，通过对上市公司间具有相同姓名董事的年龄、性别和简历进行逐一匹配获得。CSMAR 数据库中高管兼任信息的最早披露年度为 2001 年，因此本书董事联结数据样本区间为 2001～2014 年。学者们认为，董事联结关系正式形成后才能对并购产生一定的影响，并购事件数据的选择应滞后董事联结数据 1 年（Cai & Sevilir，2012；陈仕华等，2013；田高良等，2013；等等），因此，本书确定并购事件的样本区间为 2002～2015 年。并购事件样本按照如下原则进行筛选：（1）剔除并购双方不是中国 A 股上市公司的样本；（2）剔除并购交易未取得成功的样本；（3）剔除属于资产剥离、资产置换、债务重组和股份回购的重组样本；（4）剔除并购双方一天中发生多笔交易的样本；（5）剔除交易金额小于 500 万元的样本；（6）剔除并购绩效难以获取的样本；（7）剔除其他变量缺失的样本。经过上述处理，本书最终的并购样本数量为 631 个，其中，并购双方存在董事联结的样本数量为 123 个。为检验文中提出的假设，根据前人的研究，本书将并购事件分为相关并购和非相关并购两个子样本（Fowler & Schmidt，1989；Krishnan et al.，1997；冯根福和吴林江，2001；张新，2003；McDonald et al.，2008）。其中，相关并购为当并购公司与被并购公司属于同一行业（根据中国证监会（2001 年版）《上市公司行业分类指引》制定的标准，制造业采用二级代码分类，其他行业按一级代码分类，共分为 22 个行业子类）的并购，其他并购则为非相关并购。总体并购样本中包含 189 个相关并购样本，442 个非相关并购样本。为消除异常值的影响，本书对所有连续变量进行了上下 1% 的 Winsorize 处理。研究中使用 Excel 软件进行基础数据的整理工作，使用 STATA 和 SAS 软件进行统计分析工作。

5.2.2 变量操作性定义

5.2.2.1 被解释变量

并购公司的并购绩效包括短期并购绩效和长期并购绩效。两种绩效的衡量方法如下：

（1）并购公司短期并购绩效 ACAR。由于中国证券市场已通过了弱式有效检验（何诚颖和程兴华，2005），近年来，越来越多的学者使用事件研究法计算累计异常收益率衡量市场反应或股票绩效。本书参照刘笑萍等（2009）、Calomiris 等（2010）、Chi 等（2011）、Cai 和 Sevilir（2012）、Gaur 等（2013）以及陈仕华等（2013）的研究，采用事件研究法，计算累计异常收益率衡量并购公司短期并购绩效 ACAR。此指标是根据 Brown 和 Warner（1985）的市场模型法进行计算，遵照学者们（Schwert，1996；Cai & Sevilir，2012）的做法，以并购首次公告日前 260 个交易日到前 60 个交易日作为估计期，然后根据上述模型计算出并购宣告日前后 30 个交易日的预测值，并以实际值减去预测值来计算并购宣告日前后 30 个交易日的异常收益。本书选取 [-5，+5] 窗口计算累积异常收益率，计为 ACAR。并购公司短期并购绩效的计算过程如下：

首先，根据市场模型利用估计期数据估计出参数 α_i 和 β_i，公式如下：

$$R_{it} = \alpha_i + \beta_i R_{mt} + \varepsilon_{it} \quad t = [-260，-60] \tag{5.1}$$

公式（5.1）中，R_{it} 为公司 i 在 t 时期的实际收益率，R_{mt} 为市场在 t 时期的收益率，ε_{it} 为随机误差项。

$$AR_{it} = R_{it} - \alpha_i - \beta_i R_{mt} \tag{5.2}$$

公式（5.2）中，AR_{it} 为事件期并购公司 i 在 t 时期的超额收益率；R_{it} 为事件期并购公司 i 在 t 时期的实际收益率；R_{mt} 为事件期 t 时期的市场收益率；α_i 和 β_i 为公式（5.1）估计出的参数值。

$$\text{ACAR}_i(t_1, t_2) = \sum_{t_1}^{t_2} \text{AR}_{it} \tag{5.3}$$

公式（5.3）中，将事件期的超额收益率 AR_{it} 加总，即为并购公司 i 在事件期 $[t_1, t_2]$ 的累计超额收益率 ACAR。

（2）并购公司长期并购绩效。长期并购绩效同时使用市场业绩指标和会计业绩指标来衡量。市场业绩指标使用购买并持有超常收益（BHAR）来衡量，会计业绩指标使用总资产收益变化值（ΔROA）衡量。

购买并持有超常收益（BHAR）测量的是购买公司股票并一直持有到考察期结束，公司股票收益率超过市场组合或对应组合收益率的值（陈仕华等，2013）。基于 Fama 和 French（1992，1993）、Gregory（1997）、李善民和朱滔（2006）、陈仕华等（2013）的研究，并购公司 i 并购后 $[0, T]$ 月 BHAR 的计算公式如下：

$$\text{BHAR}_{iT} = \prod(1 + R_{it}) - \prod(1 + R_{pt}) \tag{5.4}$$

公式 5.4 中，R_{it} 为并购公司 i 在 t 月的收益率，R_{pt} 为对应组合的月收益率，$T = 0 \sim 24$，$t = 0$ 表示并购当月，$t = 1$ 表示并购后一个月，依此类推。考虑到我国企业与国外企业相比存在流通股和非流通股并存的特殊性，本书借鉴李善民和朱滔（2006）计算 R_{pt} 采用的交叉分组方法，控制了公司规模、账面市值比的影响来计算期望收益。公司规模用公司 6 月份的流通市值表示，账面市值比用年末每股净资产除以年末收盘价表示。首先，根据公司规模，从小到大排序后均分成 5 组；其次，根据公司账面市值比，对上述 5 组从小到大排序后再次均分成 5 组；最后，对任意年份的 25 组公司，分别计算各组的等权月收益率，即为 R_{pt}。

本书还使用了会计业绩指标衡量并购公司的长期并购绩效。借鉴 Healy 等（1992）、吴超鹏等（2008）以及 Cai 和 Sevilir（2012）的做法，本书使用总资产收益率变化值（ΔROA）作为并购公司长期并购绩效的替代指标。其具体测算方法如下：首先，依据行业标准（行业划分标准与行业虚拟变量设置相同）对每一年的总资产收益率（ROA）进行标准化处理；其次，计算并购完成之后两年(t + 1 年，t + 2 年）总资产收益率（ROA）均值和并购前两年（t − 2 年，t − 1年）总资产收益率（ROA）均值；最后，并购完成之后两年总资产收益率均值与并购前两年总资产收益率均值相减，得到总资产收益率变化值（ΔROA）。

（3）并购后实体并购绩效 PCAR。根据 Bradley 等（1988）、Kaplan 等（1992）以及田高良等（2013）的研究，采用如下方法计算并购后实体并购绩效：

$$w_a = \frac{AcquirerMVE}{AcquirerMVE + TatgetMVE - Equity} \tag{5.5}$$

$$w_t = \frac{TatgetMVE - Equity}{AcquirerMVE + TatgetMVE - Equity} \tag{5.6}$$

其中，w_a 为并购公司权重，w_t 为目标公司权重，AcquirerMVE 为并购公司在并购首次公告日前 20 个交易日的权益市场价值，TargetMVE 为目标公司在并购首次公告日前 20 个交易日的权益市场价值，Equity 为并购首次公告日前 20 个交易日并购公司拥有的目标公司股票价值。

$$PCAR = w_a \times ACAR + w_t \times TCAR \tag{5.7}$$

公式（5.7）中，ACAR 为并购公司短期市场绩效，TCAR 为目标公司短期市场绩效，TCAR 计算方法与并购公司相同，w_a 为并购公司权重，w_a 计算方法见公式（5.5），w_t 为目标公司权重，w_t 计算方法见公式（5.6）。

（4）目标公司相对并购绩效 $\Delta TCAR$。根据 Ahern（2010）、Cai 和 Sevilir（2012），目标公司的相对并购绩效可用下式计算得到：

$$\Delta TCAR = w_t \times TCAR - w_a \times ACAR \tag{5.8}$$

公式（5.8）中，ACAR 为并购公司短期并购绩效，TCAR 为目标公司短期并购绩效，TCAR 计算方法与并购公司相同，w_a 为并购公司权重，w_a 计算方法见公式（5.5），w_t 为目标公司权重，w_t 计算方法见公式（5.6）。

5.2.2.2 解释变量

（1）董事联结 BI（board interlock）。根据 Mizruchi（1996）、Beckman 和 Haunschild（2002）、Shipilov 等（2009）、陈仕华等（2013）和韩洁等（2014）的研究，若并购公司与目标公司存在董事联结，取值为 1，否则为 0。

（2）联结董事并购经验 AE（acquisition experience）。同第 3 章的界定。

（3）联结董事同行业或同产品市场并购经验 IAE（industry acquisition experience）。同第 3 章的界定。

（4）联结董事相关并购经验 RAE（related acquisition experience）。同第 3 章的界定。

（5）联结董事非相关并购经验 UAE（unrelated acquisition experience）。同第 3 章的界定。

5.2.2.3　控制变量

（1）公司并购经验 FAE。同第 3 章的界定。

（2）公司同行业或同产品市场并购经验 FIAE。同第 3 章的界定。

（3）公司相关并购经验 FRAE。同第 3 章的界定。

（4）公司非相关并购经验 FUAE。同第 3 章的界定。

（5）支付方式 METHOD。本书根据 Slusky 和 Caves（1991）、陈仕华和李维安（2016）的研究，支付方式使用并购公司是否采用现金支付方式衡量，是为 1，否为 0。

（6）财务顾问 CON。Kim 等（2011）认为，并购交易中若聘任财务顾问，并购绩效会更好。若并购公司在并购交易中聘用财务顾问，则为 1，否为 0。

（7）产品协同 SYN_P。参照 Hayward 和 Hambrick（1997）、陈仕华和卢昌崇（2013）的测量方法，以 4 点量表测量产品协同程度，并购双方在相同行业（行业划分标准与行业虚拟变量设置相同）为 4，并购双方存在价值链的上下游关系为 3，并购双方的无形资产存在共性为 2，并购双方无关则为 1。

（8）财务协同 SYN_F。参照 Slusky 和 Caves（1991）、Hayward 和 Hambrick（1997）的测量方法，财务协同用交易宣告前 1 年年末，目标公司权益负债率（负债/所有者权益）减去并购公司的权益负债率来衡量。

（9）相对绩效 ROE_R。根据 Hayward 和 Hambrick（1997）的研究，相对绩效使用交易宣告前 1 年，目标公司净资产收益率减去同行业（行业划分标准与行业虚拟变量设置相同）平均净资产收益率衡量。

（10）相对规模 SIZE_R。根据 Hayward 和 Hambrick（1997）的研究，相对规模使用交易宣告前 1 年年末，目标公司总资产除以并购公司总资产衡量。

（11）股权集中度 CRL。根据 Jensen 和 Ruback（1983）、Shen 和 Reuer（2005）、Cukurova（2012），股权集中度为交易宣告前 1 年年末，公司第一大股东持股的比例。

（12）高管持股 SHARE。根据 Hayward 和 Hambrick（1997）、陈仕华和卢昌崇（2013）的研究，高管持股为交易宣告前 1 年年末公司高管（包括董事）持股比例合计。

（13）高管过度自信 HUBRIS。根据 Malmendier 和 Tate（2008），高管过度自信通过交易宣告前 1 年年末公司薪酬最高的前三名高管薪酬之和/所有高管的薪酬之和衡量。

（14）自由现金流 CASH。根据赵勇和朱武祥（2000），用交易宣告前 1 年年末，公司的自由现金流为公司自由现金流与总资产的比值。

（15）负债比率 LEV。根据王宏利（2005）和 Almazan 等（2010），负债比率为交易宣告前 1 年年末，公司资产负债率。

（16）市账率 MB。根据 Bodnaruk 等（2009）、田高良等（2013）等的研究，用交易宣告前 1 年年末，公司权益市值与权益面值比衡量市账率。

（17）托宾 Q 值 TOBINQ。根据 Mehran（1995）、孙永祥（2001）以及苏冬蔚和林大庞（2010）的研究，托宾 Q 值等于交易宣告前 1 年，权益市值与净债务市值之和与资产总额减去无形资产之差的比。

（18）成长性 GROWTH。根据 Pagano 等（1998），成长性为交易宣告前 1 年，公司的主营业收入增长率。

（19）股权性质 NATURE。国有企业是我国特殊制度背景下的产物，与非国有企业在经营管理方面有着很大的不同。参照 Shleifer 和 Vishny（1994）、黄志忠（2009）对公司性质的定义，公司控股股东为国有性质定义为 1，控股股东为非国有性质定义为 0。

此外，本书还控制了年份（YEAR）和行业（INDUSTRY）作为文中模型的控制变量。并购交易发生在 2002～2015 年 14 个年份，设置 13 个年份虚拟变量。行业划分标准根据中国证监会《上市公司行业分类指引》（2001 年版）制定的标准，制造业采用二级代码分类，其他行业按一级代码分类，共分为 22 个行业子类，设置 21 个行业虚拟变量。

5.2.3　模型设计

在对已有文献（Travlos，1987；Amihud et al.，1990；Morck et al.，1990；Moeller et al.，2004；Masulis et al.，2007；Cai & Sevilir，2012；陈仕华等，2013；田高良等，2013；等等）回顾和理论分析的基础上，结合中国并购行为的特点，本书将并购绩效作为被解释变量，将董事联结作为解释变量，并根据已有的研究结论设置了相关控制变量，从而构建如下回归方程，以检验董事联结对并购绩效的影响：

$$ACAR/BHAR/\Delta ROA/PCAR/\Delta TCAR = \alpha_0 + \alpha_1 BI + \alpha_2 METHOD$$
$$+ \alpha_3 CON + \alpha_4 SYN\_P + \alpha_5 SYN\_F + \alpha_6 ROE\_R$$

$$+ \alpha_7 \text{SIZE\_R} + \alpha_8 \text{CRL} + \alpha_9 \text{SHARE} + \alpha_{10} \text{HUBRIS}$$
$$+ \alpha_{11} \text{CASH} + \alpha_{12} \text{LEV} + \alpha_{13} \text{MB} + \alpha_{14} \text{TOBINQ}$$
$$+ \alpha_{15} \text{GROWTH} + \alpha_{16} \text{NATURE} + \sum_i \text{YEAR} + \sum_j \text{INDUSTRY} + \varepsilon \quad (5.9)^①$$

模型（5.9）中，ACAR 代表并购公司短期并购绩效，BHAR 和 ΔROA 代表并购公司长期并购绩效，PCAR 代表并购后实体并购绩效，ΔTCAR 代表目标公司相对并购绩效，BI 为董事联结，α_0 为截距项，$\alpha_1 \sim \alpha_{16}$ 为各变量的估计系数，ε 为随机误差项。

为进一步检验联结董事的并购经验对董事联结与并购绩效的影响，将董事联结与联结董事并购经验的交互项（BI × AE）、联结董事并购经验（AE）以及公司并购经验（FAE）引入模型（5.9）中，构建模型（5.10）。

$$\text{ACAR}/\text{BHAR}/\Delta\text{ROA}/\text{PCAR}/\Delta\text{TCAR} = \beta_0 + \beta_1 \text{BI} + \beta_2 \text{AE}$$
$$+ \beta_3 \text{BI} \times \text{AE} + \beta_4 \text{FAE} + \beta_5 \text{METHOD} + \beta_6 \text{CON}$$
$$+ \beta_7 \text{SYN\_P} + \beta_8 \text{SYN\_F} + \beta_9 \text{ROE\_R} + \beta_{10} \text{SIZE\_R}$$
$$+ \beta_{11} \text{CRL} + \beta_{12} \text{SHARE} + \beta_{13} \text{HUBRIS} + \beta_{14} \text{CASH}$$
$$+ \beta_{15} \text{LEV} + \beta_{16} \text{MB} + \beta_{17} \text{TOBINQ} + \beta_{18} \text{GROWTH}$$
$$+ \beta_{19} \text{NATURE} + \sum_i \text{YEAR} + \sum_j \text{INDUSTRY} + \varepsilon \quad\quad (5.10)^②$$

模型（5.10）中，β_0 为截距项，$\beta_1 \sim \beta_{19}$ 为各变量的估计系数，ε 为随机误差项。

根据并购经验获取的来源，联结董事的并购经验还可以细分为不同的类型，本书还分别检验了联结董事不同类型的并购经验对董事联结与并购绩效关系的影响。为检验联结董事同行业或同产品市场并购经验对董事联结与并购绩效关系的影响，将董事联结与联结董事同行业或同产品市场并购经验的交互项（BI × IAE）、董事联结同行业或同产品市场并购经验（IAE）以及公司同行业或同产品市场并购经验（FIAE）引入模型（5.9）中，构建模型（5.11）。

---

① 模型（5.9）中，当被解释变量为 ACAR、BHAR 和 ΔROA 时，控制变量 CRL、SHARE、HU-BRIS、CASH、LEV、MB、TOBINQ、GROWTH、NATURE 和 INDUSTRY 采用并购公司的相关数据计算得出；当被解释变量为 PCAR 时，控制变量 CRL、SHARE、HUBRIS、CASH、LEV、MB、TOBINQ、GROWTH 分别根据并购公司和目标公司并购前 1 年资产总额加权进行计算得出，并购后实体的 NATURE 和 INDUSTRY 与并购公司一致；当被解释变量为 ΔTCAR 时，控制变量 CRL、SHARE、HUBRIS、CASH、LEV、MB、TOBINQ、GROWTH、NATURE 和 INDUSTRY 采用目标公司的相关数据计算得出。

② 模型 5.10 ~ 模型 5.13 中的控制变量 CRL、SHARE、HUBRIS、CASH、LEV、MB、TOBINQ、GROWTH、NATURE 和 INDUSTRY 的数据来源同模型（5.13）相同。

$$
\begin{aligned}
\text{ACAR/BHAR/}\Delta\text{ROA/PCAR/}\Delta\text{TCAR} = {} & \eta_0 + \eta_1 \text{BI} + \eta_2 \text{IAE} \\
& + \eta_3 \text{BI} \times \text{IAE} + \eta_4 \text{FIAE} + \eta_5 \text{METHOD} + \eta_6 \text{CON} \\
& + \eta_7 \text{SYN\_P} + \eta_8 \text{SYN\_F} + \eta_9 \text{ROE\_R} + \eta_{10} \text{SIZE\_R} \\
& + \eta_{11} \text{CRL} + \eta_{12} \text{SHARE} + \eta_{13} \text{HUBRIS} + \eta_{14} \text{CASH} \\
& + \eta_{15} \text{LEV} + \eta_{16} \text{MB} + \eta_{17} \text{TOBINQ} + \eta_{18} \text{GROWTH} \\
& + \eta_{19} \text{NATURE} + \sum_i \text{YEAR} + \sum_j \text{INDUSTRY} + \varepsilon
\end{aligned}
\tag{5.11}
$$

模型（5.11）中，η_0 为截距项，$\eta_1 \sim \eta_{19}$ 为各变量的估计系数，ε 为随机误差项。

为检验联结董事相关并购经验和非相关并购经验对董事联结与并购绩效关系的影响，本章根据前人的研究，将并购事件样本分为相关并购和非相关并购两个子样本（Fowler & Schmidt，1989；Krishnan et al.，1997；冯根福和吴林江，2001；张新，2003；McDonald et al.，2008）。分别考察在相关并购中，联结董事相关并购经验对董事联结与并购绩效关系的影响；在非相关并购中，联结董事非相关并购经验对董事联结与并购绩效关系的影响。将董事联结与联结董事相关并购经验的交互项（BI × RAE）、联结董事相关并购经验（RAE）以及公司相关并购经验（FRAE）引入模型（5.9）中，构建模型（5.12）；将董事联结与联结董事非相关并购经验的交互项（BI × UAE）、联结董事非相关并购经验（UAE）以及公司非相关并购经验（FUAE）引入模型（5.9）中，构建模型（5.13）。

$$
\begin{aligned}
\text{ACAR/BHAR/}\Delta\text{ROA/PCAR/}\Delta\text{TCAR} = {} & \gamma_0 + \gamma_1 \text{BI} + \gamma_2 \text{RAE} \\
& + \gamma_3 \text{BI} \times \text{RAE} + \gamma_4 \text{FRAE} + \gamma_5 \text{METHOD} + \gamma_6 \text{CON} \\
& + \gamma_7 \text{SYN\_P} + \gamma_8 \text{SYN\_F} + \gamma_9 \text{ROE\_R} + \gamma_{10} \text{SIZE\_R} \\
& + \gamma_{11} \text{CRL} + \gamma_{12} \text{SHARE} + \gamma_{13} \text{HUBRIS} + \gamma_{14} \text{CASH} \\
& + \gamma_{15} \text{LEV} + \gamma_{16} \text{MB} + \gamma_{17} \text{TOBINQ} + \gamma_{18} \text{GROWTH} \\
& + \gamma_{19} \text{NATURE} + \sum_i \text{YEAR} + \sum_j \text{INDUSTRY} + \varepsilon
\end{aligned}
\tag{5.12}
$$

模型（5.12）中，γ_0 为截距项，$\gamma_1 \sim \gamma_{19}$ 为各变量的估计系数，ε 为随机误差项。

$$
\begin{aligned}
\text{ACAR/BHAR/}\Delta\text{ROA/PCAR/}\Delta\text{TCAR} = {} & \theta_0 + \theta_1 \text{BI} + \theta_2 \text{UAE} \\
& + \theta_3 \text{BI} \times \text{UAE} + \theta_4 \text{FUAE} + \theta_5 \text{METHOD} + \theta_6 \text{CON} \\
& + \theta_7 \text{SYN\_P} + \theta_8 \text{SYN\_F} + \theta_9 \text{ROE\_R} + \theta_{10} \text{SIZE\_R} \\
& + \theta_{11} \text{CRL} + \theta_{12} \text{SHARE} + \theta_{13} \text{HUBRIS} + \theta_{14} \text{CASH} \\
& + \theta_{15} \text{LEV} + \theta_{16} \text{MB} + \theta_{17} \text{TOBINQ} + \theta_{18} \text{GROWTH} \\
& + \theta_{19} \text{NATURE} + \sum_i \text{YEAR} + \sum_j \text{INDUSTRY} + \varepsilon
\end{aligned}
\tag{5.13}
$$

模型（5.13）中，θ_0 为截距项，$\theta_1 \sim \theta_{19}$ 为各变量的估计系数，ε 为随机误差项。

为避免多重共线性，本书对模型中的所有交互项均进行了中心化处理。回归前，本章查看了每个连续自变量的正态性，对不符合正态性的连续变量进行了正态性转化。此外，在回归后，本章对回归模型进行了 linktest 检定，确保模型无设定误差（specification error）。

5.3　实证结果分析

5.3.1　描述性统计

因为本章主要研究董事联结对并购绩效的作用，所以，首先对并购绩效展开详细的描述性统计分析，揭示了在不同事件窗口下中国上市公司短期并购绩效的数据特征以及购买公司股票并持有两年以后长期并购绩效的数据特征，以便进一步揭示本章所研究内容的价值和意义。其次，本章对所使用的代理变量进行细致的全样本描述性统计分析。最后，本章还根据主要解释变量的特征，将样本分为存在董事联结和不存在董事联结的样本，相关并购和非相关并购样本，对上述分组样本的全部变量进行了描述性统计分析和比较，以为本书后续的实证检验提供依据和基础。为消除异常值的影响，本书对所有连续变量进行了上下 1% 的 Winsorize 处理。

因此，本章描述性统计分析部分包括以下三个主要部分：并购绩效描述性统计分析、所有变量全样本描述性统计分析和所有变量分组样本描述性统计分析。

5.3.1.1　并购绩效描述性统计分析

本书中并购绩效包括并购公司短期并购绩效（ACAR），并购公司长期并购绩效（BHAR 和 ΔROA），并购后实体并购绩效（PCAR）和目标公司相对并购绩效（ΔTCAR）。在计算并购公司短期并购绩效（ACAR）时，若并购公司的估计期数据量不足将导致累计异常收益率难以计算，因此，本书中并购公司短期并购绩效（ACAR）的最终样本量为 608 个。同理，在计算并购后实体并购绩效（PCAR）和目标公司相对并购绩效（ΔTCAR）时，若并购公司或目标公司的估计期数据缺失将导致累计异常收益率难以计算，因此，本书中并购后实体并购绩效（PCAR）和目标公司相对并购绩效（ΔTCAR）的最终样本量为 596 个。在计算并购公司长期并购绩效（BHAR）时需要并购公司并购后 24 月的月收益率，因此，并购公司长期并购绩效（BHAR）的最终样本量为 354 个。在计算并购公司长期并购绩效（ΔROA）时需要并购公司并购完成之后两年和并购完成前两年的总资产收益率，因此，并购公司长期并购绩效（ΔROA）的最终样本量为 479 个。

表 5 - 1 给出了并购绩效的描述性统计结果。通过观察表 5 - 1 可以发现，在并购事件首次公告的窗口期 [- 1，+ 1]、[- 3，+ 3]、[- 5，+ 5] 和 [- 10，+ 10] 内，并购公司和并购后实体的累计异常收益率均值均大于 0，这意味着平均来看，并购给并购公司股东带来正的财富效应；若将并购公司和目标公司作为一个整体来看，财富效应也为正。在上述事件窗口下，目标公司的相对累计异常收益率均值也大于 0，说明相对于并购公司而言，目标公司的累计异常收益率更高，并购事件为目标公司创造了更多的财富。这与 Ahern（2012）、Cai 和 Sevilir（2012）的研究结论相一致。并购公司购买并持有超常收益均值为 - 0.0082，总资产收益率变化均值为 0.0104，说明中国上市公司在 2002 ~ 2013 年发生的并购事件，并购公司长期并购绩效平均为负，并购公司在并购宣告两年以后，股东财富得到持续的小幅损失。

表 5 - 1   并购绩效描述性统计分析结果

会计年度	样本数	均值	标准差	最小值	最大值	分位数		
						25%	50%	75%
ACAR [- 1，+ 1]	608	0.0024	0.0834	- 0.1025	0.2279	- 0.0246	0.0004	0.0049
ACAR [- 3，+ 3]	608	0.0035	0.1417	- 0.1733	0.4102	- 0.0387	0.0006	0.0060
ACAR [- 5，+ 5]	608	0.0027	0.1216	- 0.1344	0.2954	- 0.0471	0.0004	0.0072
ACAR [- 10，+ 10]	608	0.0016	0.3077	- 0.2903	1.1070	- 0.0750	0.0002	0.0010
BHAR	354	- 0.0082	0.6176	- 1.2240	1.4863	- 0.2208	0.0007	0.0409
ΔROA	479	0.0104	0.1099	- 0.3098	0.4534	- 0.0344	- 0.0022	0.0304
PCAR [- 1，+ 1]	596	0.0088	0.0474	- 0.0772	0.1215	- 0.0201	0.0020	0.0293
PCAR [- 3，+ 3]	596	0.0127	0.0713	- 0.1295	0.1834	- 0.0354	0.0032	0.0394
PCAR [- 5，+ 5]	596	0.0092	0.0873	- 0.1719	0.2089	- 0.0464	0.0019	0.0497
PCAR [- 10，+ 10]	596	0.0051	0.1051	- 0.2088	0.2325	- 0.0634	0.0004	0.0559
ΔTCAR [- 1，+ 1]	596	0.0061	0.0413	- 0.0983	0.0765	- 0.0254	0.0006	0.0193
ΔTCAR [- 3，+ 3]	596	0.0085	0.0618	- 0.1422	0.1227	- 0.0342	0.0011	0.0300
ΔTCAR [- 5，+ 5]	596	0.0066	0.0604	- 0.1017	0.1025	- 0.0427	0.0009	0.0372
ΔTCAR [- 10，+ 10]	596	0.0038	0.0976	- 0.2187	0.2016	- 0.0597	0.0004	0.0524

5.3.1.2 变量全样本描述性统计分析

表 5-2 显示了所有变量全样本的描述性统计结果。董事联结（BI）的均值为 0.1892，说明样本中 18.92% 的并购交易是在并购公司与联结企业间发生，董事联结可能对并购绩效产生重要影响。联结董事的并购经验（AE）均值为 1.0254，最大值为 10，说明并购公司的联结董事普遍具有一定的并购经验，且在个别公司中联结董事的并购经验极其丰富，这有利于联结董事对于并购专业知识的学习和积累。当焦点并购公司也发生并购事件时，这些在其他公司获取的并购经验可能对并购公司和并购后实体的并购绩效以及目标公司的相对并购绩效产生重要的影响。联结董事所拥有的同行业或同产品市场并购经验（IAE）均值为 0.1480，最大值为 3，远低于联结董事的并购总经验，说明联结董事在焦点并购公司的当前并购中可以贡献的与目标公司最为相似的并购经验稍显不足。联结董事的相关并购经验（RAE）均值为 0.3787，最大值为 5，非相关并购经验（UAE）均值为 0.6469，最大值为 10，表明联结董事在执业过程中，参与的较多的是非相关并购，能够为非相关并购带来更多的并购专业知识和技能。并购公司在过去的并购中也积累了一定的并购经验，公司并购经验（FAE）的均值为 0.6152，最大值为 8，公司同行业或同产品市场并购经验（FIAE）均值为 0.2073，最大值为 5，公司相关并购经验（FRAE）均值为 0.1276，最大值为 3，公司非相关并购经验（FUAE）均值为 0.4876，最大值为 7。公司的各类并购经验中，除了同行业或同产品市场并购经验（FIAE）高于联结董事的并购经验以外，其他方面的并购经验均较低，说明联结董事的并购经验仍然是焦点并购公司并购专业知识和技能的主要来源。支付方式（METHOD）的均值 0.8138，说明样本 81.38% 的并购交易以现金作为支付方式。财务顾问（CON）均值为 0.0754，说明样本中聘请财务顾问的公司较少。产品协同（SYN_P）的均值为 2.0815，说明样本中并购双方产品协同的程度一般，可能不利于并购后的市场整合。财务协同（SYN_F）的均值为 0.0206，说明样本中并购双方财务协同的程度较高，有利于并购日后的资源整合。相对绩效（ROE_R）的均值为 0.0109，说明样本中目标公司与行业内其他公司的获利能力差异较小。相对规模（SIZE_R）的均值为 0.9625，说明样本中目标公司与并购公司的经济规模相当。

表 5 - 2 变量描述性统计

	变　量	样本数	均值	标准差	中位数	最小值	最大值
并购绩效	ACAR〔-5，+5〕	608	0.0027	0.1216	0.0004	-0.1344	0.2954
	BHAR	354	-0.0082	0.6176	-0.0007	-1.2240	1.4863
	ΔROA	479	0.0104	0.1099	-0.0022	-0.3098	0.4534
	PCAR〔-5，+5〕	579	0.0092	0.0873	0.0019	-0.1719	0.2089
	ΔTCAR〔-5，+5〕	579	0.0066	0.0604	0.0015	-0.1017	0.1625
董事联结特征	BI	631	0.1892	0.3920	0	0	1
	AE	631	1.0254	1.0966	0	0	10
	IAE	631	0.1480	0.4382	0	0	3
	RAE	631	0.3787	0.6367	0	0	5
	UAE	631	0.6469	1.2165	0	0	10
公司并购经验	FAE	631	0.6152	2.4952	0	0	8
	FIAE	631	0.2073	0.9352	0	0	5
	FRAE	631	0.1276	0.2847	0	0	3
	FUAE	631	0.4876	0.4339	0	0	7
并购交易特征	METHOD	631	0.8138	0.3895	1	0	1
	CON	631	0.0754	0.2642	0	0	1
	SYN_P	631	2.0815	1.3269	1	1	4
	SYN_F	631	0.0206	6.9250	0.0018	-0.1292	0.3122
	ROE_R	631	0.0109	0.2370	0	-0.9401	1.0740
	SIZE_R	631	0.9625	0.3088	0.985	0	1.5535
并购方特征	CRL	631	0.3488	0.1551	0.3334	0.0535	0.7482
	SHARE	631	0.0286	0.1046	0.0000	0.0000	0.5993
	HUBRIS	631	0.3987	0.1269	0.3812	0.1420	0.8077
	CASH	631	0.0093	0.1262	0.0111	-0.6086	0.3174
	LEV	631	0.5135	0.2833	0.5314	0.0000	1.7727
	MB	631	1.7915	3.2856	1.2612	-8.5765	24.8279
	TOBONQ	631	1.7597	1.9709	1.1168	0	11.3760
	GROWTH	631	0.2294	0.5569	0.1119	-0.6149	3.7566
	NATURE	631	0.5246	0.4998	1	0	1
目标方特征	CRL	631	0.3096	0.1831	0.3017	0	0.7482
	SHARE	631	0.0183	0.0733	0	0	0.4254

续表

	变　量	样本数	均值	标准差	中位数	最小值	最大值
目标方特征	HUBRIS	631	0.3467	0.1697	0.3468	0	0.7638
	CASH	631	0.0118	0.0937	0.0035	-0.3046	0.3232
	LEV	631	0.5407	0.2872	0.5357	0	1.6305
	MB	631	1.8387	2.0765	1.3067	-2.7474	12.1593
	TOBONQ	631	1.4661	1.5639	0.9370	0	7.9076
	GROWTH	631	0.1574	0.4163	0.1019	-0.6206	2.9100
	NATURE	631	0.5877	0.4926	1	0	1
并购后实体特征	CRL	631	0.3488	0.1551	0.3334	0.0444	0.7482
	SHARE	631	0.0182	0.0597	0	0	0.5167
	HUBRIS	631	0.3536	0.1224	0.3473	0.0014	0.7990
	CASH	631	0.0086	0.0752	0.0052	-0.4269	0.2603
	LEV	631	0.5492	0.2220	0.5446	0	1.0647
	MB	631	1.7829	1.5466	1.4627	-2.4441	10.7855
	TOBONQ	631	1.3871	1.3651	0.9691	0	8.8277
	GROWTH	631	0.2053	0.3721	0.1364	-0.6184	3.7105
	NATURE	631	0.5246	0.4998	1	0	1

5.3.1.3　变量分组样本描述性统计分析

本书以焦点并购公司与目标公司是否存在董事联结为标准，将样本分为联结样本和非联结样本，对两组样本间的差异性进行了均值 T 检验和秩和检验，表5-3给出了两组样本的描述性统计结果。有无董事联结样本之间存在着显著的差异：与目标公司存在董事联结的样本，并购公司的短期并购绩效（ACAR）、长期并购绩效（BHAR 和 ΔROA）以及并购后实体的并购绩效（PCAR）均显著高于不存在董事联结的样本组，目标公司的相对并购绩效（ΔTCAR）显著低于不存在董事联结的样本组，符合本书的理论预期；联结样本中联结董事的并购经验（AE）、同行业或同产品市场并购经验（IAE）、相关并购经验（RAE）和非相关并购经验（UAE）显著多于非联结样本组；联结样本中并购公司的同行业或同产品市场并购经验（FIAE）以及相关并购经验（FRAE）均显著高于非联结样本组，并购公司的并购经验（FAE）和非相关并购经验（FUAE）显著低于非联结样本组；联结样本中的产品协同（SYN_P）显著高于非联结样本组，财务协同（SYN_F）显著低于非联结样本组。通过观察并购公司、目标公司和并购后实体的特征，可以发现联结样本中三种主体的高管持股水平（SHARE）显著均低于非联结样本组；联结样本中并购公司和并购后实体的股权集中度（CRL）显著低于非联结样本组，股权性质（NATURE）为国企的公司数量显著高于非联结样本组；联结样本中并购公司的托宾Q值（TOBINQ）显著低于非联结样本组；目标公司和并购后实体的高管过度自信（HUBRIS）程度高于非联结样本组。

表5-3   联结样本和非联结样本描述性统计

变量		联结样本		非联结样本		T-检验	秩和检验
		均值	中位数	均值	中位数		
	ACAR [-5, +5]	0.008	0.004	0.001	-0.001	1.972**	1.980**
	BHAR	0.002	0.001	-0.011	-0.005	1.815*	1.798*
	ΔROA	0.019	0.006	0.008	-0.003	1.926*	1.709*
	PCAR [-5, +5]	0.011	0.006	0.009	0.002	1.738*	1.675*
	ΔTCAR [-5, +5]	0.005	0.000	0.007	0.002	-1.733*	-1.625*
董事联结特征	AE	1.554	1.000	0.902	0.000	5.306***	5.757***
	IAE	0.325	0.107	0.107	0.000	5.917***	5.801***
	RAE	0.439	0.000	0.369	0.000	3.738***	3.853***
	UAE	1.115	0.537	0.537	0.000	3.621***	5.287***
公司并购经验	FAE	0.415	0.000	0.662	0.000	-1.992**	0.004
	FIAE	0.331	0.000	0.178	0.000	2.483**	3.944***
	FRAE	0.159	0.000	0.120	0.000	3.476***	2.984***
	FUAE	0.256	0.000	0.542	0.000	-2.060**	-1.024
并购交易特征	METHOD	0.797	1.000	0.818	1.000	-0.540	-0.541
	CON	0.081	0.000	0.074	0.000	0.276	0.276
	SYN_P	2.699	3.000	1.937	1.000	5.880***	5.601***
	SYN_F	0.450	0.231	2.450	0.163	-2.832***	-0.583
	ROE_R	0.015	0.000	0.010	0.000	0.197	0.108
	SIZE_R	0.940	0.954	0.968	0.988	-0.883	-2.186**
并购公司特征	CRL	0.330	0.298	0.353	0.348	-1.402	-1.664*
	SHARE	0.005	0.000	0.035	0.000	-2.670***	-0.348
	HUBRIS	0.397	0.376	0.399	0.383	-0.139	-0.475

续表

变　　量		联结样本		非联结样本		T - 检验	秩和检验
		均值	中位数	均值	中位数		
并购公司特征	CASH	0.023	0.016	0.006	0.010	1.322	0.703
	LEV	0.520	0.497	0.512	0.534	0.280	-0.445
	MB	1.359	0.983	1.892	1.334	-1.622	-1.122
	TOBONQ	1.375	0.965	1.850	1.174	-2.314**	-1.481
	GROWTH	0.155	0.129	0.247	0.104	-1.646	-0.286
	NATURE	0.634	1.000	0.499	0.000	2.713***	2.699***
目标公司特征	CRL	0.304	0.291	0.311	0.311	-0.402	-0.750
	SHARE	0.007	0.000	0.021	0.000	-1.893*	-0.263
	HUBRIS	0.398	0.402	0.335	0.340	3.757***	3.553***
	CASH	0.018	0.014	0.010	0.001	0.814	1.159
	LEV	0.547	0.546	0.539	0.536	0.251	-0.089
	MB	2.017	1.204	1.797	1.329	1.057	0.865
	TOBONQ	1.557	0.804	1.445	0.947	0.716	0.606
	GROWTH	0.148	0.120	0.160	0.085	-0.286	0.460
	NATURE	0.642	1.000	0.575	1.000	1.366	1.365
并购后实体特征	CRL	0.330	0.298	0.353	0.348	-1.401	-1.663*
	SHARE	0.005	0.000	0.022	0.000	-2.693***	-0.578
	HUBRIS	0.382	0.365	0.347	0.342	2.777***	2.173**
	CASH	0.015	0.013	0.007	0.004	1.015	0.739
	LEV	0.528	0.540	0.554	0.547	-1.191	-1.110
	MB	1.833	1.430	1.771	1.467	0.398	0.467
	TOBONQ	1.344	0.928	1.397	0.996	-0.390	0.449
	GROWTH	0.181	0.141	0.211	0.132	-0.791	0.101
	NATURE	0.634	1.000	0.499	0.000	2.713***	2.699***

注：*、**、***分别代表10%、5%和1%的显著性水平。

　　本书以焦点公司进行的并购是否相关并购为标准，将样本分为相关并购样本和非相关并购样本，对两组样本间的差异性进行了均值 T 检验和秩和检验，表 5 - 4 给出了两组样本的描述性统计结果。并购绩效在两种样本中存在一定的差异：相关并购样本中的并购公司短期并购绩效（ACAR）、长期并购绩效（ΔROA）以及并购后实体的并购绩效（PCAR）均显著高于非相关并购样本组，目标公司的相对并购绩效（ΔTCAR）显著低于不存在非相关并购样本组，说明相关并购更有利于并购财富的创造。董事联结（BI）在相关并购样本和非相关并购样本中不存在显著差异，说明关于本书的主要结论，并非是由于并购类型的样本差异所造成的。联结董事的并购经验在两种样本中也存在一定的差异：相关并购样本中联结董事的并购经验（AE）和非相关并购经验（UAE）显著低于非相关并购样本组；同行业或同产品市场并购经验（IAE）和相关并购经验（RAE）显著高于非相关并购样本组。相关并购样本中，并购公司的并购经验（FAE）和非相关并购经验（FUAE）显著低于非相关并购样本组；并购公司的相关并购经验（FRAE）显著高于非相关并购样本组。相关并购样本中，产品协同（SYN_P）程度显著高于非相关并购样本组，支付方式（METHOD）、财务协同（SYN_F）程度和相对规模（SIZE_R）均显著低于非相关并购样本组。通过观察并购公司、目标公司和并购后实体的特征，可以发现相关并购样本中并购公司和目标公司的自由现金流（CASH）显著低于非相关并购样本组，目标公司和并购后实体的资产负债率（LEV）均低于非相关并购样本组，并购公司和并购后实体的股权性质（NATURE）为国企的公司数量显著高于非相关并购样本组。

表 5 - 4　　　　　　　　相关并购样本和非相关并购样本描述性统计

变　量		相关并购样本		非相关并购样本		T - 检验	秩和检验
		均值	中位数	均值	中位数		
	ACAR [-5, +5]	0.007	0.004	0.001	- 0.001	2.700 ***	2.107 **
	BHAR	- 0.006	- 0.001	- 0.009	- 0.007	0.749	1.212
	ΔROA	0.017	0.008	0.007	- 0.002	2.896 ***	1.597
	PCAR [-5, +5]	0.011	0.007	0.008	0.001	1.687 *	1.601
	ΔTCAR [-5, +5]	0.006	0.000	0.007	0.003	- 3.008 ***	- 2.675 ***
董事联结特征	BI	0.318	0.000	0.131	0.341	5.661 ***	5.530 ***
	AE	0.862	0.000	1.099	1.000	- 1.873 *	- 2.123 **
	IAE	0.315	0.000	0.073	0.000	5.128 ***	4.059 ***
	RAE	0.407	0.366	0.366		2.698 ***	3.108 ***
	UAE	0.455	0.000	0.733	0.000	- 10.790 ***	- 4.160 ***
公司并购经验	FAE	0.463	0.000	0.679	0.000	- 2.998 ***	- 2.319 **
	FIAE	0.206	0.000	0.208	0.000	- 0.026	0.873
	FRAE	0.196	0.000	0.099	0.000	5.842 ***	5.254 ***
	FUAE	0.267	0.000	0.581	0.000	- 5.111 ***	- 6.392 ***

续表

变　　量		相关并购样本		非相关并购样本		T - 检验	秩和检验
		均值	中位数	均值	中位数		
并购交易特征	METHOD	0.773	1.000	0.831	1.000	-1.738 *	-1.735 *
	CON	0.077	0.000	0.075	0.000	0.122	0.122
	SYN_P	3.959	4.000	1.283	1.000	61.277 ***	22.332 ***
	SYN_F	0.647	0.239	2.644	0.156	-3.253 ***	-0.311
	ROE_R	-0.019	0.000	0.023	0.000	-2.074 **	-0.886
	SIZE_R	0.906	0.976	0.987	0.989	-3.086 ***	-2.295 **
并购公司特征	CRL	0.354	0.349	0.347	0.330	0.005	0.003
	SHARE	0.029	0.000	0.029	0.000	-0.003	1.211
	HUBRIS	0.390	0.376	0.402	0.386	-1.097	-1.020
	CASH	-0.004	0.002	0.015	0.014	-1.737 *	-1.235
	LEV	0.498	0.498	0.520	0.534	-0.904	-0.813
	MB	1.673	1.188	1.842	1.283	-0.600	-0.060
	TOBONQ	1.611	1.083	1.823	1.134	-1.257	0.261
	GROWTH	0.206	0.098	0.239	0.126	-0.695	0.179
	NATURE	0.644	1.000	0.474	0.000	4.030 ***	3.983 ***
目标公司特征	CRL	0.305	0.291	0.312	0.306	-0.004	-0.005
	SHARE	0.013	0.000	0.021	0.000	-1.181	0.718
	HUBRIS	0.360	0.350	0.341	0.344	1.306	1.226
	CASH	0.001	0.003	0.016	0.004	-1.902 *	-1.442
	LEV	0.509	0.523	0.554	0.536	-1.844 *	-1.372
	MB	1.859	1.207	1.830	1.331	0.164	-0.430
	TOBONQ	1.480	0.998	1.460	0.908	0.147	0.869
	GROWTH	0.159	0.083	0.157	0.114	0.050	-1.261
	NATURE	0.613	1.000	0.577	1.000	0.868	0.868
并购后实体特征	CRL	0.354	0.349	0.347	0.330	0.005	0.003
	SHARE	0.014	0.000	0.020	0.000	-0.992	0.942
	HUBRIS	0.369	0.363	0.347	0.335	1.080	1.052
	CASH	0.003	0.008	0.011	0.004	-1.277	-0.914
	LEV	0.474	0.537	0.554	0.549	-2.679 ***	-2.207 **
	MB	1.812	1.432	1.799	1.484	0.177	0.322

续表

变 量		相关并购样本		非相关并购样本		T - 检验	秩和检验
		均值	中位数	均值	中位数		
并购后实体特征	TOBONQ	1.601	1.059	1.581	0.941	0.170	1.632
	GROWTH	0.189	0.122	0.212	0.144	-0.749	-0.806
	NATURE	0.644	1.000	0.474	0.000	4.030***	3.983***

注：*、**、***分别代表10%、5%和1%的显著性水平。

5.3.2　相关性检验

表5-5展示的是研究变量之间的相关系数矩阵。矩阵的下三角部分为Pearson检验结果，上三角部分为Spearman检验结果。通过对矩阵进行观察本书发现，董事联结（BI）与并购公司短期并购绩效（ACAR）、并购公司长期并购绩效（BHAR和ΔROA）以及并购后实体并购绩效（PCAR）存在显著正相关关系，与目标公司相对并购绩效（ΔTCAR）存在显著负相关关系，初步验证了前文假设1和假设3。联结董事的并购经验（AE）与并购公司短期并购绩效（ACAR）、并购公司长期并购绩效（BHAR和ΔROA）以及并购后实体并购绩效（PCAR）存在显著正相关关系，与目标公司相对并购绩效（ΔTCAR）存在显著负相关关系，说明联结董事的并购经验有助于提高并购公司和并购后实体的并购绩效，但是，却会降低目标公司的相对并购绩效。联结董事的同行业或同产品市场并购经验（IAE）与并购公司短期并购绩效（ACAR）、并购公司长期并购绩效（BHAR和ΔROA）以及并购后实体并购绩效（PCAR）存在显著正相关关系，与目标公司相对并购绩效（ΔTCAR）存在显著负相关关系，说明联结董事的同行业或同产品市场并购经验，也有助于提高并购公司和并购后实体的并购绩效，同样这种并购经验也会降低目标公司的相对并购绩效。联结董事的相关并购经验（RAE）和非相关并购经验（UAE）对并购绩效不存在显著的影响，这可能是因为当联结董事的并购经验与当前并购高度相似时，并购并购才能更好地发挥作用，对并购决策的合理性和有效性产生积极影响（Haleblian & Finkelstein, 1999），而错误的差异化则对当前并购决策无影响（Haleblian & Finkelstein, 1999; Finkelstein & Haleblian, 2002; 程兆谦, 2011）。

表 5 – 5 变量的相关性分析

	变 量	1	2	3	4	5	6	7	8
并购绩效	1. ACAR[a]	1	0. 082	0. 030	0. 699 ***	− 0. 684 ***	0. 041 **	0. 093 **	0. 109 *
	2. BHAR	0. 152	1	0. 274 ***	0. 104	− 0. 178	0. 055 *	0. 054 *	0. 060 *
	3. ΔROA	0. 027	0. 252 ***	1	0. 154	− 0. 143	0. 121 *	0. 097 *	0. 144 *
	4. PCAR[b]	0. 729 ***	0. 005	0. 153	1	− 0. 230 **	0. 037 **	0. 055 *	0. 149 *
	5. ΔTCAR[c]	− 0. 695 ***	− 0. 176	− 0. 106	− 0. 322 ***	1	− 0. 112 *	− 0. 084 *	− 0. 056 *
董事联结特征	6. BI	0. 079 **	0. 021 *	0. 093 *	0. 023 **	− 0. 114 *	1	0. 133	0. 074
	7. AE	0. 085 **	0. 068 *	0. 111 *	0. 060 *	− 0. 071 *	0. 093	1	0. 455 ***
	8. IAE	0. 042 *	0. 091 *	0. 095 *	0. 112 *	− 0. 079 *	0. 061	0. 427 ***	1
	9. RAE	0. 080	0. 073	0. 024	0. 053	− 0. 023	0. 054	0. 592 ***	0. 587 ***
	10. UAE	0. 068	0. 006	0. 105	0. 073	− 0. 093	0. 062	0. 894 ***	0. 417 ***
公司并购经验	11. FAE	0. 052	0. 021	0. 079	0. 070	− 0. 017	0. 083	0. 099	− 0. 053
	12. FIAE	0. 107	0. 196 **	0. 055	0. 001	− 0. 097	0. 123 **	0. 032	0. 035
	13 FRAE	0. 074	0. 016	0. 173 *	0. 042	− 0. 110	0. 027	0. 039	0. 027
	14. FUAE	0. 089	0. 022	− 0. 024	0. 065	− 0. 025	0. 106	0. 093	− 0. 068
并购交易特征	15. METHOD	0. 155 ***	0. 155 *	0. 123 *	0. 041 *	− 0. 039 *	0. 194 **	− 0. 018	− 0. 105 **
	16. CON	0. 120 ***	− 0. 009	0. 148 *	0. 003 *	− 0. 036	− 0. 042	0. 032	0. 016
	17. SYN_P	0. 073 *	0. 114	− 0. 120	0. 122 *	− 0. 172 *	0. 114 **	− 0. 062	0. 098
	18. SYN_F	− 0. 028	0. 181 **	0. 178 ***	− 0. 164 ***	0. 178 **	− 0. 093	0. 030	0. 106
	19. ROE_R	− 0. 115	− 0. 037	0. 014	− 0. 096	− 0. 126	0. 160 *	0. 135	0. 145
	20. SIZE_R	0. 100 ***	0. 237 **	0. 185 ***	0. 175 ***	0. 140	− 0. 132	− 0. 087	0. 093
并购公司特征	21. CRL	− 0. 092	− 0. 094	− 0. 110	− 0. 070	0. 026	− 0. 111 **	− 0. 165 *	− 0. 081
	22. SHARE	− 0. 112	− 0. 046	0. 154	0. 033	− 0. 113	− 0. 096	− 0. 115	− 0. 050
	23. HUBRIS	− 0. 077	− 0. 177 **	− 0. 068	− 0. 002	− 0. 058	− 0. 023	− 0. 148 ***	− 0. 101 **
	24. CASH	− 0. 024	− 0. 018	− 0. 080	− 0. 043	− 0. 028	0. 107	− 0. 117	− 0. 058
	25. LEV	− 0. 049	− 0. 109	− 0. 158 ***	− 0. 126	− 0. 042	− 0. 152	0. 046	0. 124
	26. MB	0. 030	0. 075	0. 169 ***	− 0. 071	0. 078	− 0. 084	0. 003	0. 065
	27. TOBONQ	− 0. 036	− 0. 178 *	− 0. 166 ***	− 0. 069	− 0. 065	− 0. 054	− 0. 076	− 0. 029
	28. GROWTH	0. 047	0. 145	0. 128	0. 054	− 0. 131	0. 123 **	0. 002	− 0. 067
	29. NATURE	− 0. 041	− 0. 126 **	− 0. 090	− 0. 017	0. 069	0. 056	0. 008	− 0. 063
目标公司特征	30. CRL	− 0. 092	− 0. 094	0. 110	− 0. 070	0. 026	− 0. 111 **	− 0. 165 *	− 0. 081
	31. SHARE	− 0. 034	− 0. 142	− 0. 065	− 0. 036	0. 025	− 0. 024	0. 076	− 0. 061
	32. HUBRIS	0. 031	− 0. 083	0. 034	− 0. 032	0. 057	0. 197 **	− 0. 066	− 0. 109

续表

变　量	1	2	3	4	5	6	7	8
目标公司特征								
33. CASH	0.159*	-0.160*	0.067	0.180*	-0.126	0.148	-0.010	0.005
34. LEV	-0.068	-0.019	0.093	-0.140	-0.072	-0.074	-0.067	0.043
35. MB	-0.074	-0.022	-0.146	-0.051	-0.010	-0.053	0.130	-0.043
36. TOBONQ	-0.006	0.045	-0.124	0.091	0.042	0.077	0.085	-0.098
37. GROWTH	-0.135	-0.155***	-0.026	-0.171*	0.084	-0.097	-0.024	0.018
38. NATURE	-0.022	-0.104	-0.005	-0.094	-0.026	-0.019	-0.114	-0.128
并购后实体特征								
39. CRL	-0.092	-0.094	0.110	-0.070	0.026	-0.111**	-0.165*	-0.081
40. SHARE	0.099	0.027	-0.153	-0.041	-0.104	-0.098	-0.102	-0.055
41. HUBRIS	0.046	0.045	-0.006	0.051	0.022	0.073	-0.168*	-0.102**
42. CASH	0.102	-0.138	0.042	0.097	-0.072	0.174*	-0.028	-0.004
43. LEV	-0.112	0.098	0.141***	-0.167**	-0.132	-0.158*	0.009	0.196**
44. MB	-0.124	-0.098	-0.164*	-0.095	0.039	-0.036	0.063	-0.014
45. TOBONQ	-0.038	0.006	-0.180*	0.062	0.136	0.028	-0.020	-0.110
46. GROWTH	-0.093	-0.182*	-0.049	-0.089	0.099	0.098	-0.006	-0.015
47. NATURE	-0.041	-0.226**	-0.090	-0.017	0.069	0.056	0.008	-0.063

变　量	9	10	11	12	13	14	15	16
并购绩效								
1. ACAR[a]	0.045	0.115	0.007	0.058	0.002	0.032	0.003*	0.010*
2. BHAR	0.063	0.004	0.031	0.159*	0.064	0.008	*0.165	-0.007
3. ΔROA	0.029	0.114	0.185	0.025	0.198*	-0.097	0.132*	0.175*
4. PCAR[b]	0.097	0.056	0.054	0.019	0.028	0.051	0.057*	0.026*
5. ΔTCAR[c]	-0.039	-0.083	-0.097	-0.097	-0.097	-0.005	-0.021*	-0.041
董事联结特征								
6. BI	0.085	0.106	0.028	0.180*	0.041	0.053	0.194**	-0.042
7. AE	0.613***	0.943***	0.136**	0.071	0.057	0.195**	0.005	0.022
8. IAE	0.441***	0.383***	0.027	0.081	-0.002	0.027	-0.188**	0.053
9. RAE	1	0.420***	0.141	0.008	0.192**	0.055	-0.027	-0.102
10. UAE	0.349***	1	0.206**	0.053	-0.012	0.107**	0.001	0.038
公司并购经验								
11. FAE	0.149	0.060	1	0.609***	0.523***	0.761***	0.020	0.028
12. FIAE	-0.010	0.023	0.398***	1	0.465***	0.258***	0.052	0.005
13 FRAE	0.186**	-0.037	0.528***	0.499***	1	0.054*	0.031	-0.006
14. FUAE	0.081	0.083	0.932***	0.260***	0.200**	1	-0.055	0.103
并购交易特征								
15. METHOD	-0.044	-0.028	-0.067	0.074	0.020	-0.094	1	-0.121***
16. CON	-0.095	0.037	0.160*	-0.024	0.021	0.188*	-0.121***	1

续表

变　　量	9	10	11	12	13	14	15	16
17. SYN_P	0.071	− 0.087	− 0.132 **	0.148	0.170 ***	− 0.181 ***	0.003	− 0.070
18. SYN_F	0.047	0.036	− 0.076	− 0.033	− 0.126	− 0.040	− 0.046	0.002
19. ROE_R	0.046	0.195 **	− 0.131	− 0.048	− 0.148	− 0.096	0.024	− 0.168 *
20. SIZE_R	− 0.063	− 0.054	− 0.176 ***	− 0.002	− 0.131 **	− 0.121 **	− 0.180 *	0.054
21. CRL	− 0.032	− 0.110 **	0.041	− 0.056	− 0.066	0.073	− 0.078	0.120
22. SHARE	− 0.069	− 0.095	− 0.064	− 0.018	0.014	− 0.081	0.038	− 0.027
23. HUBRIS	− 0.145 ***	− 0.144	− 0.155	− 0.152	− 0.053	− 0.157 *	0.019	− 0.074
24. CASH	− 0.057	− 0.103	0.025	0.165 *	0.082	0.001	0.006	− 0.127 **
25. LEV	0.072	0.039	0.054	0.059	− 0.158 *	0.129	− 0.171 *	− 0.004
26. MB	0.014	0.026	− 0.103	− 0.124 **	0.004	− 0.136	− 0.102	− 0.111
27. TOBONQ	− 0.011	− 0.077	− 0.002	0.067	0.018	0.002	0.073	0.081
28. GROWTH	0.004	− 0.059	− 0.061	0.020	− 0.020	− 0.058	− 0.001	0.024
29. NATURE	0.064	0.074	0.009	0.139	0.142 ***	− 0.088	0.188 *	0.025
30. CRL	− 0.032	− 0.110 **	0.041	− 0.056	− 0.066	0.073	− 0.078	0.120
31. SHARE	0.074	0.047	− 0.019	− 0.074	− 0.016	− 0.053	0.047	− 0.033
32. HUBRIS	0.015	− 0.142	− 0.103	− 0.037	− 0.055	− 0.097	0.156 *	− 0.076
33. CASH	0.063	− 0.076	0.108	− 0.055	− 0.130	0.172 *	− 0.104	0.095
34. LEV	0.012	− 0.031	− 0.075	0.027	− 0.043	− 0.078	− 0.101	0.088
35. MB	0.134	0.073	0.004	− 0.123	0.034	− 0.019	0.151	− 0.135
36. TOBONQ	0.092	0.018	0.120	− 0.107	0.032	0.134	0.033	− 0.027
37. GROWTH	0.019	0.002	0.005	− 0.093	− 0.090	0.048	0.022	0.032
38. NATURE	− 0.131 **	− 0.022	− 0.087	0.177 *	0.044	− 0.098	0.088	− 0.005
39. CRL	− 0.032	− 0.110 **	0.041	− 0.056	− 0.066	0.073	− 0.078	0.120
40. SHARE	− 0.059	− 0.084	− 0.064	− 0.019	0.029	− 0.086	0.042	− 0.029
41. HUBRIS	− 0.131	− 0.102	− 0.104	− 0.124	0.052	− 0.141	0.193 **	− 0.078
42. CASH	− 0.004	− 0.077	0.058	0.104	0.052	0.054	− 0.016	− 0.027
43. LEV	0.097	0.013	− 0.033	− 0.022	− 0.175 *	0.034	− 0.199 **	0.040
44. MB	0.062	0.041	− 0.156	− 0.140 **	− 0.046	− 0.176 *	0.106	− 0.065
45. TOBONQ	− 0.016	− 0.031	0.018	− 0.098	0.111	− 0.012	0.066	0.054
46. GROWTH	− 0.003	− 0.035	− 0.141	− 0.050	− 0.158 *	− 0.095	0.026	0.059
47. NATURE	0.064	0.074	0.009	0.139	0.142 ***	− 0.088	0.188 **	0.025

行标签说明：
- 并购交易特征（17-20）
- 并购公司特征（21-29）
- 目标公司特征（30-38）
- 并购后实体特征（39-47）

续表

变量		17	18	19	20	21	22	23	24
并购绩效	1. ACAR	0.092 *	− 0.074	− 0.174 *	0.114	− 0.122	− 0.023	− 0.055	− 0.005
	2. BHAR	0.114	0.103	− 0.053	0.145	− 0.086	− 0.139	− 0.170 ***	− 0.040
	3. ΔROA	− 0.078	0.013	0.040	0.112	− 0.070	0.018	− 0.114	− 0.034
	4. PCAR	0.081 *	− 0.184 **	− 0.086	0.168 ***	− 0.085	0.120	− 0.010	− 0.016
	5. ΔTCAR	− 0.130	0.052	− 0.126	0.087	0.087	− 0.010	− 0.011	− 0.066
董事联结特征	6. BI	0.141 ***	0.026	0.095	− 0.031	− 0.106 **	0.088	− 0.039	0.143
	7. AE	− 0.033	− 0.060	0.147	− 0.043	− 0.194 **	0.023	− 0.144 ***	− 0.064
	8. IAE	0.015	− 0.033	0.147	0.073	− 0.090	− 0.170 *	− 0.146 ***	− 0.091
	9. RAE	0.062	0.054	− 0.036	− 0.069	− 0.003	− 0.124	− 0.150 ***	− 0.052
	10. UAE	− 0.076	− 0.052	0.179 *	− 0.062	− 0.133 **	0.040	− 0.111 **	− 0.070
公司并购经验	11. FAE	− 0.198 **	− 0.074	− 0.096	− 0.113 ***	0.038	− 0.121	− 0.123	0.018
	12. FIAE	0.169 *	0.062	− 0.103	− 0.076	− 0.011	0.045	− 0.146	0.136 **
	13FRAE	0.136 **	0.051	− 0.138	− 0.159 *	− 0.003	0.039	0.004	0.081
	14. FUAE	− 0.176 ***	− 0.105	− 0.012	− 0.187 ***	0.106	− 0.196 **	− 0.133	− 0.054
并购交易特征	15. METHOD	− 0.001	− 0.047	− 0.013	− 0.114	− 0.088	0.116	0.037	− 0.064
	16. CON	− 0.079	0.138	− 0.042	0.106	0.103	− 0.080	− 0.081	− 0.150
	17. SYN_P	1	0.021	0.013	0.119	− 0.117 **	0.123 ***	0.012	0.172 *
	18. SYN_F	− 0.094	1	0.023	0.142 ***	− 0.071	0.077	0.138	0.050
	19. ROE_R	− 0.121	0.084	1	0.159 *	0.113	0.071	0.008	− 0.080
	20. SIZE_R	− 0.113	0.153 ***	0.184 *	1	0.071	0.105 **	0.119 ***	0.069
并购公司特征	21. CRL	− 0.117 **	− 0.064	0.082	0.098	1	− 0.133	0.039	− 0.027
	22. SHARE	0.169 *	− 0.039	− 0.042	0.020	− 0.160 *	1	0.187 ***	0.186 **
	23. HUBRIS	0.044	0.137	0.016	0.197 ***	0.045	0.108	1	− 0.008
	24. CASH	0.102	0.002	− 0.037	0.083	− 0.052	0.135	− 0.045	1
	25. LEV	− 0.161 ***	0.104 ***	0.099	0.109 ***	0.137 **	− 0.13	0.023	0.007
	26. MB	0.121	− 0.138	0.089	− 0.171 *	− 0.179 *	0.062	0.012	− 0.039
	27. TOBONQ	0.119	0.113 **	− 0.049	0.170 ***	0.008	0.138 ***	0.177 ***	0.142 ***
	28. GROWTH	0.008	− 0.111	− 0.011	− 0.167 *	− 0.052	− 0.045	− 0.127	0.025
	29. NATURE	0.107	− 0.129	− 0.118	− 0.145 ***	0.102	− 0.198 **	− 0.128	− 0.132
目标公司特征	30. CRL	− 0.117 **	− 0.064	0.082	0.098	0.013 *	− 0.160 *	0.045	− 0.052
	31. SHARE	− 0.070	− 0.095	− 0.020	− 0.129	− 0.013	− 0.024	− 0.095	− 0.060
	32. HUBRIS	0.083	− 0.080	− 0.048	− 0.141 ***	− 0.080	0.132 **	0.019	0.162 *

续表

变　量		17	18	19	20	21	22	23	24
目标公司特征	33. CASH	−0.182***	0.039	0.158*	0.012	0.143	0.033	−0.091	−0.085
	34. LEV	−0.150	0.179***	0.173*	0.146***	0.064	−0.111	0.122	0.053
	35. MB	0.138	−0.014	−0.063	−0.172*	−0.016	0.095	0.052	−0.112
	36. TOBONQ	0.116**	−0.154***	−0.107**	−0.134***	−0.130	0.154	−0.066	0.026
	37. GROWTH	−0.083	0.114	−0.039	0.118	−0.009	0.068	−0.128	−0.027
	38. NATURE	0.076	0.102	0.165*	0.174***	0.112***	0.076	0.081	0.072
并购后实体特征	39. CRL	−0.117**	−0.064	0.082	0.098	0.546*	−0.160*	0.045	−0.052
	40. SHARE	0.162*	−0.047	−0.048	0.009	−0.166*	0.992***	0.098	0.141
	41. HUBRIS	0.126	−0.062	−0.088	−0.115	−0.033	0.159***	0.69***	0.032
	42. CASH	−0.031	0.025	−0.014	−0.009	−0.030	0.100	−0.120	0.647***
	43. LEV	−0.148***	0.141***	0.172*	0.188***	0.085	−0.159*	−0.021	−0.016
	44. MB	0.120**	−0.112	0.05	−0.164*	−0.062	0.145	0.072	−0.133
	45. TOBONQ	0.105***	−0.182***	−0.199**	−0.119***	−0.139	0.139***	0.165*	0.181*
	46. GROWTH	−0.018	0.101	0.056	0.035	−0.011	0.042	−0.100	0.034
	47. NATURE	0.107**	−0.129	−0.118	−0.145***	0.102	−0.198**	−0.128	−0.132

变　量		25	26	27	28	29	30	31	32
并购绩效	1. ACAR	−0.051	0.038	−0.054	0.101	−0.07	−0.122	−0.011	0.063
	2. BHAR	−0.011	0.038	−0.167**	0.128	−0.132**	−0.086	−0.121	−0.118
	3. ΔROA	−0.146	0.103	−0.064	0.043	−0.026	0.070	−0.127	0.007
	4. PCAR	−0.073	−0.034	−0.031	0.013	−0.009	−0.085	−0.078	−0.013
	5. ΔTCAR	−0.002	0.022	−0.041	−0.146	0.076	0.087	0.061	0.017
董事联结特征	6. BI	−0.135	−0.124	−0.033	0.146***	0.056	−0.106**	10.051	0.164*
	7. AE	0.106	0.105	−0.021	−0.022	0.004	−0.194**	0.043	−0.057
	8. IAE	0.138**	0.152	−0.049	−0.003	−0.102**	−0.090	−0.091	−0.084
	9. RAE	0.088	0.119	−0.044	0.025	0.011	−0.003	−0.035	0.069
	10. UAE	0.121	0.108	−0.030	−0.041	0.002	−0.133**	0.034	−0.107
公司并购经验	11. FAE	0.080	−0.181*	−0.100	−0.005	−0.096	0.038	0.166***	−0.111
	12. FIAE	−0.050	−0.208	0.050	0.090	0.102	−0.011	0.122	−0.098
	13 FRAE	−0.166*	−0.035	0.006	−0.027	0.130**	−0.003	0.190**	−0.087
	14. FUAE	0.133**	−0.156*	−0.132	−0.015	−0.173***	0.106	0.078	−0.082
并购交易特征	15. METHOD	−0.143***	−0.106	0.146	−0.010	0.188*	−0.088	−0.015	0.187**
	16. CON	0.019	−0.069	0.095	0.037	0.025	0.103	0.004	−0.103

变 量	25	26	27	28	29	30	31	32
并购 交易 特征								
17. SYN_P	−0.112 **	0.048	0.136	−0.036	0.119 **	−0.117 **	0.081	0.025
18. SYN_F	−0.197 **	0.000	0.092	−0.030	0.069	−0.071	−0.114	−0.130
19. ROE_R	0.072	0.028	0.137	−0.031	−0.044	0.113	−0.114	−0.116
20. SIZE_R	−0.019	0.053	0.178 ***	−0.172 *	−0.034	0.071	−0.141 ***	−0.135 **
并购 公司 特征								
21. CRL	0.187	−0.016	−0.093	0.040	0.091	0.013 *	−0.186	−0.050
22. SHARE	−0.159 *	−0.127	0.152 ***	−0.080	0.012	−0.133	−0.112	0.059
23. HUBRIS	−0.161 *	0.113	0.107 **	−0.107	−0.103	0.039	−0.117	0.000
24. CASH	−0.159 *	−0.147	0.113 **	−0.017	−0.089	−0.027	−0.034	0.101
25. LEV	1	0.171 *	−0.128 ***	−0.045	−0.133 **	0.187 **	0.029	−0.024
26. MB	−0.110 **	1	−0.041	0.121 **	−0.090	−0.016	0.118	0.083
27. TOBONQ	0.108	−0.176 *	1	−0.100	−0.042	−0.093	−0.116 **	0.002
28. GROWTH	−0.190	0.191 **	−0.186 **	1	0.054	0.040	0.001	0.177 *
29. NATURE	−0.197 ***	0.084	−0.136	0.072	1	0.091	−0.046	−0.099
目标 公司 特征								
30. CRL	0.137 **	−0.179 *	0.008	−0.052	0.102	1	−0.186	−0.050
31. SHARE	0.073	0.106	−0.086	0.033	−0.123	−0.013	1	0.075
32. HUBRIS	0.061	−0.003	0.097	0.179 *	−0.075	−0.080	0.110	1
33. CASH	0.015	0.029	−0.157 *	0.190 **	−0.070	0.143	0.039	0.024
34. LEV	0.260 ***	0.063	−0.002	0.158 *	0.123	0.064	−0.191 **	−0.032
35. MB	−0.101	0.186 *	−0.108	−0.074	−0.006	−0.016	−0.016	0.071
36. TOBONQ	−0.150	−0.028	0.189 **	0.009	−0.091	−0.130	0.138 **	0.127
37. GROWTH	−0.064	−0.005	−0.011	−0.034	0.062	−0.009	−0.015	−0.037
38. NATURE	0.000	−0.073	0.177 *	−0.025	0.253 ***	0.112 ***	−0.103 ***	−0.065
并购 后实 体特 征								
39. CRL	0.137 **	−0.179 *	0.008	−0.052	0.102	0.563 ***	−0.013	−0.080
40. SHARE	−0.125	0.072	0.124 ***	−0.040	−0.195 **	−0.166 *	0.044	0.140 **
41. HUBRIS	−0.065	−0.039	0.136 **	0.008	0.026	−0.033	−0.041	0.546 ***
42. CASH	−0.086	−0.004	0.052	0.185 **	−0.072	−0.030	−0.071	0.161 *
43. LEV	0.781 ***	−0.039	−0.081	−0.071	−0.141 ***	0.085	0.026	−0.107
44. MB	−0.148	0.586 **	−0.032	0.147	0.071	−0.062	0.084	0.150
45. TOBONQ	−0.182 ***	0.023	0.560 ***	0.020	0.077	−0.139	0.011	0.180 *
46. GROWTH	−0.079	0.167 *	−0.028	0.792 ***	0.072	−0.011	0.030	0.120
47. NATURE	−0.197 ***	0.084	−0.136	0.072	1	0.102	−0.123	−0.075

续表

变　量	33	34	35	36	37	38	39	40
并购绩效 1. ACAR	0.110	−0.106	−0.054	0.002	−0.141	−0.011	−0.122	0.020
2. BHAR	−0.186**	−0.015	−0.012	0.023	−0.150	−0.068	−0.086	−0.026
3. ΔROA	0.011	0.079	−0.063	−0.132	−0.050	−0.032	0.070	−0.083
4. PCAR	0.108	−0.212**	−0.006	0.132	−0.185**	−0.048	−0.085	−0.044
5. ΔTCAR	−0.058	−0.080	−0.020	0.120	0.036	−0.026	0.087	0.082
董事联结特征 6. BI	0.130	−0.031	−0.053	0.068	−0.091	−0.019	−0.106**	0.091
7. AE	−0.034	−0.030	0.144	0.007	−0.046	−0.09	−0.194**	0.058
8. IAE	−0.102	0.030	0.048	−0.083	0.041	−0.180*	−0.090	−0.194**
9. RAE	0.042	0.036	0.132	0.079	−0.005	−0.149***	−0.003	−0.109
10. UAE	−0.056	0.001	0.120	−0.035	−0.022	−0.015	−0.133**	0.059
公司并购经验 11. FAE	0.094	−0.107	0.017	0.056	−0.001	0.008	0.038	0.098
12. FIAE	−0.053	0.048	−0.074	−0.037	−0.062	0.166	−0.011	0.105
13 FRAE	−0.063	−0.027	0.118	0.096	−0.069	0.058	−0.003	0.166*
14. FUAE	0.181*	−0.075	−0.023	0.028	0.096	−0.066	0.106	−0.103
并购交易特征 15. METHOD	−0.094	−0.119	0.146	0.024	0.019	0.088	−0.088	0.061
16. CON	0.112	0.118	−0.084	−0.022	0.069	−0.005	0.103	−0.055
17. SYN_P	−0.174*	−0.128	0.193**	0.110**	−0.027	0.082	−0.117**	0.199***
18. SYN_F	0.058	0.180***	−0.081	−0.141***	0.100	0.160*	−0.071	−0.067
19. ROE_R	0.027	0.095	0.008	−0.109	0.084	0.163	0.113	−0.020
20. SIZE_R	−0.088	0.172***	−0.122	−0.154***	0.182***	0.180***	0.071	−0.052
并购公司特征 21. CRL	0.128	0.025	−0.089	−0.042	−0.003	0.304	0.546*	−0.125
22. SHARE	−0.063	−0.103	0.088	0.185**	−0.035	0.122	−0.133	0.617***
23. HUBRIS	−0.180	0.054	0.130	0.012	−0.024	0.097	0.039	0.117
24. CASH	−0.056	−0.039	−0.147	0.097	−0.025	0.042	−0.027	0.050
25. LEV	−0.093	0.228**	−0.106	−0.132**	−0.029	−0.066	0.187*	−0.105
26. MB	0.005	0.164*	0.353***	−0.044	0.019	−0.032	−0.016	0.012
27. TOBONQ	−0.124	−0.086	−0.063	0.250***	−0.070	0.187**	−0.093	0.018
28. GROWTH	0.195**	0.093	−0.075	0.006	−0.032	−0.054	0.040	−0.058
29. NATURE	0.041	0.125	−0.046	−0.028	0.051	0.253***	0.091	−0.001
目标公司特征 30. CRL	0.128	0.025	−0.089	−0.042	−0.003	0.104***	0.563***	−0.125**
31. SHARE	0.003	−0.062	0.056	−0.033	0.094	−0.099	−0.186**	0.673***
32. HUBRIS	0.035	−0.074	0.055	0.118	−0.105	−0.036	−0.050	0.082

变　量		33	34	35	36	37	38	39	40
目标公司特征	33. CASH	1	0.081	-0.170*	-0.119	0.114	0.056	0.128	-0.093
	34. LEV	0.106**	1	-0.179***	-0.164***	0.042	0.143	0.025	-0.156*
	35. MB	-0.095	-0.165*	1	0.172***	-0.029	-0.167*	-0.089	0.133
	36. TOBONQ	-0.185***	-0.170***	0.123**	1	-0.191**	-0.120**	-0.042	0.176*
	37. GROWTH	0.157*	0.013	-0.038	-0.163*	1	0.125**	-0.003	0.044
	38. NATURE	0.012	0.149	-0.008	-0.170***	0.193**	1	0.104***	-0.023
并购后实体特征	39. CRL	0.143	0.064	-0.016	-0.130	-0.009	0.112***	1	-0.125**
	40. SHARE	0.045	-0.127	0.099	0.181*	0.069	0.050	-0.166*	1
	41. HUBRIS	-0.083	-0.015	0.169*	0.050	-0.158*	0.017	-0.033	0.155***
	42. CASH	0.405***	0.087	-0.127	-0.170*	0.061	0.034	-0.030	0.112
	43. LEV	0.076	0.576***	-0.089	-0.153***	-0.002	0.034	0.085	-0.161*
	44. MB	-0.032	0.028	0.714***	0.099	-0.042	-0.015	-0.062	0.152
	45. TOBONQ	-0.301***	-0.200***	0.110	0.691***	-0.085	0.005	-0.139	0.141***
	46. GROWTH	0.252***	0.266**	-0.168*	-0.098	0.373***	0.057	-0.011	0.044
	47. NATURE	-0.070	0.123	-0.006	-0.091	0.062	0.253***	0.102	-0.195

变　量		41	42	43	44	45	46	47
并购绩效	1. ACAR	0.045	0.083	-0.084	-0.069	-0.032	-0.164	-0.070
	2. BHAR	0.119	-0.128	0.028	-0.069	0.042	-0.100	-0.172**
	3. ΔROA	-0.112	0.070	0.134	-0.115	-0.151	-0.047	-0.026
	4. PCAR	0.024	0.078	-0.160*	-0.006	0.080	-0.151	-0.009
	5. ΔTCAR	0.014	-0.005	-0.108	0.011	0.162*	0.122	0.076
董事联结特征	6. BI	0.038	0.169*	-0.114	-0.086	0.048	0.104	0.056
	7. AE	-0.177*	-0.031	0.074	0.148	-0.020	-0.027	0.004
	8. IAE	-0.115**	-0.015	0.119**	0.069	-0.132	0.019	-0.102**
	9. RAE	-0.150	-0.024	0.106	0.140	0.000	0.009	0.011
	10. UAE	-0.174*	-0.043	0.105	0.135	-0.051	0.002	0.002
公司并购经验	11. FAE	-0.083	-0.024	-0.015	-0.137	-0.077	-0.136	-0.096
	12. FIAE	-0.141	0.133	-0.049	-0.114**	-0.054	-0.015	0.102
	13FRAE	0.078	0.013	-0.156*	0.032	0.109	-0.152	0.130**
	14. FUAE	-0.149	-0.037	0.126	-0.158	-0.153	-0.062	-0.173***
并购交易特征	15. METHOD	0.190**	-0.028	-0.131**	0.107	0.119	0.012	0.188**
	16. CON	-0.090	-0.024	0.095	-0.056	-0.004	0.098	0.025

续表

变　量		41	42	43	44	45	46	47
并购交易特征	17. SYN_P	0.095	0.039	− 0.185 **	0.180 *	0.194 ***	− 0.005	0.119 **
	18. SYN_F	− 0.022	0.097	0.191 **	− 0.164 *	− 0.159 ***	0.084	0.069
	19. ROE_R	− 0.092	− 0.058	0.096	0.073	− 0.044	0.102	− 0.044
	20. SIZE_R	0.056	0.030	0.173 *	− 0.067	− 0.133 **	0.019	− 0.034
并购公司特征	21. CRL	− 0.033	− 0.043	0.105	− 0.018	− 0.079	0.044	0.091
	22. SHARE	0.143 ***	0.116	− 0.143	0.067	0.133 **	0.014	0.012
	23. HUBRIS	0.742 ***	− 0.071	− 0.082	0.140	0.122	− 0.097	− 0.103
	24. CASH	− 0.011	0.737 ***	− 0.119	− 0.139 **	0.143	0.007	− 0.089
	25. LEV	− 0.202 **	− 0.176	0.823 ***	− 0.006	− 0.170 ***	− 0.052	− 0.133 **
	26. MB	0.084	− 0.112	0.183 ***	0.749 ***	− 0.038	0.194 **	− 0.090
	27. TOBONQ	0.154	0.078	− 0.198 ***	0.036	0.604 ***	− 0.027	− 0.042
	28. GROWTH	− 0.019	0.114	0.026	0.100	− 0.005	0.769 ***	0.054
	29. NATURE	− 0.004	− 0.045	− 0.103 **	0.010	0.121	0.060	1
目标公司特征	30. CRL	− 0.033	− 0.043	0.105	− 0.018	− 0.079	0.044	0.091
	31. SHARE	− 0.014	− 0.079	− 0.004	0.068	− 0.084	− 0.020	− 0.046
	32. HUBRIS	0.462 ***	0.113	− 0.018	0.157 *	0.170	0.112	− 0.099
	33. CASH	− 0.152	0.374 ***	− 0.058	− 0.044	− 0.062	0.183 *	0.041
	34. LEV	− 0.070	− 0.009	0.605 ***	− 0.073	− 0.131 ***	0.177 *	0.125
	35. MB	0.161 ***	− 0.127	− 0.142	0.724 ***	0.185 ***	− 0.156 *	− 0.046
	36. TOBONQ	0.138	− 0.015	− 0.144 ***	0.154 ***	0.774 ***	− 0.114	− 0.028
	37. GROWTH	− 0.103	0.061	− 0.004	− 0.029	− 0.159	0.409 ***	0.051
	38. NATURE	0.027	0.005	− 0.012	− 0.089	− 0.041	0.069	0.253 ***
并购后实体特征	39. CRL	− 0.033	− 0.043	0.105	− 0.018	− 0.079	0.044	0.091
	40. SHARE	0.153	− 0.036	− 0.125	0.128	0.155	− 0.020	− 0.001
	41. HUBRIS	1	− 0.059	− 0.181 *	0.163 ***	0.178 ***	− 0.105	− 0.004
	42. CASH	− 0.035	1	− 0.094	− 0.118 **	0.021	0.118	− 0.045
	43. LEV	− 0.126 **	− 0.043	1	0.016	− 0.123 ***	0.065	− 0.103 **
	44. MB	0.190 **	− 0.112	− 0.056	1	0.170 ***	0.078	0.010
	45. TOBONQ	0.190 ***	− 0.052	− 0.174 ***	0.169 *	1	− 0.070	0.121
	46. GROWTH	− 0.089	0.117 **	0.039	0.094	− 0.032	1	0.060
	47. NATURE	0.026	− 0.072	− 0.141 ***	0.071	0.077	0.072	1

注：*、**、*** 分别代表10%、5%和1%的显著性水平；a. 并购公司短期并购绩效（ACAR）为事件窗 [− 5， + 5] 的累计异常收益率；b. 并购后实体并购绩效（PCAR）为事件窗 [− 5， + 5] 的累计异常收益率；c. 目标公司相对并购绩效（ΔTCAR）为事件窗 [− 5， + 5] 的累计异常收益率。当上述事件窗变为 [− 1， + 1] 和 [− 3， + 3] 时，相关分析结论本质上不发生改变。

并购公司短期并购绩效（ACAR）、并购后实体并购绩效（PCAR）以及目标公司相对并购绩效（ΔTCAR）三个变量之间存在着显著的相关关系，且相关系数较高，这是因为并购后实体并购绩效（PCAR）和目标公司相对并购绩效（ΔTCAR）的衡量是通过并购公司短期并购绩效（ACAR）和目标公司短期并购绩效（TCAR）加权计算得到的。并购公司长期并购绩效 BHAR 与 ΔROA 之间也存在着显著正相关关系，这是因为两个变量都是用以衡量并购公司长期并购绩效的变量，虽然衡量的角度不同，但是本质相同。并购能否为股东创造财富最终会同时通过市场业绩和财务业绩得到体现，因此，BHAR 与 ΔROA 两者之间存在着显著相关关系。上述反映并购绩效的变量不会同时出现在同一模型之中，因此，不会影响模型的回归结果。

联结董事的并购经验（AE）、同行业或同产品市场并购经验（IAE）、相关并购经验（RAE）以及非相关并购经验（UAE）之间存在着显著的正相关关系，且相关系数较高，可见，联结董事并购经验的各个方面存在很强的联系。这是因为联结董事的上述并购经验之间存在着相互包容的关系，联结董事对于某一并购经验的获取可能同时增添几个方面的并购经验（联结董事对于同行业或同产品市场并购经验的获取也会增加联结董事的总并购经验，同时这一经验也属于相关并购经验或非相关并购经验的一种），但是由于这些并购经验并不会同时出现在同一模型之中，因此，不会影响模型的回归结果。

同样的，公司的并购检验（FAE）、同行业或同产品市场并购经验（FIAE）、相关并购经验（FRAE）以及非相关并购经验（FUAE）也存在着显著的正相关关系，且相关系数较高，这也是因为焦点并购公司的上述并购经验之间也存在着相互包容的关系，焦点并购公司对于某一并购经验的获取可能同时增添几个方面的并购经验（焦点并购公司对于同行业或同产品市场并购经验的获取也会增加焦点并购公司的总并购经验，同时这一经验也属于相关并购经验或非相关并购经验的一种），但是由于焦点并购公司的这些并购经验同样不会同时出现在同一模型之中，因此，也不会影响模型的回归结果。

此外，并购公司、目标公司和并购后实体的某些特征之间也存在着较强的相关关系，且相关系数较高，这是因为并购后实体的特征计量是由并购公司和目标公司的相关特征加权计算得到的，但是并购公司特征、目标公司特征和并购后实体特征不会出现在同一模型之中，因此，也不会影响模型的回归结果。其他变量之间的系数都在 0.3 以下，说明这些变量之间并不存在严重的多重共线性问题。本书还使用方差扩大因子法对模型中的自变量进行了共线性检验，检验结果显示方差膨胀因子（VIF）均值为 1.67，小于 2，方差膨胀因子（VIF）最大值为 2.78，小于 10，表明自变量之间无严重共线性问题。

5.3.3　回归结果分析

5.3.3.1　董事联结与并购公司短期并购绩效

表 5-6 给出董事联结（BI）与并购公司短期并购绩效（ACAR）的回归结果。其中，第一列为所有控制变量构成的基准模型回归结果。模型（5.9）将董事联结（BI）变量引入基础模型，回归系数在 5% 的水平上显著为正，说明与目标公司存在董事联结的并购公司短期并购绩效更高，董事联结对并购公司短期并购绩效具有显著的正向影响。

表 5-6　　　　董事联结与并购公司短期并购绩效的回归结果

变量	基准	模型（5.9）	模型（5.10）	模型（5.11）	模型（5.12）	模型（5.13）
BI		0.036 **	0.041 ***	0.041 **	0.047 *	0.075 *
		(2.11)	(2.79)	(2.22)	(1.92)	(1.93)
AE			0.008 **			
			(2.24)			
IAE				0.017		
				(1.03)		
RAE					0.010	
					(0.43)	
UAE						0.016
						(0.55)
BI × AE			0.016 ***			
			(2.76)			
BI × IAE				0.040 *		
				(1.75)		
BI × RAE					0.018 *	
					(1.65)	
BI × UAE						0.029 *
						(1.76)

变量	基准	模型 (5.9)	模型 (5.10)	模型 (5.11)	模型 (5.12)	模型 (5.13)
FAE			0.018			
			(0.45)			
FIAE				0.012		
				(0.45)		
FRAE					0.004	
					(0.23)	
FUAE						0.011
						(0.72)
METHOD	0.085***	0.143***	0.085***	0.134***	0.010**	0.188***
	(4.41)	(4.57)	(4.44)	(4.19)	(2.03)	(4.24)
CON	0.007	0.016	0.006	0.004	0.091*	0.005
	(0.25)	(0.35)	(0.21)	(0.09)	(1.91)	(0.22)
SYN_P	0.007	0.009	0.003	0.008	0.018	0.011
	(0.52)	(1.42)	(0.60)	(1.24)	(0.73)	(0.45)
SYN_F	−0.002*	−0.004**	−0.002	−0.004***	−0.001	−0.005**
	(−1.70)	(−2.41)	(−1.51)	(−2.62)	(−0.93)	(−1.99)
ROE_R	−0.002	−0.012	0.000	−0.017***	−0.006	−0.008
	(−0.12)	(−0.43)	(−0.02)	(−2.60)	(−0.44)	(−0.23)
SIZE_R	0.012	0.011	0.006	0.018	0.189	0.010
	(0.23)	(0.16)	(0.11)	(0.26)	(1.41)	(0.10)
CRL	−0.059	−0.057	−0.056*	−0.061	−0.036	−0.094
	(−1.63)	(−1.04)	(−1.65)	(−1.15)	(−1.12)	(−1.23)
SHARE	−0.012	−0.013	−0.014	−0.021	−0.109	−0.007
	(−0.23)	(−0.11)	(−0.21)	(−0.16)	(−0.73)	(−0.04)
HUBRIS	−0.067*	−0.100*	−0.055	−0.026	−0.013	−0.218**
	(−1.68)	(−1.67)	(−1.35)	(−0.45)	(−0.17)	(−2.30)
CASH	−0.021	−0.043	−0.016	−0.021	−0.014	−0.076
	(−0.70)	(−0.94)	(−0.35)	(−0.31)	(−0.33)	(−0.90)
LEV	−0.057***	−0.138***	−0.057***	−0.149***	−0.006**	−0.132***
	(−2.62)	(−4.14)	(−2.60)	(−4.28)	(−2.10)	(−2.93)
MB	0.001	0.002	0.001*	0.003**	0.009	0.006**
	(0.54)	(0.59)	(1.88)	(2.33)	(1.03)	(2.30)

续表

变量	基准	模型（5.9）	模型（5.10）	模型（5.11）	模型（5.12）	模型（5.13）
TOBINQ	-0.007 *	-0.012 *	-0.007 *	-0.020 ***	-0.018 **	-0.006
	(-1.85)	(-1.86)	(-1.79)	(-4.52)	(-2.10)	(-0.71)
GROWTH	0.007	0.007	0.008	0.011	0.002	0.014
	(0.82)	(0.59)	(0.92)	(0.53)	(0.09)	(0.80)
NATURE	-0.025 **	-0.041 **	-0.023 *	-0.039 **	-0.021 *	-0.054 **
	(-2.14)	(-2.47)	(-1.94)	(-2.27)	(-1.88)	(-2.15)
YEAR	控制	控制	控制	控制	控制	控制
INDUSTRY	控制	控制	控制	控制	控制	控制
C	0.107	0.173	0.089	0.176	-0.668	0.227
	(1.21)	(1.35)	(1.02)	(1.37)	(-1.06)	(1.39)
Adj R^2	0.262	0.266	0.288	0.366	0.237	0.286
F 值	3.84 ***	3.89 ***	3.84 ***	4.21 ***	2.97 ***	4.17 ***
样本	全部样本	全部样本	全部样本	全部样本	相关并购样本	非相关并购样本
样本数	608	608	608	608	189	419

注：括号内 t 值；*、**、*** 分别代表 10%、5% 和 1% 的显著性水平。

　　为了检验联结董事并购经验对董事联结与并购公司短期并购绩效关系的调节作用，本书在模型（5.9）的基础上，引入董事联结与联结董事并购经验的交互项（BI×AE）、联结董事并购经验（AE）以及公司并购经验（FAE），形成模型（5.10）。董事联结与联结董事并购经验的交互项（BI×AE）回归系数在 1% 水平上显著为正，说明焦点并购公司联结董事的并购经验越丰富，与目标公司存在董事联结的焦点并购公司短期并购绩效越好。并购公司联结董事过去所拥有的并购经验，会促使焦点并购公司董事会做出更合理和有效的并购决策，焦点并购公司股东对并购的市场反应会更好。

　　为了检验联结董事同行业或同产品市场并购经验对董事联结与并购公司短期并购绩效关系的调节作用，本书在模型（5.9）的基础上，引入董事联结与联结董事同行业或同产品市场并购经验的交互项（BI×IAE）、董事联结同行业或同产品市场并购经验（IAE）以及公司同行业或同产品市场并购经验（FIAE），形成模型（5.11）。董事联结与联结董事同行业或同产品市场并购经验的交互项（BI×IAE）回归系数在 10% 水平上显著为正，说明焦点并购公司联结董事的同行业或同产品市场并购经验越丰富，与目标公司存在董事联结的焦点并购公司短期并购绩效越好。

　　为了检验相关并购中联结董事相关并购经验对董事联结与并购公司短期并购绩效关系的调节作用，本书在模型（5.9）的基础上，引入董事联结与联结董事类相关并购经验的交互项（BI×RAE）、联结董事相关并购经验（RAE）以及公司相关并购经验（FRAE），形成模型（5.12）。董事联结与联结董事相关并购经验的交互项（BI×RAE）回归系数在10%水平上显著为正，说明焦点并购公司联结董事的相关并购经验越丰富，在相关并购中，与目标公司存在董事联结的焦点并购公司短期并购绩效越好。

　　为了检验非相关并购中联结董事非相关并购经验对董事联结与并购公司短期并购绩效关系的调节作用，本书在模型（5.9）的基础上，引入董事联结与联结董事非相关并购经验的交互项（BI×UAE）、联结董事非相关并购经验（UAE）以及公司非相关并购经验（FUAE），形成模型（5.13）。董事联结与联结董事非相关并购经验的交互项（BI×UAE）回归系数在10%水平上显著为正，说明焦点并购公司联结董事的非相关并购经验越丰富，在非相关并购中，与目标公司存在董事联结的焦点并购公司短期并购绩效越好。

　　模型（5.11）、模型（5.12）以及模型（5.13）的回归结果表明，当联结董事拥有某种并购经验时，若焦点并购公司也进行同种并购，将使联结董事的并购经验得到更有效的发挥，帮助焦点并购公司在该种并购的过程中获得更高的超额市场回报。

5.3.2.2　董事联结与并购公司长期并购绩效

　　表5-7和表5-8给出董事联结与并购公司长期并购绩效回归结果。其中，第一列为所有控制变量构成的基准模型回归结果。在表5-7中，董事联结对使用市场业绩指标衡量的长期并购绩效（BHAR）均无显著影响。在表5-8中，模型（5.9）将董事联结（BI）变量引入基础模型，回归系数均在5%的水平上显著为正，说明与目标公司存在董事联结的并购公司长期并购绩效更高，董事联结（BI）对并购公司长期并购绩效具有显著的正向影响。

表5-7　　董事联结与并购公司长期并购绩效（BHAR）的回归结果

变量	基准	模型（5.9）	模型（5.10）	模型（5.11）	模型（5.12）	模型（5.13）
BI		0.041	0.029	0.135	0.113	0.147
		(1.19)	(1.57)	(1.00)	(1.09)	(1.36)

续表

变量	基准	模型 (5.9)	模型 (5.10)	模型 (5.11)	模型 (5.12)	模型 (5.13)
AE			0.063* (1.69)			
IAE				0.028* (1.67)		
RAE					0.075 (0.48)	
UAE						0.021 (0.67)
BI × AE			0.042 (1.36)			
BI × IAE				0.016 (1.11)		
BI × RAE					0.010 (1.07)	
BI × UAE						0.011 (0.73)
FAE			0.012 (0.49)			
FIAE				0.009 (0.39)		
FRAE					0.003 (0.41)	
FUAE						−0.018 (−0.66)
METHOD	0.008 (0.21)	0.006 (0.18)	0.004 (0.13)	0.026 (0.68)	0.015 (0.39)	0.002 (0.45)
CON	−0.012 (−0.44)	−0.015 (−0.54)	−0.014 (−0.38)	−0.013 (−0.38)	−0.004 (−0.33)	−0.042 (−0.73)
SYN_P	0.004 (0.10)	0.005 (0.11)	0.006 (0.12)	0.010 (0.24)	0.002 (0.27)	0.016 (0.49)
SYN_F	0.003** (2.07)	0.002** (2.15)	0.002** (2.17)	0.003* (1.83)	0.024* (1.93)	0.002** (2.17)

续表

变量	基准	模型 (5.9)	模型 (5.10)	模型 (5.11)	模型 (5.12)	模型 (5.13)
ROE_R	−0.021	−0.021	−0.029	−0.029 *	−0.115	−0.010
	(−1.25)	(−1.27)	(−1.22)	(−1.75)	(−1.10)	(−0.33)
SIZE_R	0.056	0.058	0.043	0.038	0.239	0.023
	(1.01)	(1.02)	(0.82)	(0.70)	(1.35)	(0.32)
CRL	−0.017	−0.020	−0.028	−0.027	−0.006	−0.070
	(−0.34)	(−0.40)	(−0.68)	(−0.55)	(−0.01)	(−1.09)
SHARE	−0.033	−0.032	−0.047	−0.084	−0.049	−0.124
	(−0.36)	(−0.35)	(−0.50)	(−0.93)	(−0.16)	(−0.90)
HUBRIS	−0.002 *	−0.006 *	−0.004 *	−0.019 *	−0.008	−0.012
	(−1.73)	(−1.81)	(−1.79)	(−1.88)	(−0.69)	(−0.53)
CASH	−0.012	−0.014	−0.010	−0.004	−0.027	−0.009
	(−0.43)	(−0.49)	(−0.19)	(−0.15)	(−0.36)	(−0.17)
LEV	−0.032 **	−0.036 **	−0.025 *	−0.015 *	−0.191 **	−0.018 **
	(−2.16)	(−2.24)	(−1.69)	(−1.78)	(−2.44)	(−2.34)
MB	0.001	0.001	0.001	0.003 **	0.010	0.005 **
	(0.65)	(0.66)	(0.32)	(1.97)	(0.64)	(2.23)
TOBINQ	−0.005 *	−0.001 *	−0.004 *	−0.005 *	−0.015 *	−0.005 *
	(−1.89)	(−1.83)	(−1.66)	(−1.74)	(−1.85)	(−1.73)
GROWTH	0.010	0.010	0.011	0.009	0.022	0.024 *
	(1.35)	(1.33)	(1.13)	(1.09)	(1.23)	(1.78)
NATURE	−0.044 ***	−0.046 ***	−0.049 ***	−0.044 ***	−0.024 *	−0.053 **
	(−2.79)	(−2.63)	(−3.32)	(−2.78)	(−1.84)	(−2.01)
YEAR	控制	控制	控制	控制	控制	控制
INDUSTRY	控制	控制	控制	控制	控制	控制
C	0.194	0.261	0.324	−0.036	0.466	0.017
	(0.27)	(0.34)	(0.39)	(−0.05)	(1.50)	(0.01)
Adj R^2	0.158	0.169	0.168	0.170	0.162	0.171
F 值	4.22 ***	4.43 ***	3.88 ***	3.84 ***	2.85 ***	3.95 ***
样本	全部样本	全部样本	全部样本	全部样本	相关并购样本	非相关并购样本
样本数	354	354	354	354	112	242

注：括号内 t 值；*、**、*** 分别代表 10%、5% 和 1% 的显著性水平。

表 5 – 8　　　董事联结与并购公司长期并购绩效（ΔROA）的回归结果

变量	基准	模型（5.9）	模型（5.10）	模型（5.11）	模型（5.12）	模型（5.13）
BI		0.012 **	0.022 **	0.011 *	0.020 *	0.024 **
		(2.04)	(2.32)	(1.86)	(1.74)	(2.03)
AE			0.008			
			(1.05)			
IAE				0.001		
				(0.25)		
RAE					0.019	
					(1.23)	
UAE						0.005
						(1.34)
BI × AE			0.007 **			
			(2.06)			
BI × IAE				0.005 *		
				(1.71)		
BI × RAE					0.029 *	
					(1.93)	
BI × UAE						0.010 *
						(1.80)
FAE			0.007			
			(0.56)			
FIAE				0.002		
				(0.24)		
FRAE					0.007	
					(0.62)	
FUAE						0.004
						(0.48)
METHOD	0.008 *	0.020 *	0.006	0.002	0.008	0.013
	(1.68)	(1.72)	(0.43)	(0.22)	(0.55)	(0.89)
CON	0.009	0.012	0.014	0.018	0.024	0.029
	(0.56)	(0.98)	(0.83)	(1.39)	(1.20)	(1.24)

续表

变量	基准	模型 (5.9)	模型 (5.10)	模型 (5.11)	模型 (5.12)	模型 (5.13)
SYN_P	−0.087	−0.051	−0.091	−0.047	−0.068	−0.954
	(−0.37)	(−0.29)	(−0.39)	(−0.25)	(−0.29)	(−0.77)
SYN_F	0.043	0.013	0.051	0.012	0.037	0.012
	(0.59)	(0.28)	(0.72)	(0.27)	(0.55)	(0.16)
ROE_R	0.004	0.002	0.007	0.001	0.009 ***	0.020
	(0.42)	(0.23)	(0.07)	(0.20)	(2.63)	(1.42)
SIZE_R	0.113 ***	0.068 ***	0.105 ****	0.077 ***	0.062	0.112 ***
	(4.07)	(3.49)	(3.57)	(4.13)	(1.32)	(3.77)
CRL	−0.028	−0.020	−0.004	−0.003	−0.018	−0.015
	(−1.37)	(−1.42)	(−0.20)	(−0.17)	(−0.66)	(−0.58)
SHARE	0.093 **	0.064 *	0.068 *	0.072 **	0.138 *	0.073 *
	(2.32)	(1.89)	(1.65)	(2.08)	(1.73)	(1.84)
HUBRIS	−0.031 *	−0.017 **	−0.023 **	−0.012	−0.009	−0.023
	(−1.84)	(−1.99)	(−1.97)	(−0.68)	(−0.28)	(−0.81)
CASH	−0.019	−0.003	−0.006	−0.004	−0.016	−0.027
	(−1.26)	(−0.31)	(−0.23)	(−0.37)	(−1.15)	(−1.09)
LEV	−0.063 ***	−0.025 ***	−0.062 ***	−0.024 **	−0.082 ***	−0.022 *
	(−3.95)	(−2.65)	(−3.82)	(−2.54)	(−2.90)	(−1.78)
MB	0.060	0.044	0.017	0.001	0.007 **	0.022
	(0.54)	(0.77)	(1.04)	(0.18)	(2.22)	(0.31)
TOBINQ	−0.004	−0.003	−0.004	−0.002	−0.014 **	−0.002 *
	(−1.39)	(−1.59)	(−1.60)	(−1.22)	(−2.47)	(−1.76)
GROWTH	0.015 ***	0.011 ***	0.013 **	0.009 **	0.001 *	0.012 **
	(2.74)	(2.89)	(2.56)	(2.45)	(1.65)	(2.25)
NATURE	−0.009	−0.006	−0.010	−0.007	0.008	−0.009
	(−1.26)	(−1.04)	(−1.25)	(−1.21)	(0.72)	(−1.05)
YEAR	控制	控制	控制	控制	控制	控制
INDUSTRY	控制	控制	控制	控制	控制	控制
C	−0.159 ***	−0.102 ***	−0.159 ****	−0.108 ***	−0.155 **	−0.121 **
	(−3.39)	(−2.86)	(−3.22)	(−2.67)	(−2.14)	(−2.17)
Adj R^2	0.268	0.317	0.364	0.315	0.261	0.351
F 值	5.04 ***	5.13 ***	6.00 ***	6.28 ***	5.14 ***	5.78 ***

续表

变量	基准	模型（5.9）	模型（5.10）	模型（5.11）	模型（5.12）	模型（5.13）
样本	全部样本	全部样本	全部样本	全部样本	相关并购样本	非相关并购样本
样本数	479	479	479	479	156	323

注：括号内 t 值；*、**、*** 分别代表 10%、5% 和 1% 的显著性水平。

为了检验联结董事并购经验对董事联结与并购公司长期并购绩效关系的调节作用，本书在模型（5.9）的基础上，引入董事联结与联结董事并购经验的交互项（BI×AE）、联结董事并购经验（AE）以及公司并购经验（FAE），形成模型（5.10）。表 5-8 中，董事联结与联结董事并购经验的交互项（BI×AE）回归系数分别在 5% 的水平上显著为正，说明焦点并购公司联结董事的并购经验越丰富，与目标公司存在董事联结的焦点并购公司长期并购绩效越好。并购公司联结董事过去所拥有的并购经验，会更有效的降低并购成本，提高整合效果，长期并购绩效会更好。

为了检验联结董事同行业或同产品市场并购经验对董事联结与并购公司长期并购绩效关系的调节作用，本书在模型（5.9）的基础上，引入董事联结与联结董事同行业或同产品市场并购经验的交互项（BI×IAE）、董事联结同行业或同产品市场并购经验（IAE）以及公司同行业或同产品市场并购经验（FIAE），形成模型（5.11）。表 5-8 中，董事联结与联结董事同行业或同产品市场并购经验的交互项（BI×IAE）回归系数在 10% 水平上显著为正，说明焦点并购公司联结董事的同行业或同产品市场并购经验越丰富，与目标公司存在董事联结的焦点并购公司长期并购绩效越好。

为了检验相关并购中联结董事相关并购经验对董事联结与并购公司长期并购绩效关系的调节作用，本书在模型（5.9）的基础上，引入董事联结与联结董事类相关并购经验的交互项（BI×RAE）、联结董事相关并购经验（RAE）以及公司相关并购经验（FRAE），形成模型（5.12）。表 5-8 中，董事联结与联结董事相关并购经验的交互项（BI×RAE）回归系数在 10% 水平上显著为正，说明焦点并购公司联结董事的相关并购经验越丰富，在相关并购中，与目标公司存在董事联结的焦点并购公司长期并购绩效越好。

为了检验非相关并购中联结董事非相关并购经验对董事联结与并购公司长期并购绩效关系的调节作用，本书在模型（5.9）的基础上，引入董事联结与联结董事非相关并购经验的交互项（BI×UAE）、联结董事非相关并购经验（UAE）以及公司非相关并购经验（FUAE），形成模型（5.13）。表 5-8 中，董事联结与联结董事非相关并购经验的交互项（BI×UAE）回归系数在10%水平上显著为正，说明焦点并购公司联结董事的非相关并购经验越丰富，在非相关并购中，与目标公司存在董事联结的焦点并购公司长期并购绩效越好。

表5-8中的模型（5.11）、模型（5.12）和模型（5.13）的回归结果表明，当联结董事拥有某种并购经验时，若焦点并购公司也进行同种并购，将使联结董事的并购经验得到更有效的发挥，帮助焦点并购公司在该种并购的过程中获得更高的长期并购绩效。

5.3.3.3 董事联结与并购后实体并购绩效

表5-9给出董事联结与并购后实体并购绩效回归结果。其中，第一列为所有控制变量构成的基准模型回归结果。模型（5.9）将董事联结（BI）变量引入基础模型，回归系数在5%的水平上显著为正，说明与目标公司存在董事联结的并购后实体并购绩效更高，董事联结（BI）对并购后实体并购绩效具有显著的正向影响。

表5-9　　　　　　　　　董事联结与并购后实体并购绩效的回归结果

变量	基准	模型（5.9）	模型（5.10）	模型（5.11）	模型（5.12）	模型（5.13）
BI		0.026 **	0.028 *	0.027 **	0.043 *	0.030 **
		(2.12)	(1.87)	(2.02)	(1.84)	(2.00)
AE			0.005 **			
			(2.10)			
IAE				0.006		
				(0.45)		
RAE					0.013	
					(0.87)	
UAE						0.008 **
						(2.20)
BI×AE			0.007 *			
			(1.68)			
BI×IAE				0.014 *		
				(1.71)		
BI×RAE					0.019 *	
					(1.78)	

变量	基准	模型 (5.9)	模型 (5.10)	模型 (5.11)	模型 (5.12)	模型 (5.13)
BI × UAE						0.009 *
						(1.66)
FAE			0.002			
			(0.71)			
FIAE				0.011		
				(0.75)		
FRAE					0.005	
					(0.54)	
FUAE						0.002
						(0.64)
METHOD	0.037 ***	0.036 **	0.037 ***	0.037 **	0.007	0.038 ***
	(2.75)	(2.57)	(2.71)	(2.48)	(0.44)	(2.72)
CON	0.005	0.006	0.009	0.009	0.041 *	0.009
	(0.28)	(0.34)	(0.51)	(0.50)	(1.71)	(0.50)
SYN_P	0.018 **	0.018 *	0.017 *	0.016 *	0.008	0.017 *
	(2.07)	(1.88)	(1.78)	(1.76)	(0.15)	(1.76)
SYN_F	-0.001 *	-0.001 *	-0.001 **	-0.002 **	-0.001 **	-0.001 *
	(-1.90)	(1.95)	(-2.28)	(-2.18)	(-1.97)	(-1.66)
ROE_R	-0.004	-0.002	-0.026 **	-0.030 **	-0.001 **	-0.024 *
	(-0.25)	(-0.12)	(-2.06)	(-2.26)	(-2.01)	(-1.94)
SIZE_R	0.132 ***	0.122 ***	0.135 ***	0.137 ***	0.027	0.120 ***
	(4.20)	(3.66)	(4.33)	(4.38)	(0.41)	(3.58)
CRL	-0.009	-0.020	-0.022	-0.023	-0.001	-0.029
	(-0.38)	(-0.77)	(-0.88)	(-0.92)	(-1.45)	(-1.15)
SHARE	0.067	0.077	0.076	0.083	0.004	0.081
	(1.06)	(1.21)	(1.21)	(1.30)	(0.07)	(1.28)
HUBRIS	-0.002	-0.004	-0.013	-0.002	-0.029	-0.008
	(-0.06)	(-0.16)	(-0.46)	(-0.06)	(-0.72)	(-0.28)
CASH	-0.004	-0.002	-0.007	-0.013	-0.009	-0.021
	(-0.17)	(-0.11)	(-0.33)	(-0.38)	(-0.51)	(-0.61)
LEV	-0.006	-0.005	-0.004	-0.005	-0.026	-0.004
	(-0.42)	(-0.37)	(-0.36)	(-0.34)	(-0.88)	(-0.36)

续表

变量	基准	模型（5.9）	模型（5.10）	模型（5.11）	模型（5.12）	模型（5.13）
MB	-0.047	-0.033	-0.071**	-0.013*	-0.006	-0.052
	(-0.71)	(-0.48)	(-2.07)	(-1.87)	(-1.55)	(-0.77)
TOBINQ	-0.003	-0.002	-0.008	-0.001	-0.004	-0.001
	(-1.41)	(-1.10)	(-0.38)	(-0.34)	(-1.18)	(-0.71)
GROWTH	0.006	0.008	0.006	0.008	0.010	0.007
	(1.24)	(1.44)	(1.14)	(1.09)	(0.63)	(1.31)
NATURE	-0.006	-0.008	-0.010	-0.008	-0.002	-0.009
	(-0.68)	(-0.90)	(-1.07)	(-0.84)	(-0.13)	(-0.92)
YEAR	控制	控制	控制	控制	控制	控制
INDUSTRY	控制	控制	控制	控制	控制	控制
C	0.129***	0.134***	0.138***	0.143***	-0.075	0.132***
	(2.72)	(2.78)	(2.98)	(3.11)	(-0.33)	(2.71)
Adj R²	0.234	0.233	0.252	0.253	0.239	0.247
F值	2.40***	2.25***	2.32***	2.31***	2.27***	2.16***
样本	全部样本	全部样本	全部样本	全部样本	相关并购样本	非相关并购样本
样本数	579	579	579	579	179	400

注：括号内t值；*、**、***分别代表10%、5%和1%的显著性水平。

为了检验联结董事并购经验对董事联结与并购后实体并购绩效关系的调节作用，本书在模型（5.9）的基础上，引入董事联结与联结董事并购经验的交互项（BI×AE）、联结董事并购经验（AE）以及公司并购经验（FAE），形成模型（5.10）。董事联结与联结董事并购经验的交互项（BI×AE）回归系数在10%的水平上显著为正，说明焦点并购公司联结董事并购经验越丰富，与目标公司存在董事联结的并购后实体并购绩效越好。并购公司联结董事过去所拥有的并购经验，能更有效地整合各方面的资源，加强与目标方的合作，促进并购后实体并购绩效的提高。

为了检验联结董事同行业或同产品市场并购经验对董事联结与并购后实体并购绩效关系的调节作用，本书在模型（5.9）的基础上，引入董事联结与联结董事同行业或同产品市场并购经验的交互项（BI×IAE）、董事联结同行业或同产品市场并购经验（IAE）以及公司同行业或同产品市场并购经验（FIAE），形成模型（5.11）。董事联结与联结董事同行业或同产品市场并购经验的交互项（BI×IAE）回归系数在10%水平上显著为正，说明焦点并购公司联结董事的同行业或同产品市场并购经验越丰富，与目标公司存在董事联结的并购后实体并购绩效越好。

　　为了检验相关并购中联结董事相关并购经验对董事联结与并购后实体并购绩效关系的调节作用，本书在模型（5.9）的基础上，引入董事联结与联结董事类相关并购经验的交互项（BI×RAE）、联结董事相关并购经验（RAE）以及公司相关并购经验（FRAE），形成模型（5.12）。董事联结与联结董事相关并购经验的交互项（BI×RAE）回归系数在 10% 水平上显著为正，说明在相关并购中，焦点并购公司联结董事的相关并购经验越丰富，与目标公司存在董事联结的并购后实体并购绩效越好。

　　为了检验非相关并购中联结董事非相关并购经验对董事联结与并购后实体并购绩效关系的调节作用，本书在模型（5.9）的基础上，引入董事联结与联结董事非相关并购经验的交互项（BI×UAE）、联结董事非相关并购经验（UAE）以及公司非相关并购经验（FUAE），形成模型（5.13）。董事联结与联结董事非相关并购经验的交互项（BI×UAE）回归系数在 10% 水平上显著为正，说明在非相关并购中，焦点并购公司联结董事的非相关并购经验越丰富，与目标公司存在董事联结的并购后实体并购绩效越好。

　　模型（5.11）、模型（5.12）和模型（5.13）的回归结果表明，当联结董事拥有某种并购经验时，若焦点并购公司也进行同种并购，将使联结董事的并购经验得到更有效的发挥，帮助并购后实体在该种并购的过程中获得更高的并购绩效。

　　表 5－6 至表 5－9 的结果表明，如果并购双方之间存在董事联结，那么并购公司和并购后实体的并购绩效更好，这与前文假设 1 的预测一致。焦点并购公司联结董事的并购经验对董事联结与并购公司和并购后实体并购绩效之间的关系有显著的正向调节效应，这与前文假设 2 的预测一致。焦点并购公司联结董事的同行业或同产品市场并购经验，对董事联结与并购公司和并购后实体并购绩效之间的关系有显著的正向调节效应，这与前文假设 2 的预测一致，假设 2－1 得到验证。在相关并购中，焦点并购公司联结董事的相关并购经验，对董事联结与并购公司和并购后实体并购绩效之间的关系有显著的正向调节效应，假设 2－2 得到验证。在非相关并购中，焦点并购公司联结董事的非相关并购经验，对董事联结与并购公司和并购后实体并购绩效之间的关系有显著的正向调节效应，假设 2－3 得到验证。

　　当联结董事拥有某种并购经验时，若焦点并购公司也进行同种并购，将使联结董事的并购经验得到有效的发挥，加强并购双方的董事联结对并购公司和并购后实体并购绩效的影响。

5.3.3.4 董事联结与目标公司相对并购绩效

表 5 - 10 给出董事联结与目标公司相对并购绩效回归结果。其中，第一列为所有控制变量构成的基准模型回归结果。模型（5.9）将董事联结（BI）变量引入基础模型，回归系数为负，但未达到在 10% 的显著性水平，说明当目标公司与并购公司存在董事联结时，董事联结对于目标公司相对并购绩效没有显著的影响。这可能是因为，本书认为目标公司相对并购绩效下降的主要原因是由于并购双方的董事联结使并购公司能够以较低的溢价收购目标公司，使并购公司股东获得了更多的财富，但是却导致目标公司的股东获得的财富变少，目标公司的相对并购绩效因此而降低。但在实际并购中，并购溢价仅仅是影响目标公司和并购公司并购绩效的一个方面。如前文所述，董事联结在并购发生前的并购目标选择过程和并购事后整合过程中不仅给并购公司带来了有利影响，同时也为目标公司股东创造了财富。而且，并购价值的创造是并购决策合理性和并购实施有效性的综合结果，不是并购各阶段并购价值创造结果的简单加和。因此，董事联结对于目标公司和并购公司并购绩效的影响体现在多个方面，不能因为对并购溢价一个方面的影响，就判断董事联结为并购公司股东创造了更多财富，导致目标公司相对并购绩效的降低。此外，目标公司的并购绩效还会受到目标公司并购发生前的经营效率、管理效率、财务状况以及政府对并购交易的干预程度等因素的影响，并购公司的并购绩效也会受到并购公司并购动机、融资能力、产业周期和文化冲突等因素的影响。上述因素的广泛存在也会使目标公司的相对并购绩效存在较大的不确定性，降低了董事联结影响目标公司相对并购绩效的能力。因此，当目标公司与并购公司存在董事联结关系时，董事联结（BI）对于目标公司相对并购绩效没有显著的影响。

表 5 - 10   董事联结与目标公司相对并购绩效的回归结果

变量	基准	模型（5.9）	模型（5.10）	模型（5.11）	模型（5.12）	模型（5.13）
BI		-0.012 （-1.30）	-0.018 （-1.34）	-0.009 （-1.28）	-0.016 （-1.06）	-0.010 （-1.19）
AE			-0.005** （-2.16）			

续表

变量	基准	模型 (5.9)	模型 (5.10)	模型 (5.11)	模型 (5.12)	模型 (5.13)
IAE				-0.007 (-1.28)		
RAE					-0.035*** (-2.77)	
UAE					*	-0.005* (-1.77)
BI × AE			-0.006 (-1.23)			
BI × IAE				-0.008 (-1.36)		
BI × RAE					-0.001 (-0.05)	
BI × UAE						-0.003 (-0.68)
FAE			-0.002 (-0.14)			
FIAE				-0.005 (-0.61)		
FRAE					-0.001 (-0.11)	
FUAE						-0.003 (-0.04)
METHOD	-0.031*** (-2.89)	-0.024*** (-2.88)	-0.031*** (-2.86)	-0.021** (-2.50)	-0.006 (-0.33)	-0.035*** (-3.26)
CON	-0.025 (-1.59)	-0.022* (-1.82)	-0.023 (-1.47)	-0.020* (-1.69)	-0.012* (-1.79)	-0.026* (-1.65)
SYN_P	-0.006** (-2.32)	-0.005** (-2.14)	-0.006** (-2.33)	-0.005** (-2.23)	-0.050* (-1.66)	-0.003 (-0.47)
SYN_F	0.023 (0.30)	0.019 (0.32)	0.020 (0.26)	0.016 (0.24)	0.001 (1.34)	0.004 (0.65)
ROE_R	-0.010*** (-2.76)	-0.008*** (-2.95)	-0.010*** (-2.76)	-0.003 (-0.14)	-0.016* (-1.84)	-0.017* (-1.74)

续表

变量	基准	模型 (5.9)	模型 (5.10)	模型 (5.11)	模型 (5.12)	模型 (5.13)
SIZE_R	0.040 (1.27)	0.036 (1.49)	0.038 (1.19)	0.036 (1.43)	0.021 (0.26)	0.021 (0.78)
CRL	0.024 (1.10)	0.015 (0.84)	0.025 (1.14)	0.008 (0.55)	0.021 (0.54)	0.016 (0.74)
SHARE	−0.036 (−0.60)	−0.023 (−0.50)	−0.037 (−0.61)	−0.028 (−0.52)	−0.152 (−1.45)	−0.013 (−0.25)
HUBRIS	−0.029 (−1.11)	−0.014 (−0.69)	−0.029 (−1.10)	−0.020 (−0.96)	−0.040 (−0.97)	−0.052 ** (−1.97)
CASH	−0.010 (−0.58)	−0.014 (−1.05)	−0.008 (−0.47)	−0.017 (−1.26)	−0.004 (−0.17)	−0.008 (−0.41)
LEV	−0.006 (−0.52)	−0.006 (−0.58)	−0.005 (−0.45)	−0.001 (−0.08)	−0.017 (−0.62)	−0.007 (−0.74)
MB	−0.003 ** (−2.53)	−0.002 ** (−2.39)	−0.003 ** (−2.55)	−0.002 *** (−2.69)	−0.003 * (−1.67)	−0.002 ** (−2.39)
TOBINQ	−0.002 (−0.66)	−0.001 (−0.58)	−0.002 (−0.78)	−0.002 (−0.87)	−0.005 (−0.91)	−0.001 (−0.56)
GROWTH	−0.004 (−0.80)	−0.002 (−0.45)	−0.005 (−0.95)	−0.006 *** (−2.81)	−0.002 (−0.15)	−0.006 (−1.17)
NATURE	0.011 (1.39)	0.007 (1.14)	0.009 (1.18)	0.008 (1.33)	0.004 (0.32)	0.013 * (1.65)
YEAR	控制	控制	控制	控制	控制	控制
INDUSTRY	控制	控制	控制	控制	控制	控制
C	1.047 (0.87)	1.138 0.97	1.146 (0.85)	1.230 (0.74)	1.298 (0.33)	1.237 (0.14)
Adj R^2	0.161	0.164	0.167	0.156	0.136	0.166
F 值	2.50 ***	2.82 ***	2.63 ***	4.39 ***	2.41 ***	2.74 ***
样本	全部样本	全部样本	全部样本	全部样本	相关并购样本	非相关并购样本
样本数	579	579	579	579	179	400

注：括号内 t 值；*、**、*** 分别代表 10%、5% 和 1% 的显著性水平。

为了检验联结董事并购经验对董事联结与目标公司相对并购绩效关系的调节作用，本书在模型（5.9）的基础上，引入董事联结与联结董事并购经验的交互项（BI×AE）、联结董事并购经验（AE）以及公司并购经验（FAE），形成模型（5.10）。董事联结与联结董事并购经验的交互项（BI×AE）回归系数为负，但未达到在10%的显著性水平，说明联结董事并购经验对董事联结与目标公司相对并购绩效关系并无显著的调节效应。

　　为了检验联结董事同行业或同产品市场并购经验对董事联结与目标公司相对并购绩效关系的调节作用，本书在模型（5.9）的基础上，引入董事联结与联结董事同行业或同产品市场并购经验的交互项（BI×IAE）、董事联结同行业或同产品市场并购经验（IAE）以及公司同行业或同产品市场并购经验（FIAE），形成模型（5.11）。董事联结与联结董事同行业或同产品市场并购经验的交互项（BI×IAE）回归系数为负，但未达到在10%的显著性水平，说明联结董事同行业或同产品市场并购经验对董事联结与目标公司相对并购绩效关系并无显著的调节效应。

　　为了检验相关并购中联结董事相关并购经验对董事联结与目标公司相对并购绩效关系的调节作用，本书在模型（5.9）的基础上，引入董事联结与联结董事类相关并购经验的交互项（BI×RAE）、联结董事相关并购经验（RAE）以及公司相关并购经验（FRAE），形成模型（5.12）。董事联结与联结董事相关并购经验的交互项（BI×RAE）回归系数为负，但未达到在10%的显著性水平，说明在相关并购中，联结董事的相关并购经验对董事联结与目标公司相对并购绩效关系并无显著的调节效应。

　　为了检验非相关并购中联结董事非相关并购经验对董事联结与目标公司相对并购绩效关系的调节作用，本书在模型（5.9）的基础上，引入董事联结与联结董事非相关并购经验的交互项（BI×UAE）、联结董事非相关并购经验（UAE）以及公司非相关并购经验（FUAE），形成模型（5.13）。董事联结与联结董事非相关并购经验的交互项（BI×UAE）回归系数为负，但未达到在10%的显著性水平，说明在非相关并购中，联结董事的非相关并购经验对董事联结与目标公司相对并购绩效关系并无显著的调节效应。

　　联结董事的并购经验未能对董事联结与目标公司相对并购绩效关系产生显著的调节效应。可能的解释是，联结董事的并购经验虽然能够使联结企业间的并购溢价得到进一步的降低，但同时联结董事的并购经验也能够在并购发生前的并购目标选择过程和并购事后整合过程中加强董事联结的影响，为并购公司和目标公司股东创造更多的财富。如前所述，并购溢价仅仅是影响目标公司和并购公司并购绩效的一个方面，而并购价值的创造是并购决策合理性和并购实施有效性的综合结果，不是并购各阶段并购价值创造结果的简单加和。因此，联结董事并购经验对董事联结与目标公司和并购公司并购绩效关系的影响体现在多个方面，不能因为对并购溢价一个方面的影响，就判断联结董事的并购经验会促进董事联结对目标公司相对并购绩效的影响。

5.4 稳健性检验

为证明本章结论的可靠性，本书对相关结论进行了以下稳健性检验：

5.4.1 变更事件窗口期

5.4.1.1 变更事件窗口重新计算并购公司短期并购绩效

本书选取［-5，+5］窗口计算并购公司股价的累积异常收益率，参照 Calomiris 等（2010）、李青原（2011）、Gaur 等（2013）、曹廷求等（2013）和田高良等（2013）的做法，重新选取［-1，+1］作为窗口期，计算累计异常收益率，以此衡量并购公司的短期并购绩效，从而进行稳健性检验。改变计算累积异常收益率的窗口期后，表 5-6 的样本并未发生改变，回归结果如表 5-11 所示。

表 5-11 变更事件窗口后董事联结与并购公司短期并购绩效的回归结果

变量	基准	模型（5.9）	模型（5.10）	模型（5.11）	模型（5.12）	模型（5.13）
BI		0.026*	0.038***	0.026**	0.043*	0.042*
		(1.68)	(2.62)	(1.99)	(1.71)	(1.74)
AE			0.008			
			(1.54)			
IAE				0.007		
				(0.55)		
RAE					0.010	
					(1.34)	
UAE						0.009
						(1.29)

续表

变量	基准	模型（5.9）	模型（5.10）	模型（5.11）	模型（5.12）	模型（5.13）
BI × AE			0.014 **			
			(2.46)			
BI × IAE				0.018 *		
				(1.66)		
BI × RAE					0.035 *	
					(1.79)	
BI × UAE						0.016 *
						(1.70)
FAE			0.020			
			(1.20)			
FIAE				0.003		
				(0.84)		
FRAE					0.004	
					(0.24)	
FUAE						0.005
						(0.38)
METHOD	0.089 ***	0.126 ***	0.089 ***	0.080 ***	0.085	0.114 ***
	(4.89)	(4.74)	(4.86)	(4.12)	(0.03)	(4.66)
CON	0.004	0.005	0.001	0.001	0.088 *	-0.011
	(0.11)	(0.21)	(0.04)	(0.03)	(1.92)	(-0.29)
SYN_P	0.005	0.006	0.003	0.001	0.072	0.017
	(0.13)	(1.12)	(0.09)	(0.24)	(0.41)	(1.11)
SYN_F	-0.002 *	-0.004 **	-0.002 *	-0.002 *	-0.007	-0.002
	(-1.84)	(-2.33)	(-1.78)	(-1.75)	(-0.03)	(-1.33)
ROE_R	-0.002	-0.004	-0.010	-0.014 ***	-0.007	-0.018
	(-0.10)	(-0.18)	(-0.05)	(-3.37)	(-0.48)	(-0.88)
SIZE_R	0.017	0.030	0.026	0.003	0.180	0.039
	(0.37)	(0.47)	(0.56)	(0.05)	(1.30)	(0.66)
CRL	-0.042	-0.046	-0.035	-0.068 *	-0.072	-0.045
	(-1.27)	(-0.97)	(-1.54)	(-1.89)	(-0.96)	(-1.10)
SHARE	-0.047	-0.023	-0.047	-0.020	-0.067	-0.044
	(-0.59)	(-0.22)	(-0.67)	(-0.24)	(-0.46)	(-0.44)

续表

变量	基准	模型 (5.9)	模型 (5.10)	模型 (5.11)	模型 (5.12)	模型 (5.13)
HUBRIS	-0.042	-0.058	-0.035	-0.007	-0.015	-0.051
	(-1.16)	(-1.09)	(-0.95)	(-0.17)	(-0.21)	(-0.98)
CASH	-0.019	-0.030	-0.023	-0.006	-0.011	-0.014
	(-0.70)	(-0.74)	(-0.52)	(-0.14)	(-0.26)	(-0.33)
LEV	-0.083 ***	-0.120 ***	-0.084 ***	-0.065 ***	-0.009	-0.119 ***
	(-4.15)	(-4.27)	(-4.16)	(-2.82)	(-0.06)	(-4.20)
MB	0.006	0.002	0.009	0.020	-0.008	-0.003
	(0.34)	(0.66)	(0.11)	(1.36)	(-0.99)	(-0.17)
TOBINQ	-0.008 **	-0.002 *	-0.008 **	-0.011 ***	-0.018 **	-0.009 **
	(-2.20)	(-1.66)	(-2.24)	(-3.85)	(-2.06)	(-2.01)
GROWTH	0.003	0.005	0.003	0.006	0.004	0.011
	(0.39)	(0.48)	(0.46)	(0.49)	(0.16)	(1.25)
NATURE	-0.021 *	-0.035 **	-0.019 *	-0.023 *	-0.020	-0.026 *
	(-1.87)	(-2.38)	(-1.73)	(-1.89)	(-0.84)	(-1.75)
YEAR	控制	控制	控制	控制	控制	控制
INDUSTRY	控制	控制	控制	控制	控制	控制
C	0.072	0.146	0.063	0.105	-0.522	0.095
	(0.91)	(1.32)	(0.80)	(1.18)	(-0.73)	(0.98)
Adj R^2	0.314	0.339	0.318	0.281	0.307	0.335
F 值	4.45 ***	4.35 ***	4.12 ***	4.05 ***	3.12 ***	5.50 ***
样本	全部样本	全部样本	全部样本	全部样本	相关并购样本	非相关并购样本
样本数	608	608	608	608	189	419

注：括号内 t 值；*、**、*** 分别代表 10%、5% 和 1% 的显著性水平。

通过观察本书发现，模型 (5.9) 的董事联结 (BI) 系数在 10% 的水平上显著为正，与表 5-6 的结果相比，交互项的显著性水平有所下降，但结论未发生改变。模型 (5.10) 的董事联结与联结董事并购经验的交互项 (BI×AE) 回归系数在 5% 水平上显著为正，与表 5-6 的结果相比，交互项的显著性水平有所下降，但结论未发生改变。模型 (5.11) 的董事联结与联结董事同行业或同产品市场并购经验的交互项 (BI×IAE) 回归系数在 10% 水平上显著为正，模型 (5.12) 的董事联结与联结董事相关并购经验的交互项 (BI×RAE) 回归系数在 10% 水平上显著为正，模型 (5.13) 的董事联结与联结董事非相关并购经验的交互项（BI × UAE）回归系数在10%水平上显著为正，以上结果与表5-6的结果一致。综上所述，在改变计算累积异常收益率的窗口期重新衡量并购公司短期并购绩效后，前文结果均未发生实质性改变。

5.4.1.2 变更事件窗口重新计算并购后实体并购绩效

本书选取［-5，+5］窗口计算并购后实体的累积异常收益率，参照 Cai 和 Sevilir（2012）、田高良等（2013）的做法，重新选取［-1，+1］作为窗口期，计算累计异常收益率，以此衡量并购后实体并购绩效，从而进行稳健性检验。改变计算累积异常收益率的窗口期后，表5-9的样本并未发生改变，回归结果如表5-12所示。

表5-12　　变更事件窗口后董事联结与并购后实体并购绩效的回归结果

变量	基准	模型（5.9）	模型（5.10）	模型（5.11）	模型（5.12）	模型（5.13）
BI		0.083 *	0.032 *	0.023 *	0.022 **	0.030 **
		(1.79)	(1.67)	(1.75)	(2.16)	(2.01)
AE			0.008 **			
			(2.18)			
IAE				0.005		
				(0.32)		
RAE					0.005	
					(0.49)	
UAE						0.008 **
						(2.18)
BI × AE			0.010 *			
			(1.79)			
BI × IAE				0.004 *		
				(1.84)		
BI × RAE					0.007 *	
					(1.68)	
BI × UAE						0.009 *
						(1.68)
FAE			0.020			
			(0.93)			

续表

变量	基准	模型（5.9）	模型（5.10）	模型（5.11）	模型（5.12）	模型（5.13）
FIAE				0.005		
				(0.35)		
FRAE					0.003	
					(0.49)	
FUAE						0.002
						(0.63)
METHOD	0.087**	0.102**	0.041*	0.035**	0.007**	0.038***
	(2.15)	(2.38)	(1.92)	(2.40)	(2.42)	(2.64)
CON	0.019	0.032	0.019	0.006	0.048*	0.009
	(0.46)	(0.72)	(0.73)	(0.32)	(1.90)	(0.52)
SYN_P	0.057**	0.059**	0.025*	0.017*	0.063**	0.017*
	(1.98)	(2.11)	(1.75)	(1.81)	(1.96)	(1.75)
SYN_F	−0.002*	−0.001*	−0.002**	−0.002**	−0.005*	−0.001*
	(−1.88)	(−1.79)	(−2.00)	(−2.18)	(−1.74)	(−1.68)
ROE_R	−0.035	−0.036	−0.027	−0.029**	−0.003	−0.025**
	(−1.29)	(−1.17)	(−1.62)	(−2.21)	(−0.11)	(−1.97)
SIZE_R	0.041**	0.019**	0.171***	0.129***	0.024	0.122***
	(2.30)	(2.10)	(3.44)	(4.12)	(0.39)	(3.64)
CRL	−0.049	−0.107	−0.026	−0.025	−0.071**	−0.030
	(−0.92)	(−1.52)	(−0.67)	(−1.01)	(−2.15)	(−1.17)
SHARE	0.057	0.083	0.134	0.066	0.036	0.064
	(0.73)	(0.95)	(1.50)	(1.05)	(0.58)	(1.09)
HUBRIS	0.099	0.107	0.006	0.005	0.018	0.009
	(1.48)	(1.43)	(0.16)	(0.19)	(0.49)	(0.31)
CASH	−0.276**	−0.333**	−0.005	−0.011	−0.010	−0.021
	(−2.23)	(−2.25)	(−0.23)	(−0.33)	(−0.54)	(−0.61)
LEV	−0.143*	−0.206*	−0.007*	−0.007*	−0.033	−0.003
	(−1.77)	(−1.69)	(−1.66)	(−1.71)	(−1.20)	(−0.33)
MB	−0.002	−0.004	−0.013	−0.013*	−0.005	−0.001
	(−1.03)	(−1.40)	(−0.75)	(−1.88)	(−1.36)	(−0.72)
TOBINQ	−0.012	−0.012	−0.002	−0.001	−0.005	−0.011
	(−1.53)	(−1.49)	(−0.54)	(−0.44)	(−1.58)	(−0.67)

变量	基准	模型（5.9）	模型（5.10）	模型（5.11）	模型（5.12）	模型（5.13）
GROWTH	0.001	0.010	0.001	0.008	0.004	0.007
	(0.10)	(0.50)	(0.54)	(1.08)	(0.29)	(1.35)
NATURE	-0.018	-0.039	-0.011	-0.007	-0.006	-0.009
	(-0.56)	(-0.92)	(-0.90)	(-0.77)	(-0.31)	(-0.96)
YEAR	控制	控制	控制	控制	控制	控制
INDUSTRY	控制	控制	控制	控制	控制	控制
C	0.163	0.308	0.171 **	0.133 ***	-0.150	0.234 ***
	(0.55)	(0.71)	(2.55)	(2.92)	(-0.56)	(2.75)
Adj R^2	0.241	0.247	0.228	0.233	0.223	0.245
F 值	2.67 ***	2.58 ***	2.63 ***	2.60 ***	2.28 ***	2.65 ***
样本	全部样本	全部样本	全部样本	全部样本	相关并购样本	非相关并购样本
样本数	579	579	579	579	179	400

注：括号内 t 值；*、**、*** 分别代表 10%、5% 和 1% 的显著性水平。

通过观察本书发现，模型（5.9）的董事联结（BI）系数在 10% 的水平上显著为正，与表 5-9 的结果相比，交互项的显著性水平有所下降，但结论未发生改变。模型（5.10）的董事联结与联结董事并购经验的交互项（BI×AE）回归系数在 10% 水平上显著为正，模型（5.11）的董事联结与联结董事同行业或同产品市场并购经验的交互项（BI×IAE）回归系数在 10% 水平上显著为正，模型（5.12）的董事联结与联结董事相关并购经验的交互项（BI×RAE）回归系数在 10% 水平上显著为正，模型（5.13）的董事联结与联结董事非相关并购经验的交互项（BI×UAE）回归系数在 10% 水平上显著为正，以上结果与表 5-9 的结果一致。综上所述，在改变计算累积异常收益率的窗口期重新衡量并购后实体并购绩效后，前文的结果均未发生实质性改变。

5.4.1.3　变更事件窗口重新计算目标公司相对并购绩效

本书选取 [-5，+5] 窗口计算累积异常收益率，参照 Cai 和 Sevilir（2012）的做法，重新选取 [-1，+1] 作为窗口期，计算累计异常收益率，以此衡量目标公司相对并购绩效，从而进行稳健性检验。改变计算累积异常收益率的窗口期后，表 5-10 的样本并未发生改变，回归结果如表 5-13 所示。

表 5 - 13   变更事件窗口后董事联结与目标公司相对并购绩效的回归结果

变量	基准	模型 (5.9)	模型 (5.10)	模型 (5.11)	模型 (5.12)	模型 (5.13)
BI		-0.012 (-1.26)	-0.013 (-1.24)	-0.005 (-1.18)	-0.019 (-0.98)	-0.013 (-1.25)
AE			-0.004 (-1.51)			
IAE				-0.008 (-1.39)		
RAE					-0.042** (-2.51)	
UAE						-0.006* (-1.69)
BI × AE			-0.002 (-1.09)			
BI × IAE				-0.002 (-1.13)		
BI × RAE					-0.002 (-0.31)	
BI × UAE						-0.009 (-0.75)
FAE			-0.003 (-0.34)			
FIAE				-0.007 (-0.10)		
FRAE					-0.004 (-0.04)	
FUAE						-0.004 (-0.46)
METHOD	-0.022*** (-3.63)	-0.033*** (-3.76)	-0.023*** (-2.69)	-0.021*** (-3.38)	-0.001** (-2.07)	-0.054*** (-4.22)
CON	-0.073 (-0.83)	-0.013 (-0.98)	-0.020 (-1.61)	-0.007 (-0.83)	-0.010 (-0.36)	-0.012 (-0.66)
SYN_P	-0.002 (-1.01)	-0.002 (-1.10)	-0.005** (-2.31)	-0.002 (-1.09)	-0.155* (-1.69)	-0.006* (-1.71)

续表

变量	基准	模型 (5.9)	模型 (5.10)	模型 (5.11)	模型 (5.12)	模型 (5.13)
SYN_F	0.007	0.002	0.001	0.005	0.002	0.003
	(0.02)	(0.04)	(0.02)	(0.01)	(1.28)	(0.43)
ROE_R	−0.051 **	−0.075 **	−0.008 ***	−0.017	−0.005 *	−0.008 *
	(−2.08)	(−2.02)	(−2.66)	(−1.11)	(−1.66)	(−1.68)
SIZE_R	0.033 **	0.044 *	0.027	0.035 **	0.005	0.039
	(1.96)	(1.77)	(1.17)	(1.99)	(1.05)	(1.31)
CRL	0.002	0.011	0.012	0.001	0.006	0.012
	(0.17)	(0.63)	(0.66)	(0.10)	(0.12)	(0.55)
SHARE	−0.038	−0.049	−0.038	−0.037	−0.184	−0.041
	(−1.21)	(−1.05)	(−0.82)	(−0.98)	(−1.62)	(−0.68)
HUBRIS	−0.004	−0.005	−0.012	−0.003	−0.037	−0.002
	(−0.02)	(−0.26)	(−0.56)	(−0.21)	(−0.76)	(−0.05)
CASH	−0.002	−0.007	−0.013	−0.005	−0.003	−0.018
	(−0.27)	(−0.06)	(−0.96)	(−0.56)	(−0.11)	(−0.88)
LEV	−0.005	−0.007	−0.004	−0.002	−0.005	−0.006
	(−0.82)	(−0.78)	(−0.42)	(−0.27)	(−0.13)	(−0.45)
MB	−0.002 ***	−0.002 ***	−0.002 **	−0.002 ***	−0.001	−0.006 *
	(−2.83)	(−2.85)	(−2.35)	(−3.23)	(−0.24)	(−1.83)
TOBINQ	−0.004	−0.002	−0.001	−0.007	−0.006	−0.002
	(−0.35)	(−0.13)	(−0.67)	(−0.59)	(−1.18)	(−1.02)
GROWTH	−0.001	−0.004	−0.003	−0.005 ***	−0.008	−0.009 *
	(−0.42)	(−1.01)	(−0.60)	(−2.91)	(−0.42)	(−1.80)
NATURE	0.007 *	0.011 *	0.007 *	0.009 *	0.007	0.018 **
	(1.66)	(1.75)	(1.73)	(1.91)	(0.44)	(2.31)
YEAR	控制	控制	控制	控制	控制	控制
INDUSTRY	控制	控制	控制	控制	控制	控制
C	1.213	1.221	1.233	1.004	1.465	1.107
	(0.42)	(0.43)	(0.86)	(0.12)	(1.10)	(1.12)
Adj R^2	0.144	0.149	0.153	0.149	0.143	0.152
F 值	2.20 ***	2.35 ***	2.72 ***	3.79 ***	2.27 ***	2.19 ***
样本	全部样本	全部样本	全部样本	全部样本	相关并购样本	非相关并购样本
样本数	579	579	579	579	179	400

注：括号内 t 值；*、**、*** 分别代表10%、5%和1%的显著性水平。

通过观察本书发现，模型（5.9）董事联结（BI）的回归系数，模型（5.10）的董事联结与联结董事并购经验交互项（BI×AE）的回归系数，模型（5.11）的董事联结与联结董事同行业或同产品市场并购经验交互项（BI×IAE）的回归系数，模型（5.12）的董事联结与联结董事相关并购经验交互项（BI×RAE）的回归系数，模型（5.13）的董事联结与联结董事非相关并购经验交互项（BI×UAE）的回归系数均为负，但并不显著，以上结果与表5-10的结果一致，说明董事联结不会降低目标公司的相对并购绩效，联结董事并购经验对董事联结与目标公司相对并购绩效关系也无显著的调节效应。综上所述，在改变计算累积异常收益率的窗口期重新衡量目标公司相对并购绩效后，前文的结果均未发生实质性改变。

5.4.2 并购公司长期并购业绩变量替代性检验

前文实证研究是基于 24 个月（2 年）计算的购买并持有超常收益（BHAR），从市场业绩指标的角度来衡量并购公司长期并购绩效。参照 Gregory（1997）、朱红军和汪辉（2005）的做法，本书还使用基于 36 个月（3 年）计算的购买并持有超常收益（BHAR），对董事联结与并购公司长期并购绩效的关系进行稳健性测试。改变股票持有期间以后，样本数量变为 221 个。其中，存在董事联结的样本数量为 50 个，不存在董事联结的样本数量为 171 个；相关并购样本数量为 69 个，非相关并购样本数量为 152 个。回归结果如表5-14所示。通过观察表5-14可知，董事联结对使用市场业绩指标衡量的长期并购绩效无显著影响，与表5-7的结果一致。

表 5-14　　　变更股票持有期间后董事联结与并购公司长期并购绩效
（BHAR）的回归结果

变量	基准	模型（5.9）	模型（5.10）	模型（5.11）	模型（5.12）	模型（5.13）
BI		0.032	0.042	0.037	0.136	0.147
		(1.14)	(1.39)	(1.19)	(1.08)	(0.98)
AE			0.006*			
			(1.65)			
IAE				0.005*		
				(1.71)		

变量	基准	模型 (5.9)	模型 (5.10)	模型 (5.11)	模型 (5.12)	模型 (5.13)
RAE					0.010	
					(0.85)	
UAE						0.022
						(1.06)
BI × AE			0.014			
			(1.54)			
BI × IAE				0.004		
				(1.05)		
BI × RAE					0.020	
					(1.07)	
BI × UAE						0.027
						(1.12)
FAE			0.023			
			(0.35)			
FIAE				0.025		
				(0.58)		
FRAE					0.047	
					(1.14)	
FUAE						0.047
						(0.54)
METHOD	0.036	0.023	0.036	0.050	0.035	0.013
	(0.59)	(0.53)	(0.54)	(1.07)	(0.16)	(0.18)
CON	−0.053	−0.052	−0.066	−0.052	−0.018	−0.021
	(−0.56)	(−0.73)	(−0.75)	(−0.69)	(−0.08)	(−0.25)
SYN_P	0.027*	0.019*	0.017*	0.017*	0.036*	0.056**
	(1.76)	(1.81)	(1.65)	(1.78)	(1.78)	(1.98)
SYN_F	0.002*	0.001*	0.003*	0.001*	0.009*	0.001
	(1.76)	(1.80)	(1.69)	(1.72)	(1.83)	(0.50)
ROE_R	−0.041	−0.031	−0.024	−0.021	−0.006	−0.076
	(−1.01)	(−1.03)	(−0.47)	(−0.71)	(−0.20)	(−1.01)
SIZE_R	0.102	0.078	0.105	0.104	0.121	0.088*
	(0.96)	(0.82)	(0.95)	(1.04)	(0.76)	(1.83)

续表

变量	基准	模型 (5.9)	模型 (5.10)	模型 (5.11)	模型 (5.12)	模型 (5.13)
CRL	−0.009*	−0.014	−0.012*	−0.013*	−0.008*	−0.010*
	(−1.66)	(−1.59)	(−1.74)	(−1.68)	(−1.83)	(−1.76)
SHARE	−0.202*	−0.209**	−0.123*	−0.189*	−0.402*	−0.135*
	(−1.74)	(−2.01)	(−1.71)	(−1.82)	(−1.95)	(−1.73)
HUBRIS	−0.008	−0.041	−0.045	−0.039	−0.029	−0.010
	(−0.05)	(−0.35)	(−0.44)	(−0.32)	(−0.12)	(−0.05)
CASH	−0.108	−0.131	−0.149	−0.123	−0.084	−0.253
	(−1.49)	(−1.57)	(−1.21)	(−1.47)	(−1.05)	(−1.29)
LEV	−0.030*	−0.003**	−0.031**	−0.005*	−0.014*	−0.081**
	(−2.14)	(−2.06)	(−2.40)	(−1.80)	(−1.91)	(−2.04)
MB	0.005	0.001	0.001	0.006	0.009	0.001
	(0.80)	(0.33)	(0.03)	(1.46)	(0.19)	(0.99)
TOBINQ	−0.012*	−0.005*	−0.004**	−0.004**	−0.003*	−0.014*
	(−1.82)	(−1.88)	(−1.97)	(−2.33)	(−1.91)	(−1.80)
GROWTH	0.001	0.001	0.001	0.001	0.002	0.001*
	(0.56)	(0.59)	(0.43)	(0.48)	(0.20)	(1.70)
NATURE	−0.107**	−0.120***	−0.112***	−0.110***	−0.103*	−0.127**
	(−2.36)	(−2.83)	(−3.31)	(−2.82)	(−1.86)	(−2.61)
YEAR	控制	控制	控制	控制	控制	控制
INDUSTRY	控制	控制	控制	控制	控制	控制
C	2.301	2.091	2.225	1.771	−2.423	3.672
	(1.48)	(1.52)	(1.28)	(1.23)	(−0.36)	(1.57)
Adj R^2	0.151	0.161	0.164	0.157	0.133	0.146
F 值	2.56***	2.67***	2.37***	2.34***	2.04**	2.35***
样本	全部样本	全部样本	全部样本	全部样本	相关并购样本	非相关并购样本
样本数	221	221	221	221	69	152

注: 括号内 t 值; *、**、*** 分别代表 10%、5% 和 1% 的显著性水平。

此外,前文还使用并购首次公告日前后两年的总资产收益率的变化量 (ΔROA),从会计业绩指标的角度来衡量并购公司长期并购绩效。参照张雯等 (2013)、李彬和秦淑倩 (2016) 的做法,本书使用并购首次公告日前后 2 年的行业调整后净资产收益率变化量（ΔROE）代表并购公司长期并购绩效，对董事联结与并购公司长期并购绩效的关系进行稳健性测试。从会计业绩指标的角度使用净资产收益率变化量重新衡量并购公司长期并购绩效以后，表 5-8 的样本并未发生改变。回归结果如表 5-15 所示。

表 5-15　　董事联结与并购公司长期并购绩效（ΔROE）的回归结果

变量	基准	模型（5.9）	模型（5.10）	模型（5.11）	模型（5.12）	模型（5.13）
BI		0.031 ***	0.049 **	0.038 ***	0.055 **	0.076 ***
		(2.69)	(2.38)	(2.97)	(1.98)	(3.02)
AE			0.003			
			(0.40)			
IAE				0.020		
				(1.37)		
RAE					0.013	
					(0.49)	
UAE						0.015
						(1.45)
BI × AE			0.016 **			
			(2.21)			
BI × IAE				0.033 *		
				(1.70)		
BI × RAE					0.075 *	
					(1.75)	
BI × UAE						0.025 *
						(1.91)
FAE			0.014			
			(0.40)			
FIAE				0.003		
				(0.28)		
FRAE					0.002	
					(0.11)	
FUAE						0.031
						(0.53)

变量	基准	模型 (5.9)	模型 (5.10)	模型 (5.11)	模型 (5.12)	模型 (5.13)
METHOD	0.009	0.009	0.011	0.008	0.017	−0.013
	(0.47)	(0.49)	(0.38)	(0.43)	(0.57)	(−0.40)
CON	0.039	0.037	0.051	0.032	0.005	0.075
	(1.59)	(1.47)	(1.25)	(1.20)	(1.30)	(1.52)
SYN_P	−0.004	−0.002	−0.003	−0.002	−0.002	−0.006
	(−1.16)	(−0.46)	(−0.51)	(−0.46)	(−0.49)	(−0.25)
SYN_F	0.036	0.002	0.003	0.002*	0.001*	0.039*
	(0.29)	(1.33)	(1.38)	(1.72)	(1.70)	(1.84)
ROE_R	0.005	0.004	0.022	0.004	0.015**	0.004*
	(0.29)	(0.27)	(0.77)	(0.25)	(2.21)	(1.66)
SIZE_R	0.069	0.081	0.160*	0.085*	0.074	0.104
	(1.25)	(1.61)	(1.90)	(1.79)	(0.60)	(1.39)
CRL	−0.021*	−0.064*	−0.069	−0.040	−0.018	−0.097*
	(−1.84)	(−1.76)	(−1.15)	(−1.07)	(−0.28)	(−1.69)
SHARE	0.120**	0.067*	0.095	0.066	0.041	0.007
	(1.97)	(1.89)	(1.20)	(1.07)	(0.20)	(0.06)
HUBRIS	−0.068*	−0.005**	−0.004**	−0.003*	−0.040*	−0.049*
	(−1.89)	(−2.13)	(−2.07)	(−1.88)	(−1.73)	(−1.78)
CASH	−0.025	−0.016	−0.018	−0.009	−0.016	−0.076*
	(−1.04)	(−0.73)	(−0.28)	(−0.39)	(−0.55)	(−1.69)
LEV	−0.073***	−0.048**	−0.052*	−0.028*	−0.020*	−0.078**
	(−3.16)	(−2.05)	(−1.75)	(−1.68)	(−1.81)	(−2.04)
MB	0.010	0.002	0.010	0.016	0.005	0.021
	(0.34)	(1.24)	(0.16)	(0.63)	(0.69)	(0.77)
TOBINQ	−0.010	−0.004	−0.007	−0.005	−0.015	−0.008
	(−0.17)	(−0.76)	(0.01)	(−1.07)	(−1.15)	(−1.17)
GROWTH	0.013	0.025***	0.046***	0.025***	0.016**	0.046***
	(1.51)	(2.71)	(2.96)	(2.68)	(2.52)	(3.24)
NATURE	0.011	0.006	0.017	0.012	−0.009	0.022
	(1.00)	(0.54)	(0.95)	(0.93)	(−0.44)	(1.17)
YEAR	控制	控制	控制	控制	控制	控制
INDUSTRY	控制	控制	控制	控制	控制	控制

续表

变量	基准	模型 (5.9)	模型 (5.10)	模型 (5.11)	模型 (5.12)	模型 (5.13)
C	−0.014 (−0.19)	−0.055 (−0.81)	−0.062 (−0.45)	−0.074 (−1.01)	−0.123 (−0.16)	−0.091 (−0.95)
Adj R^2	0.232	0.243	0.258	0.249	0.237	0.248
F 值	3.32 ***	3.89 ***	3.73 ***	3.27 ***	2.68 ***	3.04 ***
样本	全部样本	全部样本	全部样本	全部样本	相关并购样本	非相关并购样本
样本数	479	479	479	479	156	323

注：括号内 t 值；＊、＊＊、＊＊＊分别代表 10%、5% 和 1% 的显著性水平。

　　通过观察表 5 - 15，本书发现模型 (5.9) 的董事联结 (BI) 系数在 1% 的水平上显著为正，与表 5 - 8 的结果相比，结论未发生实质性改变，说明董事联结与并购公司长期并购绩效存在正相关关系。模型 (5.10) 董事联结与联结董事并购经验交互项 (BI × AE) 的回归系数，模型 (5.11) 董事联结与联结董事同行业或同产品市场并购经验交互项 (BI × IAE) 的回归系数，模型 (5.12) 董事联结与联结董事相关并购经验交互项 (BI × RAE) 的回归系数，以及模型 (5.13) 董事联结与联结董事非相关并购经验交互项 (BI × UAE) 的回归系数均显著为正，与表 5 - 8 的结果相比，结论未发生实质性改变，说明联结董事并购经验、联结董事同行业或同产品市场并购经验、联结董事相关并购经验和联结董事非相关并购经验对董事联结与并购公司长期并购绩效的关系存在正向调节作用。综上所述，在改变并购公司长期并购业绩的衡量方法以后，前文的结果均未发生实质性改变。

5.4.3　董事联结变量替代性检验

　　本章继续参照田高良等 (2013) 以及 Ishii 和 Xuan (2014) 的研究，使用连续变量作为董事联结的替代变量。将两家公司所有的董事组成一个矩阵，一家公司的任意一个董事与另一家公司的任意一个董事配对为矩阵中的元素。董事联结即为两家公司拥有联结董事的个数与董事会成员矩阵元素总数之比，如两家公司存在 2 名联结董事，其中一家公司有 5 名董事，另一家公司有 4 名董事，则董事联结为 10%。董事联结变量替代性检验的回归结果如表 5 - 16 至表 5 - 20 所示。表 5 - 16 展示了董事联结替代变量与并购公司短期并购绩效回归结果，

表 5-17 展示了董事联结替代变量与并购公司长期并购绩效（BHAR）回归结果，表 5-18 展示了董事联结替代变量与并购公司长期并购绩效（ΔROA）回归结果，表 5-19 展示了董事联结替代变量与并购后实体并购绩效回归结果，表 5-20 展示了董事联结替代变量与目标公司相对并购绩效回归结果。

表 5-16　　　　　董事联结替代变量与并购公司短期并购绩效回归结果

变量	基准	模型 (5.9)	模型 (5.10)	模型 (5.11)	模型 (5.12)	模型 (5.13)
BI		2.160 ** (2.18)	2.581 *** (2.71)	2.839 ** (2.39)	3.668 * (1.81)	4.462 *** (2.07)
AE			0.006 * (1.82)			
IAE				0.019 (1.15)		
RAE					0.019 (0.58)	
UAE						0.015 (0.50)
BI × AE			0.876 *** (2.64)			
BI × IAE				0.044 * (1.83)		
BI × RAE					1.710 * (1.77)	
BI × UAE						0.043 ** (2.15)
FAE			0.004 (0.25)			
FIAE				0.003 (0.12)		
FRAE					0.010 (0.42)	
FUAE						0.006 (0.25)

续表

变量	基准	模型 (5.9)	模型 (5.10)	模型 (5.11)	模型 (5.12)	模型 (5.13)
METHOD	0.085 ***	0.084 ***	0.084 ***	0.135 ***	0.011	0.205 ***
	(4.41)	(4.24)	(4.19)	(4.11)	(0.18)	(4.54)
CON	0.007	0.003	0.004	0.003	0.100	0.028
	(0.25)	(0.11)	(0.14)	(0.06)	(1.09)	(0.41)
SYN_P	0.007	0.003	0.004	0.008	0.083	0.007
	(0.52)	(0.79)	(0.81)	(1.23)	(0.40)	(0.28)
SYN_F	−0.002 *	−0.002 *	−0.002 *	−0.004 **	−0.004 *	−0.006 **
	(−1.70)	(−1.81)	(−1.85)	(−2.46)	(−1.78)	(−2.59)
ROE_R	−0.002	−0.006	−0.003	−0.017 **	−0.006 **	−0.011
	(−0.12)	(−0.29)	(−0.14)	(−2.59)	(−2.19)	(−0.32)
SIZE_R	0.012	0.017	0.029	0.039	0.429 **	0.004
	(0.23)	(0.33)	(0.11)	(0.55)	(2.02)	(0.04)
CRL	−0.059	−0.048	−0.051	−0.054	−0.122	−0.053
	(−1.63)	(−1.33)	(−1.51)	(−1.00)	(−1.00)	(−0.70)
SHARE	−0.012	−0.006	−0.006	−0.010	−0.202	−0.034
	(−0.23)	(−0.08)	(−0.08)	(−0.06)	(−0.97)	(−0.20)
HUBRIS	0.067 *	0.062	0.049	0.005	0.023	0.052
	(1.68)	(1.49)	(1.18)	(1.08)	(0.21)	(0.61)
CASH	−0.021	−0.040	−0.045	−0.050	−0.005	−0.074
	(−0.70)	(−1.44)	(−1.00)	(−0.72)	(−0.09)	(−0.92)
LEV	−0.057 ***	−0.061 ***	−0.061 ***	−0.154 ***	−0.043	−0.223 ***
	(−2.62)	(−2.81)	(−2.82)	(−4.62)	(−0.47)	(−4.40)
MB	0.001	0.003	0.002 **	0.001	0.015	0.001
	(0.54)	(0.18)	(2.28)	(0.46)	(1.29)	(0.37)
TOBINQ	−0.007 *	−0.008 **	−0.008 **	−0.022 ***	−0.021 *	−0.015 *
	(−1.85)	(−2.04)	(−2.20)	(−4.96)	(−1.86)	(−1.78)
GROWTH	0.007	0.005	0.006	0.009	0.059	0.022
	(0.82)	(0.59)	(0.69)	(0.44)	(1.29)	(1.24)
NATURE	−0.025 **	−0.024 **	−0.023 *	−0.041 **	−0.046	−0.056 **
	(−2.14)	(−2.04)	(−1.92)	(−2.36)	(−1.21)	(−2.26)
YEAR	控制	控制	控制	控制	控制	控制
INDUSTRY	控制	控制	控制	控制	控制	控制

续表

变量	基准	模型 (5.9)	模型 (5.10)	模型 (5.11)	模型 (5.12)	模型 (5.13)
C	0.107	0.123	0.102	0.185	−0.223	0.297*
	(1.21)	(1.38)	(1.17)	(1.40)	(−0.89)	(1.79)
Adj R²	0.262	0.268	0.275	0.274	0.236	0.265
F 值	3.84***	3.98***	3.97***	4.43***	2.87***	4.55***
样本	全部样本	全部样本	全部样本	全部样本	相关并购样本	非相关并购样本
样本数	608	608	608	608	189	419

注：括号内 t 值；*、**、*** 分别代表 10%、5% 和 1% 的显著性水平。

表 5 - 17   董事联结替代变量与并购公司长期并购绩效 (BHAR) 回归结果

变量	基准	模型 (5.9)	模型 (5.10)	模型 (5.11)	模型 (5.12)	模型 (5.13)
BI		3.723	2.094	3.224	0.384	2.922
		(1.57)	(1.63)	(1.03)	(0.88)	(0.75)
AE			0.004*			
			(1.82)			
IAE				0.030*		
				(1.82)		
RAE					0.075	
					(1.45)	
UAE						0.007
						(0.63)
BI × AE			0.239			
			(1.56)			
BI × IAE				0.771		
				(1.48)		
BI × RAE					0.195	
					(1.54)	
BI × UAE						0.0341
						(1.37)
FAE			0.027			
			(1.05)			

续表

变量	基准	模型 (5.9)	模型 (5.10)	模型 (5.11)	模型 (5.12)	模型 (5.13)
FIAE				0.023		
				(0.96)		
FRAE					0.001	
					(0.11)	
FUAE						0.018
						(0.67)
METHOD	0.008	0.012	0.010	0.030	0.015	0.004
	(0.21)	(0.84)	(0.34)	(0.81)	(0.38)	(0.48)
CON	-0.012	-0.010	-0.009	-0.008	-0.024	-0.003
	(-0.44)	(-0.34)	(-0.22)	(-0.23)	(-0.32)	(-0.73)
SYN_P	0.004	0.005	0.006	0.009	0.007	0.002
	(0.10)	(0.01)	(0.13)	(0.20)	(0.18)	(0.53)
SYN_F	0.003**	0.024*	0.001**	0.006*	0.002*	0.001**
	(2.07)	(1.93)	(2.01)	(1.74)	(1.90)	(2.09)
ROE_R	-0.021	-0.023	-0.028	-0.036**	-0.016	-0.011
	(-1.25)	(-1.35)	(-1.11)	(-2.07)	(-1.28)	(-0.34)
SIZE_R	0.056	0.061	0.045	0.038	0.140	0.005
	(1.01)	(1.09)	(0.84)	(0.68)	(1.36)	(0.07)
CRL	-0.017	-0.018	-0.013	-0.020	-0.002	-0.018
	(-0.34)	(-0.37)	(-0.32)	(-0.40)	(-0.26)	(-1.23)
SHARE	-0.033	-0.037	-0.044	-0.084	-0.045	-0.025
	(-0.36)	(-0.41)	(-0.47)	(-0.93)	(-0.14)	(-1.21)
HUBRIS	-0.002*	-0.003*	-0.010*	-0.032*	-0.001*	-0.016*
	(-1.73)	(-1.85)	(-1.81)	(-1.79)	(-1.69)	(-1.78)
CASH	-0.012	-0.017	-0.019	-0.008	-0.028	-0.001
	(-0.43)	(-0.57)	(-0.35)	(-0.28)	(-0.38)	(-0.02)
LEV	-0.032**	-0.032**	-0.027*	-0.011*	-0.189**	-0.010**
	(-2.16)	(-2.17)	(-1.72)	(-1.89)	(-2.37)	(-2.20)
MB	0.001	0.001	0.004	0.003*	0.010	0.001***
	(0.65)	(0.71)	(0.18)	(1.93)	(0.69)	(2.76)
TOBINQ	-0.005*	-0.002*	-0.002*	-0.004*	-0.014*	-0.008*
	(-1.89)	(-1.89)	(-1.92)	(-1.80)	(-1.83)	(-1.91)

续表

变量	基准	模型 (5.9)	模型 (5.10)	模型 (5.11)	模型 (5.12)	模型 (5.13)
GROWTH	0.010 (1.35)	0.010 (1.26)	0.011 (1.05)	0.009 (1.03)	0.021 (1.25)	0.005* (1.69)
NATURE	-0.044*** (-2.79)	-0.040** (-2.52)	-0.042*** (-2.81)	-0.041** (-2.49)	-0.023* (-1.81)	-0.054** (-2.07)
YEAR	控制	控制	控制	控制	控制	控制
INDUSTRY	控制	控制	控制	控制	控制	控制
C	0.194 (0.27)	0.009 (0.21)	0.168 (0.20)	0.090 (0.12)	0.475 (1.51)	0.114 (0.15)
Adj R²	0.158	0.159	0.160	0.168	0.156	0.161
F 值	4.22***	4.27***	4.31***	4.29***	3.85***	4.27***
样本	全部样本	全部样本	全部样本	全部样本	相关并购样本	非相关并购样本
样本数	354	354	354	354	112	242

注：括号内 t 值；*、**、*** 分别代表10%、5%和1%的显著性水平。

表5-18　董事联结替代变量与并购公司长期并购绩效（ΔROA）回归结果

变量	基准	模型 (5.9)	模型 (5.10)	模型 (5.11)	模型 (5.12)	模型 (5.13)
BI		1.630** (2.57)	1.587*** (2.86)	1.113** (2.13)	1.053* (1.92)	2.008** (2.48)
AE			0.071* (1.88)			
IAE				0.003 (0.46)		
RAE					0.008 (0.52)	
UAE						0.006* (1.67)
BI × AE			0.338* (1.70)			
BI × IAE				0.161* (1.86)		

续表

变量	基准	模型（5.9）	模型（5.10）	模型（5.11）	模型（5.12）	模型（5.13）
BI×RAE					1.046*	
					(1.74)	
BI×UAE						0.014*
						(1.85)
FAE			0.007			
			(0.54)			
FIAE				0.003		
				(0.31)		
FRAE					0.001	
					(0.25)	
FUAE						0.004
						(0.05)
METHOD	0.008*	0.008*	0.007	0.002	0.003	0.013
	(1.68)	(1.65)	(1.55)	(0.19)	(0.22)	(0.90)
CON	0.009	0.008	0.013	0.017	0.023	0.030
	(0.56)	(0.52)	(0.82)	(1.30)	(1.07)	(1.31)
SYN_P	−0.087	−0.023	−0.021	−0.003	−0.001	−0.017
	(−0.37)	(−0.10)	(−0.09)	(−0.02)	(−0.12)	(−0.60)
SYN_F	0.043	0.099	0.117	0.038	0.064	0.080
	(0.59)	(1.22)	(1.47)	(0.71)	(0.73)	(0.97)
ROE_R	0.004	0.007	0.003	0.001	0.008**	0.003*
	(0.42)	(0.61)	(0.28)	(0.19)	(2.53)	(1.81)
SIZE_R	0.113***	0.097***	0.086***	0.070***	0.018**	0.098***
	(4.07)	(3.22)	(2.69)	(3.45)	(2.32)	(3.00)
CRL	−0.028	−0.019	−0.001	−0.001	−0.006	−0.013
	(−1.37)	(−0.89)	(−0.06)	(−0.08)	(−0.37)	(−0.54)
SHARE	0.093**	0.091**	0.068*	0.080**	0.123*	0.084*
	(2.32)	(2.33)	(1.68)	(2.21)	(1.74)	(1.77)
HUBRIS	−0.031*	−0.039*	−0.032*	−0.015*	−0.026*	−0.112*
	(−1.84)	(−1.71)	(−1.69)	(−1.85)	(−1.75)	(−1.91)
CASH	−0.019	−0.017	−0.001	−0.006	−0.011	−0.007
	(−1.26)	(−1.07)	(−0.04)	(−0.50)	(−0.84)	(−0.25)

续表

变量	基准	模型（5.9）	模型（5.10）	模型（5.11）	模型（5.12）	模型（5.13）
LEV	-0.063***	-0.061***	-0.060***	-0.023**	-0.060*	0.022*
	(-3.95)	(-3.78)	(-3.65)	(-2.41)	(-1.95)	(1.95)
MB	0.060	0.040	0.017	0.001	0.006*	0.005
	(0.54)	(0.34)	(1.15)	(0.22)	(1.83)	(0.87)
TOBINQ	-0.004	-0.003	-0.004	-0.003	-0.011*	-0.003
	(-1.39)	(-1.41)	(-1.47)	(-1.39)	(-1.92)	(-0.10)
GROWTH	0.015***	0.013***	0.014**	0.010***	0.013*	0.003*
	(2.74)	(2.81)	(2.63)	(2.69)	(1.90)	(1.79)
NATURE	-0.009	-0.010	-0.010	-0.008	-0.005	-0.011
	(-1.26)	(-1.34)	(-1.25)	(-1.45)	(-0.42)	(-1.22)
YEAR	控制	控制	控制	控制	控制	控制
INDUSTRY	控制	控制	控制	控制	控制	控制
C	-0.159***	-0.146***	-0.138***	-0.103**	-0.079	-0.220**
	(-3.39)	(-3.00)	(-2.73)	(-2.48)	(-1.01)	(-2.02)
Adj R²	0.268	0.309	0.328	0.319	0.293	0.319
F值	5.04***	7.05***	6.24***	6.48***	3.48***	5.77***
样本	全部样本	全部样本	全部样本	全部样本	相关并购样本	非相关并购样本
样本数	479	479	479	479	156	323

注：括号内t值；*、**、***分别代表10%、5%和1%的显著性水平。

表5-19　　　　董事联结替代变量与并购后实体并购绩效回归结果

变量	基准	模型（5.9）	模型（5.10）	模型（5.11）	模型（5.12）	模型（5.13）
BI		2.418**	10.756*	1.785**	0.515**	2.023*
		(2.06)	(1.81)	(1.97)	(1.97)	(1.91)
AE			0.003			
			(0.37)			
IAE				0.011		
				(0.73)		
RAE					0.012	
					(1.14)	
UAE						0.006*
						(1.73)

变量	基准	模型（5.9）	模型（5.10）	模型（5.11）	模型（5.12）	模型（5.13）
BI × AE			1.047 *			
			(1.83)			
BI × IAE				0.066 **		
				(2.22)		
BI × RAE					0.252 *	
					(1.76)	
BI × UAE						0.012 *
						(1.72)
FAE			0.013			
			(1.03)			
FIAE				0.006		
				(0.46)		
FRAE					0.003	
					(0.43)	
FUAE						0.001
						(0.42)
METHOD	0.037 ***	0.036 **	0.095 **	0.033 **	0.004 **	0.037 **
	(2.75)	(2.57)	(2.32)	(2.28)	(2.24)	(2.51)
CON	0.005	0.009	0.030	0.009	0.044 *	0.011
	(0.28)	(0.47)	(0.66)	(0.45)	(1.82)	(0.58)
SYN_P	0.018 **	0.016 *	0.059 **	0.016 *	0.052 *	0.016 *
	(2.07)	(1.71)	(2.02)	(1.72)	(1.75)	(1.66)
SYN_F	−0.001 *	−0.001 *	−0.008 *	−0.001 *	−0.001 *	−0.001 **
	(−1.90)	(−1.86)	(−1.83)	(−1.79)	(−1.88)	(−2.01)
ROE_R	−0.004	−0.030 **	−0.030	−0.029 **	−0.001 **	−0.025 **
	(−0.25)	(−2.32)	(−1.00)	(−2.37)	(−2.14)	(−1.97)
SIZE_R	0.132 ***	0.137 ***	0.026 ***	0.119 ***	0.027 ***	0.130 ***
	(4.20)	(4.25)	(4.13)	(3.55)	(3.40)	(3.86)
CRL	−0.009	−0.049 **	−0.106	−0.031	−0.057	−0.033
	(−0.38)	(−2.02)	(−1.43)	(−1.20)	(−1.56)	(−1.23)
SHARE	0.067	0.058	0.060	0.048	0.038	0.081
	(1.06)	(0.91)	(0.66)	(0.63)	(0.64)	(0.88)

续表

变量	基准	模型 (5.9)	模型 (5.10)	模型 (5.11)	模型 (5.12)	模型 (5.13)
HUBRIS	0.002	0.003	0.108	0.001	0.025	0.006
	(0.06)	(0.09)	(1.39)	(0.02)	(0.62)	(0.19)
CASH	−0.004	−0.001	−0.341**	−0.009	−0.005	−0.013
	(−0.17)	(−0.05)	(−2.18)	(−0.26)	(−0.27)	(−0.36)
LEV	−0.006	−0.007	−0.206*	−0.008	−0.025	−0.009
	(−0.42)	(−0.59)	(−1.69)	(−0.61)	(−0.86)	(−0.09)
MB	−0.047	−0.069	−0.004	−0.053	−0.006	−0.057
	(−0.71)	(−1.04)	(−1.36)	(−0.78)	(−1.51)	(−1.00)
TOBINQ	−0.003	−0.003	−0.012	−0.003	−0.004	−0.012
	(−1.41)	(−1.18)	(−1.43)	(−0.14)	(−1.25)	(−0.73)
GROWTH	0.006	0.009	0.010	0.006	0.010	0.007
	(1.24)	(1.41)	(0.49)	(0.91)	(0.65)	(1.21)
NATURE	−0.006	−0.004	−0.046	−0.006	−0.002	−0.008
	(−0.68)	(−0.45)	(−1.06)	(−0.69)	(−0.18)	(−0.85)
YEAR	控制	控制	控制	控制	控制	控制
INDUSTRY	控制	控制	控制	控制	控制	控制
C	0.129***	0.138***	0.328*	0.129***	0.311**	0.141***
	(2.72)	(2.86)	(1.74)	(2.64)	(2.11)	(2.87)
Adj R²	0.234	0.241	0.252	0.239	0.229	0.230
F 值	2.40***	2.41***	2.54***	2.48***	2.27***	2.46***
样本	全部样本	全部样本	全部样本	全部样本	相关并购样本	非相关并购样本
样本数	579	579	579	579	179	400

注：括号内 t 值；*、**、*** 分别代表10%、5%和1%的显著性水平。

表 5-20　　　　　　董事联结替代变量与目标公司相对并购绩效回归结果

变量	基准	模型 (5.9)	模型 (5.10)	模型 (5.11)	模型 (5.12)	模型 (5.13)
BI		−1.167	−1.016	−0.909	−0.066	−1.038
		(−1.27)	(−1.46)	(−1.43)	(−1.14)	(−1.28)
AE			−0.003*			
			(−1.65)			
IAE				−0.008		
				(−0.96)		

续表

变量	基准	模型 (5.9)	模型 (5.10)	模型 (5.11)	模型 (5.12)	模型 (5.13)
RAE					−0.032 **	
					(−2.36)	
UAE						−0.006 **
						(−1.98)
BI×AE			−0.079			
			(−0.54)			
BI×IAE				−0.013		
				(−1.05)		
BI×RAE					−0.015	
					(−0.28)	
BI×UAE						−0.009
						(−1.14)
FAE			−0.003			
			(−0.35)			
FIAE				−0.006		
				(−0.64)		
FRAE					−0.002	
					(−0.20)	
FUAE						−0.001
						(−0.16)
METHOD	−0.031 ***	−0.029 ***	−0.022 **	−0.021 **	−0.005 **	−0.036 ***
	(−2.89)	(−2.64)	(−2.54)	(−2.31)	(−2.27)	(−3.33)
CON	−0.025	−0.030 *	−0.022 *	−0.020 *	−0.014	−0.026 *
	(−1.59)	(−1.85)	(−1.80)	(−1.65)	(−0.55)	(−1.69)
SYN_P	−0.006 **	−0.007 ***	−0.006 ***	−0.006 ***	−0.145 *	−0.022 **
	(−2.32)	(−2.60)	(−2.62)	(−2.70)	(−1.74)	(−2.03)
SYN_F	0.023	0.001	0.062	0.091	0.002 *	0.091
	(0.30)	(1.48)	(1.07)	(1.56)	(1.83)	(1.38)
ROE_R	−0.010 ***	−0.011 ***	−0.007 ***	−0.008 **	−0.005 **	−0.019 *
	(−2.76)	(−2.79)	(−2.64)	(−2.36)	(−2.17)	(−1.95)
SIZE_R	0.040	0.080 ***	0.059 ***	0.060 ***	0.067 *	0.038
	(1.27)	(2.81)	(2.71)	(2.63)	(1.74)	(1.48)

续表

变量	基准	模型（5.9）	模型（5.10）	模型（5.11）	模型（5.12）	模型（5.13）
CRL	0.024	0.015	0.002	0.002	0.016	0.020
	(1.10)	(0.69)	(0.11)	(0.11)	(0.37)	(0.92)
SHARE	−0.036	−0.012	−0.015	−0.010	−0.147	−0.032
	(−0.60)	(−0.21)	(−0.36)	(−0.19)	(−1.55)	(−0.64)
HUBRIS	−0.029	−0.026	−0.013	−0.024	−0.042	−0.052 **
	(−1.11)	(−0.99)	(−0.58)	(−1.09)	(−0.90)	(−2.00)
CASH	−0.010	−0.006	−0.017	−0.019	−0.003	−0.012
	(−0.58)	(−0.32)	(−0.71)	(−1.32)	(−0.15)	(−0.10)
LEV	−0.006	−0.003	−0.003	−0.004	−0.007	−0.003
	(−0.52)	(−0.21)	(−0.33)	(−0.43)	(−0.24)	(−0.34)
MB	−0.003 **	−0.002 **	−0.013 **	−0.002 ***	−0.002 **	−0.004 **
	(−2.53)	(−2.38)	(−2.14)	(−2.78)	(−2.48)	(−2.38)
TOBINQ	−0.002	−0.006 ***	−0.003 **	−0.003	−0.007	−0.002
	(−0.66)	(−2.72)	(−2.04)	(−1.51)	(−1.16)	(−0.97)
GROWTH	−0.004	−0.005	−0.003	−0.007 ***	−0.012	−0.006
	(−0.80)	(−1.01)	(−0.72)	(−2.96)	(−0.76)	(−1.22)
NATURE	0.011	0.014 *	0.009	0.010	0.006	0.014 *
	(1.39)	(1.92)	(1.43)	(1.57)	(0.46)	(1.78)
YEAR	控制	控制	控制	控制	控制	控制
INDUSTRY	控制	控制	控制	控制	控制	控制
C	0.047	0.089 *	0.066 *	0.055	0.442	0.029
	(0.87)	(1.77)	(1.76)	(1.36)	(1.32)	(0.62)
Adj R²	0.161	0.164	0.155	0.169	0.141	0.166
F 值	2.50 ***	2.48 ***	2.58 ***	2.95 ***	2.37 ***	2.92 ***
样本	全部样本	全部样本	全部样本	全部样本	相关并购样本	非相关并购样本
样本数	579	579	579	579	179	400

注：括号内 t 值；*、**、*** 分别代表10%、5%和1%的显著性水平。

通过观察表5-16、表5-18、表5-19，本书发现模型（5.9）董事联结（BI）的回归系数，模型（5.10）董事联结与联结董事并购经验交互项（BI×AE）的回归系数，模型（5.11）董事联结与联结董事同行业或同产品市场并购经验交互项（BI×IAE）的回归系数，模型（5.12）董事联结与联结董事相关并购经验交互项（BI×RAE）的回归系数，以及模型（5.13）董事联结与联结董事非相关并购经验交互项（BI×UAE）的回归系数均显著为正，说明联结董事经验对董事联结与并购公司并购绩效和并购后实体并购绩效之间的关系具有显著的正向调节作用，与前文的结果相一致。

　　通过观察表 5 - 17 本书发现，模型（5.9）的董事联结回归系数，模型（5.10）中董事联结与联结董事并购经验交互项（BI×IAE）的回归系数模型（5.11）中董事联结与联结董事同行业交互项（BI×RAE），或同产品市场并购经验交互项（BI×IAE）的回归系数，模型（5.12）中和模型（5.13）中董事联结与相关并购经验的回归系数，董事联结与非相关并购经验交互项（BI×UAE）的回归系数均为正，但未达到10%的显著性水平，与前文的结果一致。

　　通过观察表 5 - 20 本书发现，模型（5.9）董事联结（BI）的回归系数，模型（5.10）董事联结与联结董事并购经验交互项（BI×AE）的回归系数，模型（5.11）董事联结与联结董事同行业或同产品市场并购经验交互项（BI×IAE）的回归系数，模型（5.12）董事联结与联结董事相关并购经验交互项（BI×RAE）的回归系数，以及模型（5.13）董事联结与联结董事非相关并购经验交互项（BI×UAE）的回归系数均为负，但未达到在 10%的显著性水平，说明董事联结不会降低目标公司的相对并购绩效，联结董事并购经验对董事联结与目标公司相对并购绩效关系也无显著的调节效应。与前文的结果相一致。

　　综上所述，在改变董事联结变量的衡量方法以后，前文的结果均未发生实质性改变。

5.4.4　联结董事并购经验变量替代性检验

　　本章的研究也参照了 Meschi 和 Métais（2013）对并购经验时效性的考虑，将联结董事并购经验获取的期间由并购发生前 5 年至并购发生前 1 年，缩减至并购发生前 3 年至并购发生前 1 年，重新衡量联结董事的并购经验。联结董事同行业或同产品市场并购经验、相关并购经验和非相关并购经验同样采用上述方法重新衡量。联结董事并购经验变量替代性检验的回归结果如表 5 - 21 至表 5 - 23 所示。

表 5 – 21 　联结董事并购经验变量替代性检验的董事联结与并购公司并购
绩效和并购后实体并购绩效回归结果

变量	TCAR				PCAR			
	模型 (5.10)	模型 (5.11)	模型 (5.12)	模型 (5.13)	模型 (5.10)	模型 (5.11)	模型 (5.12)	模型 (5.13)
BI	0.058*** (2.75)	2.903** (2.45)	0.028* (1.84)	0.056* (1.94)	0.024* (1.69)	1.895** (2.11)	0.020* (1.88)	0.027* (1.93)
AE	0.011** (2.24)				0.006* (1.67)			
IAE		0.020 (1.16)				0.008 (0.56)		
RAE			0.031 (1.55)				0.007 (0.66)	
UAE				0.013 (1.58)				0.006* (1.67)
BI × AE	0.019** (2.46)				0.004* (1.72)			
BI × IAE		0.043* (1.87)				0.048* (1.88)		
BI × RAE			0.040* (1.73)				0.004* (1.79)	
BI × UAE				0.022* (1.67)				0.006* (1.78)
FAE	0.018 (0.68)				0.004 (0.30)			
FIAE		0.005 (0.17)				0.013 (0.93)		
FRAE			0.001 (0.07)				0.004 (0.61)	
FUAE				0.003 (0.13)				0.002 (0.68)
METHOD	0.143*** (4.57)	0.134*** (4.08)	0.001*** (3.02)	0.173*** (4.88)	0.034** (2.52)	0.035** (2.34)	0.007** (2.45)	0.040*** (2.83)

续表

变量	TCAR				PCAR			
	模型 (5.10)	模型 (5.11)	模型 (5.12)	模型 (5.13)	模型 (5.10)	模型 (5.11)	模型 (5.12)	模型 (5.13)
CON	0.013	0.001	0.070 **	0.026	0.003	0.012	0.047 *	0.005
	(0.27)	(0.02)	(2.05)	(0.50)	(0.19)	(0.62)	(1.92)	(0.29)
SYN_P	0.010	0.008	0.056	0.004	0.017 *	0.016 *	0.069 *	0.018 **
	(1.55)	(1.29)	(0.50)	(0.21)	(1.89)	(1.69)	(1.92)	(2.01)
SYN_F	− 0.004 **	− 0.005 **	− 0.001 **	− 0.003 *	− 0.001 **	− 0.001 *	− 0.050 *	− 0.001 *
	(− 2.24)	(− 2.56)	(− 2.47)	(− 1.67)	(− 2.02)	(− 1.72)	(− 1.68)	(− 1.81)
ROE_R	− 0.010	− 0.017 ***	− 0.010 *	− 0.015	− 0.027 **	− 0.033 **	− 0.003	− 0.024 *
	(− 0.36)	(− 2.61)	(− 1.85)	(− 0.56)	(− 2.13)	(− 2.50)	(− 0.04)	(− 1.90)
SIZE_R	0.030	0.031	0.159	0.012	0.132 ***	0.127 ***	0.016 **	0.126 ***
	(0.43)	(0.44)	(1.44)	(0.15)	(4.49)	(3.75)	(2.28)	(3.93)
CRL	− 0.066	− 0.050	− 0.060	− 0.097	− 0.016	− 0.031	− 0.073 **	− 0.017
	(− 1.31)	(− 0.94)	(− 0.97)	(− 1.61)	(− 0.67)	(− 1.18)	(− 2.27)	(− 0.70)
SHARE	− 0.015	− 0.004	− 0.095	− 0.009	0.039	0.069	0.036	0.072
	(− 0.14)	(− 0.03)	(− 0.75)	(− 0.07)	(0.64)	(1.07)	(0.61)	(1.13)
HUBRIS	0.087	0.004	0.041	0.177 **	0.008	0.007	0.018	0.006
	(1.40)	(0.06)	(0.70)	(2.47)	(0.28)	(0.22)	(0.48)	(0.23)
CASH	− 0.040	− 0.051	− 0.015	− 0.072	− 0.016	− 0.011	− 0.012	− 0.025
	(− 0.54)	(− 0.74)	(− 0.42)	(− 1.17)	(− 0.76)	(− 0.31)	(− 0.66)	(− 0.76)
LEV	− 0.138 ***	− 0.155 ***	− 0.008 **	− 0.079 **	− 0.004	− 0.006	− 0.037	− 0.004
	(− 4.10)	(− 4.64)	(− 2.16)	(− 2.28)	(− 0.36)	(− 0.43)	(− 1.37)	(− 0.37)
MB	0.022	0.001	0.007	0.004 **	− 0.002 **	− 0.006	− 0.004	− 0.046
	(0.96)	(0.42)	(1.06)	(2.07)	(− 2.33)	(− 0.84)	(− 1.11)	(− 0.67)
TOBINQ	− 0.011 *	− 0.022 ***	− 0.014 **	− 0.004 *	− 0.002	− 0.004	− 0.006 *	− 0.002
	(− 1.79)	(− 5.06)	(− 1.99)	(− 1.68)	(− 1.02)	(− 0.14)	(− 1.65)	(− 0.96)
GROWTH	0.009	0.008	0.005	0.011	0.003	0.007	0.004	0.006
	(0.69)	(0.39)	(0.23)	(0.79)	(0.58)	(0.98)	(0.31)	(1.24)
NATURE	− 0.037 **	− 0.041 **	− 0.014 *	− 0.043 **	− 0.004	− 0.007	− 0.017	− 0.004
	(− 2.17)	(− 2.34)	(− 1.77)	(− 2.16)	(− 0.45)	(− 0.75)	(− 0.02)	(− 0.43)
YEAR	控制	控制	控制	控制	控制	控制	控制	控制
INDUSTRY	控制	控制	控制	控制	控制	控制	控制	控制

续表

变量	TCAR				PCAR			
	模型 (5.10)	模型 (5.11)	模型 (5.12)	模型 (5.13)	模型 (5.10)	模型 (5.11)	模型 (5.12)	模型 (5.13)
C	0.152 (1.20)	0.193 (1.47)	-0.127 (-0.90)	0.203 (1.56)	0.115** (2.53)	0.138*** (2.80)	-0.333 (-1.13)	0.129*** (2.67)
Adj R²	0.269	0.273	0.234	0.269	0.225	0.237	0.229	0.249
F 值	3.95***	4.26***	3.07***	4.08***	2.18***	2.10***	2.01***	2.20***
样本	全部样本	全部样本	相关并购 样本	非相关 并购样本	全部样本	全部样本	相关并购 样本	非相关并 购样本
样本数	608	608	189	419	579	579	179	400

注：括号内 t 值；*、**、*** 分别代表10%、5%和1%的显著性水平。

表 5 – 22　　　　联结董事并购经验变量替代性检验的董事联结与
并购公司长期并购绩效回归结果

变量	BHAR				ΔROA			
	模型 (5.10)	模型 (5.11)	模型 (5.12)	模型 (5.13)	模型 (5.10)	模型 (5.11)	模型 (5.12)	模型 (5.13)
BI	0.032 (0.39)	0.035 (1.19)	0.035 (1.08)	0.048 (0.98)	0.016** (2.60)	0.016* (1.79)	1.181** (2.01)	0.023* (1.88)
AE	0.003 (0.56)				0.002 (0.27)			
IAE		0.029* (1.68)				0.002 (0.24)		
RAE			0.015 (0.23)				0.009 (0.53)	
UAE				0.004 (0.38)				0.005 (1.35)
BI × AE	0.006 (0.77)				0.005* (1.94)			
BI × IAE		0.013 (1.05)				0.010* (1.94)		
BI × RAE			0.005 (1.07)				0.272* (1.90)	

续表

变量	BHAR				ΔROA			
	模型 (5.10)	模型 (5.11)	模型 (5.12)	模型 (5.13)	模型 (5.10)	模型 (5.11)	模型 (5.12)	模型 (5.13)
BI × UAE				0.011				0.010 *
				(1.12)				(1.69)
FAE	0.014				0.003			
	(0.57)				(0.39)			
FIAE		0.007				0.009		
		(0.29)				(0.72)		
FRAE			0.002				0.005	
			(0.10)				(0.11)	
FUAE				0.016				0.001
				(0.60)				(0.06)
METHOD	0.003	0.025	0.031	0.003	0.002 *	0.006	0.004	0.014
	(0.11)	(0.70)	(0.82)	(0.43)	(1.75)	(0.44)	(0.23)	(0.93)
CON	−0.014	−0.014	−0.009	−0.040	0.014	0.020	0.027	0.008
	(−0.35)	(−0.41)	(−0.45)	(−0.69)	(1.16)	(1.08)	(1.15)	(1.18)
SYN_P	0.003	0.020	0.002	0.019	−0.043	−0.001	−0.106	−0.052
	(0.06)	(0.46)	(0.32)	(0.55)	(−0.24)	(−0.45)	(−0.36)	(−0.42)
SYN_F	0.002 **	0.001 **	0.004 *	0.002 **	0.018	0.004	0.086	0.031
	(2.17)	(2.22)	(1.77)	(2.14)	(0.41)	(0.58)	(0.87)	(0.66)
ROE_R	−0.029	−0.029 *	−0.012	−0.040	0.001	0.006	0.010 ***	0.002
	(−1.21)	(−1.71)	(−0.78)	(−0.33)	(0.10)	(0.54)	(2.77)	(1.49)
SIZE_R	0.044	0.040	0.158	0.024	0.066 ***	0.129 ***	0.053 **	0.188 ***
	(0.84)	(0.70)	(0.87)	(0.32)	(3.49)	(4.58)	(2.35)	(3.41)
CRL	−0.027	−0.031	−0.058	−0.009	−0.003	−0.006	−0.042	−0.014
	(−0.65)	(−0.62)	(−0.76)	(−1.06)	(−0.21)	(−0.03)	(−0.61)	(−0.54)
SHARE	−0.048	−0.086	−0.012	−0.134	0.046 *	0.096 **	0.154 *	0.087 **
	(−0.51)	(−0.93)	(−0.03)	(−0.94)	(1.82)	(2.19)	(1.85)	(2.19)
HUBRIS	−0.001 *	−0.005 *	−0.005 *	−0.001 *	−0.010 *	−0.017 *	−0.022 *	−0.033 *
	(−1.82)	(−1.77)	(−1.69)	(−1.75)	(−1.77)	(−1.71)	(−1.69)	(−1.86)
CASH	−0.011	−0.005	−0.026	−0.009	−0.007	−0.017	−0.034 **	−0.014 *
	(−0.20)	(0.02)	(−0.33)	(−0.17)	(−0.40)	(−0.96)	(−2.16)	(−1.87)

续表

变量	BHAR				ΔROA			
	模型 (5.10)	模型 (5.11)	模型 (5.12)	模型 (5.13)	模型 (5.10)	模型 (5.11)	模型 (5.12)	模型 (5.13)
LEV	-0.025*	-0.009*	-0.101*	-0.016*	-0.024**	-0.051***	-0.056*	-0.126**
	(-1.69)	(-1.68)	(-1.73)	(-1.81)	(-2.61)	(-3.20)	(-1.84)	(-2.17)
MB	0.005	0.003*	0.004	0.005**	0.010**	0.008	0.016	0.104
	(0.27)	(1.94)	(0.28)	(2.21)	(2.37)	(0.32)	(1.62)	(0.72)
TOBINQ	-0.008*	-0.006*	-0.007*	-0.003*	-0.003*	-0.006**	-0.010*	-0.001
	(-1.91)	(-1.74)	(-1.68)	(-1.74)	(-1.93)	(-2.07)	(-1.74)	(-0.21)
GROWTH	0.011	0.003	0.004	0.024*	0.010***	0.006**	0.012*	0.012**
	(1.09)	(1.14)	(0.25)	(1.70)	(2.72)	(2.05)	(1.79)	(2.27)
NATURE	-0.048***	-0.046**	-0.038**	-0.051*	-0.005	-0.013*	-0.007	-0.010
	(-3.26)	(-2.57)	(-2.14)	(-1.88)	(-0.97)	(-1.65)	(-0.59)	(-1.16)
YEAR	控制	控制	控制	控制	控制	控制	控制	控制
INDUSTRY	控制	控制	控制	控制	控制	控制	控制	控制
C	0.311	0.008	2.182	0.058	-0.104***	-0.167***	-0.173	-0.134**
	(0.37)	(0.21)	(0.95)	(0.54)	(-2.91)	(-2.86)	(-0.88)	(-2.28)
Adj R²	0.165	0.169	0.151	0.167	0.320	0.251	0.217	0.297
F 值	2.87***	2.79***	2.48***	2.78***	6.58***	6.56***	4.68***	5.11***
样本	全部样本	全部样本	相关并购样本	非相关并购样本	全部样本	全部样本	相关并购样本	非相关并购样本
样本数	354	354	112	242	479	479	156	323

注：括号内 t 值；*、**、*** 分别代表 10%、5% 和 1% 的显著性水平。

表 5-23 联结董事并购经验变量替代性检验的董事联结与
目标公司相对并购绩效回归结果

变量	模型 (5.10)	模型 (5.11)	模型 (5.12)	模型 (5.13)
BI	-0.014	-0.008	-0.014	-0.008
	(-1.30)	(-1.20)	(-1.19)	(-1.25)
AE	-0.004**			
	(-1.98)			
IAE		-0.010		
		(-1.24)		

变量	模型 (5.10)	模型 (5.11)	模型 (5.12)	模型 (5.13)
RAE			-0.002 (-0.51)	
UAE				-0.005* (-1.76)
BI×AE	-0.004 (-0.93)			
BI×IAE		-0.019 (-0.99)		
BI×RAE			-0.001 (-0.05)	
BI×UAE				-0.003 (-0.69)
FAE	-0.005 (-0.54)			
FIAE		-0.003 (-0.35)		
FRAE			-0.001 (-0.12)	
FUAE				-0.001 (-0.16)
METHOD	-0.024*** (-2.84)	-0.021** (-2.40)	-0.008** (-2.04)	-0.036*** (-3.33)
CON	-0.020* (-1.71)	-0.019 (-1.57)	-0.014 (-0.56)	-0.028* (-1.77)
SYN_P	-0.005** (-2.16)	-0.006** (-2.41)	-0.002** (-2.22)	-0.013** (-2.48)
SYN_F	0.017 (0.28)	0.006 (0.09)	0.001 (1.35)	0.046 (0.68)
ROE_R	-0.008*** (-2.96)	-0.009** (-2.41)	-0.007** (-2.12)	-0.018* (-1.88)
SIZE_R	0.034 (1.41)	0.029 (1.17)	0.019 (0.24)	0.046 (0.97)

续表

变量	模型（5.10）	模型（5.11）	模型（5.12）	模型（5.13）
CRL	0.015	0.004	0.014	0.031
	(0.87)	(0.20)	(0.35)	(0.90)
SHARE	−0.024	−0.039	−0.110	−0.011
	(−0.51)	(−0.71)	(−1.10)	(−0.22)
HUBRIS	−0.014	−0.019	−0.037	−0.015*
	(−0.69)	(−0.89)	(−0.91)	(−1.88)
CASH	−0.013	−0.017	−0.014	−0.008
	(−0.94)	(−1.23)	(−0.22)	(−0.41)
LEV	−0.005	−0.003	−0.006	−0.007
	(−0.50)	(−0.23)	(−0.18)	(−0.78)
MB	−0.002**	−0.002***	−0.002**	−0.004**
	(−2.42)	(−2.65)	(−2.40)	(−2.29)
TOBINQ	−0.001	−0.002	−0.006	−0.001
	(−0.72)	(−0.87)	(−1.15)	(−0.52)
GROWTH	−0.002	−0.007***	−0.005	−0.003
	(−0.59)	(−2.88)	(−0.31)	(−1.09)
NATURE	0.006	0.009	0.003	0.013*
	(0.94)	(1.47)	(0.27)	(1.68)
YEAR	控制	控制	控制	控制
INDUSTRY	控制	控制	控制	控制
C	0.374	0.241	0.238	0.010
	(0.96)	(0.60)	(0.77)	(0.22)
Adj R²	0.159	0.154	0.152	0.156
F 值	3.00***	2.74***	2.37***	2.67***
样本	全部样本	全部样本	相关并购样本	非相关并购样本
样本数	579	579	179	400

注：括号内 t 值；*、**、***分别代表10%、5%和1%的显著性水平。

通过观察表 5 - 21 和表 5 - 22 本书发现，除并购公司长期并购绩效
（BHAR）外，模型（5.9）的董事联结（BI）系数均显著为正，说明董事联结
与并购公司并购绩效和并购后实体并购绩效均存在正相关关系，与前文的结果
相一致。模型（5.10）董事联结与联结董事并购经验交互项（BI × AE）的回归

系数，模型（5.11）董事联结与联结董事同行业或同产品市场并购经验交互项（BI×IAE）的回归系数，模型（5.12）董事联结与联结董事相关并购经验交互项（BI×RAE）的回归系数，以及模型（5.13）董事联结与联结董事非相关并购经验交互项（BI×UAE）的回归系数均显著为正，说明联结董事经验对董事联结与并购公司并购绩效和并购后实体并购绩效之间的关系具有显著的正向调节作用，与前文的结果相一致。

通过观察表5-23本书发现，模型（5.10）董事联结与联结董事并购经验交互项（BI×AE）的回归系数，模型（5.11）董事联结与联结董事同行业或同产品市场并购经验交互项（BI×IAE）的回归系数，模型（5.12）董事联结与联结董事相关并购经验交互项（BI×RAE）的回归系数，以及模型（5.13）董事联结与联结董事非相关并购经验交互项（BI×UAE）的回归系数均为负，但未达到在10%的显著性水平，说明联结董事的并购经验对董事联结与目标公司相对并购绩效的关系并无显著的调节效应，与前文的结果相一致。

综上所述，在改变联结董事并购经验变量的衡量方法以后，前文的结果均未发生实质性改变。

5.5　本章小结

继第3章检验了董事联结对并购目标选择的影响，第4章检验了董事联结对并购溢价的影响以后，本章继续检验董事联结对并购绩效的影响。在并购过程中，并购目标选择、并购价格谈判和并购后整合是决定并购能否顺利开展，并购能否创造财富的三个关键环节。如果并购公司能够获取（潜在）目标公司的私密信息，将有助于并购公司在上述三个关键环节做出合理的并购决策，提高并购的效率和效果。董事联结关系的存在为促进目标公司与并购公司的沟通与交流提供了合法途径，也为并购过程中信息的传递提供了重要渠道，可以有效地降低并购双方的信息不对称程度。在选择并购目标的过程中，董事联结的存在有利于并购双方传递真实有效的信息，促进并购公司董事会做出更合理和有效的并购目标选择决策，更倾向于选择与并购公司存在董事联结的公司作为并购目标；在并购协议签订过程中，董事联结的存在可以降低并购溢价的不确定性，提高并购定价的合理性；在交易协议达成后，并购的参与者能够通过董事联结充分地整合利用双方资源，降低并购后整合过程中目标公司高管和员工的抵制成本。董事联结能够降低并购活动中的信息不对称程度，提高并购决策的合理性和并购方案实施的有效性，从而促进并购财富的增加。但是，并购双方董事联结的存在，也降低了目标公司对并购交易价格的议价能力。并购双方的董事联结使并购公司能够以较低的溢价收购目标公司，使并购公司股东获得了更多的财富，却导致目标公司的股东获得的财富变少，目标公司的相对并购绩效因此而降低。以上述理论为指导，本章检验了董事联结对并购绩效的影响。结果表明，如果并购双方之间存在董事联结，那么并购公司和并购后实体的并购绩效会更好，董事联结有助于并购公司和并购后实体并购绩效的提高，但是却并不会导致目标公司相对并购绩效的降低。

联结董事的并购经验有助于提高联结董事的抽象信息组织能力和类比推理能力，因此，联结董事的并购经验在并购目标选择、并购价格制定和并购整合方面，能更好地促进董事联结对并购产生有利的影响，降低并购成本，增加并购公司和并购后实体股东的财富。但是，联结董事的并购经验也进一步降低了目标公司的并购价格谈判能力，使与目标公司存在董事联结的并购公司以更低的并购溢价收购目标公司。因此，联结董事的并购经验通过加强董事联结对并购溢价的影响，会导致目标公司相对并购绩效的降低。基于上述分析，本书进一步检验了联结董事并购经验对董事联结与并购绩效关系的影响。结果表明，联结董事的并购经验对董事联结与并购公司和并购后实体并购绩效之间的关系有显著的正向调节效应，联结董事的并购经验越丰富，并购双方的董事联结对并购公司和并购后实体并购绩效的影响越大。但是，联结董事并购经验对董事联结与目标公司相对并购绩效的关系并无显著影响。

此外，联结董事并购经验获取的来源不同，通过并购经验的积累帮助联结董事提升的抽象知识组织能力和类比推理能力也存在差异。因此，本书分别检验了联结董事同行业或同产品市场并购经验、相关并购经验和非相关并购经验会对董事联结与并购绩效的关系产生何种影响。结果表明，联结董事的同行业或同产品市场并购经验越丰富，并购双方的董事联结对并购公司和并购后实体并购绩效的影响越大；联结董事的相关并购经验越丰富，在相关并购中并购双方的董事联结对并购公司和并购后实体并购绩效的影响越大；联结董事的非相关并购经验越丰富，在非相关并购中并购双方的董事联结对并购公司和并购后实体并购绩效的影响越大。当联结董事拥有某种并购经验时，若焦点并购公司也进行同种并购，将使联结董事的并购经验得到有效的发挥，加强并购双方的董事联结对并购公司和并购后实体并购绩效的影响。但是，联结董事同行业或同产品市场并购经验、相关并购经验和非相关并购经验对董事联结与目标公司相对并购绩效关系并无显著的影响。

上述结果意味着，董事联结能够降低并购活动中的信息不对称程度，对并购绩效产生重要的影响：第一，董事联结有助于提高并购决策的合理性和并购方案实施的有效性，从而促进并购公司和并购后实体并购绩效的提高。第二，董事联结对并购公司和目标公司的并购价值创造未产生差异性的影响。第三，董事联结对并购公司的短期和长期绩效都产生积极影响。随着董事联结数量的逐年增加，董事联结现象在我国上市公司已经极为普遍。中国上市公司的决策者和市场投资者已经对董事联结的治理作用有了更加深入的了解，上市公司能够在并购决策和并购方案实施过程中对董事联结加以合理的利用，市场投资者也能够及时发现董事联结给并购带来的有利影响，做出积极的市场反应。第四，当联结董事拥有丰富的并购经验时，会促进联结董事对并购公司和并购后实体绩效的影响，尤其当联结董事拥有某种并购经验，而焦点并购公司也进行同种并购时，董事联结的作用可以得到更好地发挥。

本章的研究也为并购实践提供了参考。中国尚处于制度转型时期，制度的不稳定和不完善导致公司获取信息的成本高昂，交易过程中信息不透明问题严重，公司的交易成本和交易风险远高于制度成熟稳定的国家。董事联结作为一种非正式的关系机制，可以缓解由于正式制度缺失而带来的信息摩擦问题。因此，在并购交易发生之前，可以先与目标公司建立董事联结关系，董事联系关系的建立可以在并购活动开展的全过程发挥重要作用，促进并购双方股东财富的增加。董事联结是建立组织联系的所有方式中最为灵活和最容易实施的一种，这两个优点使它至今还很流行，因为任何组织都能够设立咨询型或指导型委员会，都能够任命外人来担任职务。即使在目标公司建立董事联结关系存在障碍，并购公司也可以考虑与目标公司建立间接的董事联结关系（Cai & Sevilir，2012）或"隐蔽性"董事联结关系（谢德仁和陈运森，2012），从而在一定程度上缓解并购双方的信息不对称程度。

此外，联结董事的并购经验对董事联结与并购绩效的影响也应充分被考虑，尤其当联结董事拥有某种并购经验，而焦点并购公司也进行同种并购时。在焦点并购公司的董事会中，有过并购经验的联结董事应被视为并购方面的专家，应认真听取他们对董事联结所获取的私密信息的分析和判断。在进行并购决策和落实并购方案时，拥有并购经验的联结董事的建议对董事联结作用的进一步发挥具有重要的促进作用。

第6章 研究结论及政策建议

本章对前面章节的研究内容和研究结果进行总结和归纳，得出本书研究的主要结论，并结合中国的具体国情，提出在并购目标选择过程优先选择存在董事联结的企业作为目标企业等几个方面的政策建议，最后阐明本研究存在的不足以及未来的研究思路和研究方向。

6.1 主 要 结 论

在并购过程中，并购双方之间的信息不对称是导致并购目标选择失误、并购价格制定过高以及并购协同收益难以取得的重要原因之一。董事联结可以作为传递并购相关信息的重要渠道，能够有效缓解并购交易双方之间的信息不对称程度，进而对并购决策和并购结果产生影响。鉴于此，本书通过对相关文献的梳理，在理论分析的基础上提出相关的研究假设，并在可靠的实证研究设计基础上，利用中国上市公司数据所获得的实证研究分析结果，探讨董事联结对企业并购产生的影响。本书得出的主要结论如下：

（1）与并购公司存在董事联结的公司更容易成为目标公司。在并购双方同时任职的联结董事，可以帮助并购公司顺利获取关于目标公司的战略、市场、技术以及财务状况等信息，降低并购公司的信息搜寻和调查成本，提高信息的可信赖程度。同时，联结董事也可以向目标公司提供并购公司的基本信息，说明并购公司的并购意图，帮助目标公司做出正确判断，提高并购要约被接受的概率。董事联结关系的存在为促进目标公司与并购公司的沟通与交流提供了合法途径，也为并购过程中信息的传递提供了重要渠道，可以有效地降低并购双方的信息不对称程度。因而，与并购公司存在董事联结关系的公司成为并购目标公司的可能性更大。当潜在目标公司按照不同公司特征进行配对选取时这一结论仍然成立。

（2）并购双方存在董事联结关系有助于降低并购溢价。与国外的研究相一致，我国上市公司的并购溢价也存在着较大的不确定性，本书使用的并购样本溢价最小值为 - 98.8%，最大值为 1170.8%。由于并购溢价存在着较大的不确定性，现实中高管在进行并购溢价决策时便不会遵循方案搜寻和选择的常规化过程，而是经常依赖于现有的信息渠道进行决策。董事联结关系的存在为并购过程中信息的传递提供了有效渠道，因而有助于并购公司高管准确估计目标公司的资源、业务、技术、能力和市场等方面的信息，对目标公司进行较为准确地估价；帮助并购公司获得较多的有关目标公司的"私密信息"，甄别目标公司故意散布的"虚假信息"，在并购交易价格支付的谈判中拥有谈判优势；限制处于信息劣势的外部投标者的进入，减弱目标公司的议价能力。因此，董事联结能够帮助并购公司做出较为合理的并购定价决策，有效地抑制并购溢价。

（3）并购双方存在董事联结关系，有助于提高并购公司和并购后实体的并购绩效。董事联结有助于提高并购决策的合理性和并购方案实施的有效性，从而促进并购公司和并购后实体并购绩效的提高，但是董事联结关系对于目标公司的相对并购绩效并未产生显著影响。说明董事联结对于并购价值创造具有积极的促进作用，但不会对并购公司和目标公司的并购绩效产生差异性的影响。此外，董事联结对并购公司的短期和长期绩效都产生了积极影响。随着董事联结数量的逐年增加，董事联结现象在我国上市公司已经极为普遍。中国上市公司的决策者和市场投资者已经对董事联结的治理作用有了更加深入的了解，上市公司能够在并购决策和并购方案实施过程中对董事联结加以合理的利用，市场投资者也能够及时发现董事联结给并购带来的有利影响，做出积极的市场反应。

（4）联结董事的并购经验加强了董事联结对并购目标选择的影响。联结董事拥有的与当前并购相似的并购经验越丰富，与焦点并购公司存在董事联结的公司越容易成为目标公司。具体而言，当焦点并购公司的联结董事具有同行业或同产品市场并购经验时，与焦点并购公司存在董事联结的公司成为目标公司的可能性更高；当焦点并购公司的联结董事具有相关并购经验时，在相关并购中，与焦点并购公司存在董事联结的公司成为目标公司的可能性更高；当焦点并购公司的联结董事具有非相关并购经验时，在非相关并购中，与焦点并购公司存在董事联结的公司成为目标公司的可能性更高。联结董事前期相似并购经验的积累，有助于联结董事提高自身的抽象知识组织能力和类比推理能力，这些能力的增强可以帮助联结董事有效的认知和体会与存在董事联结的企业进行并购所带来的经济效益，将这种目标选择方案作为解决并购目标决策难题的有效方案，积极向焦点并购公司推广，促进焦点并购公司选择与其存在董事联结的公司成为并购目标公司。

（5）联结董事的并购经验加强了董事联结对并购溢价的影响。联结董事拥有的与当前并购相似的并购经验越丰富，董事联结企业间的并购溢价越低。具体而言，焦点并购公司联结董事的同行业或同产品市场并购经验越丰富，董事联结企业间的并购溢价越低；在相关并购中，焦点并购公司联结董事的相关并购经验越丰富，董事联结企业间的并购溢价越低；在非相关并购中，焦点并购公司联结董事的非相关并购经验越丰富，董事联结企业间的并购溢价越低。联结董事在其他企业的并购经验能够进一步提高焦点并购公司对存在董事联结的目标公司估价的准确性，增强焦点并购公司的议价能力，从而加强董事联结关系对并购溢价的影响。

（6）联结董事的并购经验加强了董事联结对并购公司和并购后实体并购绩效的影响。联结董事拥有的与当前并购相似的并购经验越丰富，并购双方的董事联结对并购公司和并购后实体并购绩效的影响越大。具体而言。联结董事的同行业或同产品市场并购经验越丰富，并购双方的董事联结对并购公司和并购后实体并购绩效的影响越大；联结董事的相关并购经验越丰富，在相关并购中并购双方的董事联结对并购公司和并购后实体并购绩效的影响越大；联结董事的非相关并购经验越丰富，在非相关并购中并购双方的董事联结对并购公司和并购后实体并购绩效的影响越大。联结董事不仅可以提高董事联结对并购目标选择和并购溢价的影响，在并购整合方面，联结董事以往的并购经验也可以帮助联结董事广泛且有效地组织抽象知识，对通过董事联结而获得的关于并购双方资源和资本的信息进行深度加工和处理，识别和选择对并购双方更有利的并购整合方案；还可以帮助存在董事联结的并购双方进一步降低目标公司高管和员工的抵制成本，更有效地减少并购后公司整合的阻力，增加并购双方股东财富。因而，联结董事的并购经验在并购目标选择、并购价格制定和并购整合方面，能够使董事联结对并购产生更大的影响，降低并购成本，增加并购公司和并购后实体股东的财富。

6.2 政策建议

根据本书的研究结论，从并购价值创造的角度出发，本书提出如下相关政策建议：

（1）在并购目标选择过程优先选择存在董事联结的企业作为目标企业。本书发现，董事联结可以在并购战略实施的事前、事中和事后全过程中发挥积极的作用。选择存在董事联结的企业进行并购，董事联结可以在并购目标选择过程中，降低并购公司的信息搜集成本，提高目标公司接受并购要约的可能；在并购定价过程中，帮助并购公司做出较为合理的并购定价决策，有效地抑制并购溢价；在并购整合过程中，帮助并购的参与者充分地整合利用双方资源，降低并购后整合过程中目标公司高管和员工的抵制成本。因此，选择存在董事联结的企业作为并购目标对于并购公司而言是非常有利的一种选择，也应是并购公司的一种优先选择。

（2）信息摩擦较为严重时主动建立董事联结关系。并购市场存在信息摩擦的问题已经被学术界和实务界广泛证明。由信息不对称产生的逆向选择问题，不仅会影响并购的效率，更会影响并购的效果。当并购公司与潜在目标公司的信息不对称较为严重时，如并购公司和潜在目标公司属于不同行业或不同地区，使并购公司较难获得目标公司的重要私有信息，可以考虑在并购交易发生之前，先与潜在目标公司建立董事联结关系（比如选派或聘任并购公司/潜在目标公司董事会成员到潜在目标公司/并购公司董事会任职）。董事联结是建立组织联系的所有方式中最为灵活和最容易实施的一种，这两个优点使它至今还很流行，因为任何组织都能够设立咨询型或指导型委员会，都能够任命外人来担任职务。即使在目标公司建立董事联结关系存在障碍，并购公司也可以考虑与目标公司建立间接的董事联结关系（如并购双方共同聘任第三家企业的董事在本企业董事会任职）或"隐蔽性"董事联结关系（如俱乐部会员），从而在一定程度上缓解并购双方的信息不对称对并购带来的不利影响。

（3）建立有效的识别机制充分发挥董事联结的优势。董事联结建立后却并不一定总是被认知，如企业中的某些独立董事可能在多家企业同时兼职，但是这一情况企业可能并不十分清楚，由于这一隐性契约的存在，企业无法对董事联结进行充分的识别，也就无法对董事联结进行有效的利用。即使企业获知董事兼职的所有信息，也不一定对已经建立起来的董事联结关系加以合理的利用，董事联结的作用仍然无法有效发挥。只有企业认识到了董事联结的存在，并且对董事联结进行有效利用，董事联结才能发挥应有的作用。因此，企业应建立董事联结的识别机制，保证所有的董事联结关系被企业充分识别，在此基础上做出相应的制度安排，提供畅通的董事联结优势利用渠道，保证在并购过程中或其他战略实施过程中董事联结作用得到有效发挥。

（4）恰当运用联结董事的并购经验。本书的研究结果表明，联结董事的并购经验能够帮助焦点并购公司更有效的认知和利用董事联结对并购价值创造的有利影响，从而在董事联结并购价值创造过程中发挥重要作用。但是，联结董事并购经验作用的发挥还需要满足一定的前提条件，过去的并购与当前并购具有相似性时，并购经验更有助于董事联结创造并购价值。因此，在并购过程中，企业应充分考虑联结董事的并购经验对董事联结与企业并购的影响，尤其当联结董事拥有某种并购经验，而焦点并购公司也进行同种并购时。在进行并购决策和落实并购方案时，有过相似并购经验的联结董事应被视为并购方面的专家，应认真听取他们对董事联结所获取的私密信息的分析和判断，使董事联结的价值创造作用得到更好的发挥。

（5）聘任具有丰富并购经验的联结董事。联结董事的并购经验有助于并购公司做出更合理和有效的并购决策。因而，若公司近期有并购计划安排，在选聘或保留董事成员时，可将董事的并购经验作为一个重要考察内容。拥有丰富并购经验，且并购经验与企业将要进行的并购高度相关，可以作为企业选聘或保留联结董事的重要条件。具体而言，如果企业需要在特定产品市场进行并购，那么应该选聘或保留那些拥有该产品市场并购经验的联结董事；如果企业要进行相关收购，那么应该选聘或保留那些过去拥有相关并购经验的联结董事；如果企业要进行非相关收购，那么应该选聘或保留那些过去拥有非相关并购经验的联结董事，依此类推。

（6）加快中介机构的建设。在成熟的并购市场中，各类中介机构能够为企业并购提供专业的服务。然而在中国中介机构发展滞后，能够为并购业务提供专业咨询服务的投资银行数量非常有限，且中介机构（尤其是投资银行）的收费通常都很高昂，鉴于上述原因，我国相当大比例的并购公司没有聘请专业中介机构提供服务，由于并购公司难以获取目标公司的相关信息，缺乏专业的操作经验导致并购交易成本过高，并购效率低下，并购难以创造价值。中介机构可以为并购公司提供并购战略设计，目标调研和价值评估等方面的专业服务，甚至可以为并购公司提供资金支持，因此，应加快我国市场中介机构的建设，为促进并购价值创造，优化并购质量提供帮助。

6.3 研究局限及展望

本研究具有一定的理论和现实意义，但由于所研究问题的复杂性和作者研究水平的有限性，仍存在着一些研究局限。

6.3.1 研究局限

本研究具有一定的理论和现实意义，但由于所研究问题的复杂性和作者研究水平的局限，仍存在着一些不足和缺陷：

（1）本书的研究对象为董事联结与企业并购，而我国目前对于高管任职和并购信息的数据披露还不全面，因此，本书在数据收集过程中将样本限定为并购方和目标方同为上市公司的并购事件。上市公司间并购的动机与一方为上市公司或双方都非上市公司的企业间并购动机存在一定的差异，而且上市公司和非上市公司的财务状况、融资能力和股权结构等特征也不相同，这必将导致本书的研究结论存在一定的偏差。针对这一不足，需要在未来更多的数据到来的情况下，进一步加以检验。

（2）在实证模型设计方面，尽管本文在对大量相关文献进行研究的基础上，借鉴和采用了以往研究较为成熟的实证模型，并根据本文研究需要对实证模型进行了合理的修正，但是，无法保证而且也不可能使实证模型涵盖所有影响企业并购的变量，因此导致实证模型在设计上存在遗漏变量问题，有可能使本文的结论存在一定的偏误。

（3）在研究过程中，本书注意到 Brayshay 等（2004）、Jannes 和 Westphal（2006）以及卢昌崇和陈仕华（2009）都认为董事联结的形成和作用发挥，除了受到企业组织的发展驱动外，还会受到个体差异化认知所带来的内在需求影响。联结董事成员个体的特征及其内在感知对董事联结的治理效果会产生较为重要的影响。本书研究探讨了联结董事的并购经验对董事联结与企业并购关系的影响，实际上除了并购经验这一特征以外，联结董事的其他的个体特征也可能会对董事联结与企业并购的关系产生影响，如联结董事的专业背景、政治背景和商业背景等。以上的不足有待于作者在以后的研究中从理论与经验数据两个层面进行继续探索。

6.3.2 研究展望

（1）本书的研究关注于董事联结对并购目标选择、并购定价和并购绩效的影响。在并购战略实施过程中，除了以上三个方面的研究内容以外，还有其他的一些内容也值得在未来展开研究，如并购融资决策、并购支付方式、并购整合模式和并购税务筹划等。对这些问题的深入探索，将进一步充实董事联结与企业并购关系的研究。

（2）本书的研究只关注董事联结对并购这样一种战略行动的影响。然而，本书的结论也可以向其他战略行动进行扩展，对董事联结与企业其他战略行动关系的考察将会为董事联结研究提供广阔的未来探索空间。

（3）本书的研究认为联结董事过去的并购经验有助于提高联结董事的并购抽象知识组织能力和类比推理能力，但是并未考虑成功的并购决策经验和失败的并购决策经验对联结董事并购能力的提高是否产生差异性影响。一些研究认为，无论决策成功与否都有助于公司及其管理者决策经验的积累，因为这些经验可以帮助公司及其管理者识别"好的"或"坏的"决策的特征（Beckman & Haunschild，2002）。不过，也有一些研究认为，由于资源的有限性，其他企业的成功经验更容易被组织学习和借鉴（Aaunschild 和 Miner，1997；Femhaber 和 Li，2010）。未来研究中，可以对联结董事的并购经验进行进一步细分，考察成功的并购决策经验和失败的并购决策经验是否对本书的研究产生差异性的影响。

参 考 文 献

[1] Adelaja A, Nayga R, Farooq Z. Prodietmg mergers and acquisitions in the food indnstoy [J]. Aqribusiness, 1999, 15 (1): 1 – 23.

[2] Agrawal A. Jaffe J. The post-merger performance puzzle [M]. Finkelstern S, Cooper C. Advances in mergers and acqnisitions. Bingley: Emerald Group Publishmg Limited, 2000: 7 – 41.

[3] Ahern K R. Bargaining power and industry dependence in mergers [J]. Journal of Financial Economics, 2012, 103 (3): 530 – 550.

[4] Ahern K R, Dittmar A K. The changing of the boards: The impact on firm valuation of mandated female board representation [J]. Quarterly Journal of Economics, 2012, 127 (1): 137 – 197.

[5] Akerlof G A. The market for "lemons": Quality uncertainty and the market mechanism [J]. The Quarterly Journal of Economics, 1970, 81 (3): 488 – 500.

[6] Aliberti V, Green M B. A Spatio-Temporal Examination of Canada's Domestic Merger Activity, 1971 – 1991 [J]. Cahiers de géographie du Québec, 1999, 43 (119): 239 – 250.

[7] Almazan A, De Motta A, Titman S, et al. Financial structure, acquisition opportunities, and firm locations [J]. The Journal of Finance, 2010, 65 (2): 529 – 563.

[8] Amihud Y, Lev B, Travlos N G. Corporate control and the choice of investment financing: The case of corporate acquisitions [J]. The Journal of Finance, 1990, 45 (2): 603 – 616.

[9] Anderson J R, Fincham J M, Douglass S. The role of examples and rules in the acquisition of a cognitive skill [J]. Journal of experimental psychology: Learning, memory, and cognition, 1997, 23 (4): 932.

[10] Barclay M J, Holderness C G. Private benefits from control of public corpo-

rations [J]. Journal of financial Economics, 1989, 25 (2): 371 – 395.

[11] Baumol W J. Contestable Markets and the Theory of Industry Structure [M]. New York: Harcourt Brace Jovanovich, 1982.

[12] Beckenstein A R. Merger activity and merger theories: An empirical investigation [J]. Antitrust Bull, 1979, 24: 105.

[13] Beckman C M, Haunschild P R. Network learning: The effects of partners' heterogeneity of experience on corporate acquisitions [J]. Administrative Science Quarterly, 2002, 47 (1): 92 – 124.

[14] Bodnaruk A, Massa M, Simonov A. Investment banks as insiders and the market for corporate control [J]. Review of Financial Studies, 2009, 22 (12): 4989 – 5026.

[15] Bradley M, Desai A, Kim E H. Synergistic gains from corporate acquisitions and their division between the stockholders of target and acquiring firms [J]. Journal of financial Economics, 1988, 21 (1): 3 – 40.

[16] Brown S J, Warner J B. Using daily stock returns: The case of event studies [J]. Journal of Financial Economics, 1985, 14 (1): 3 – 31.

[17] Bruner R F. Applied mergers and acquisitions [M]. John Wiley & Sons, 2004.

[18] Burt R S. A stractural theary of interlocking corporate direetorates [J]. Soeial Networks, 1979, 1 (4): 415 – 435.

[19] Burt R S. Cooptive corporatl actor networks: A reconsideration of interlocking dinectorates involving American manufoctuing [J]. Administratine Seience Quarterly, 1980, 25 (4): 557 – 582.

[20] Burt R S. Corporate profits and cooptation: Networks of market constraints and directorate ties in the American economy [M]. Academic Press, 1983.

[21] Byoun S. Financial flexibility and capital structure decision [M]. Social Science Electronic Publishing, 2011.

[22] Cai Y, Sevilir M. Board connections and M&A transactions [J]. Journal of Financial Economics, 2012, 103 (2): 327 – 349.

[23] Cai J, Walkling R A, Yang K. The price of street friends: Social networks, informed trading, and shareholder costs [J]. Journal of Financial and Quantitative Analysis (JFQA), Forthcoming, 2016, 51 (03): 801 – 837.

[24] Calomiris C W, Fisman R, Wang Y. Profiting from government stakes in a command economy: Evidence from Chinese asset sales [J]. Journal of Financial Economics, 2010, 96 (3): 399 – 412.

[25] Carpenter M A, Westphal J D. The strategic context of external network ties: Examining the impact of director appointments on board involvement in strategic decision making [J]. Academy of Management Journal, 2001, 44 (4): 639 – 660.

[26] Capron L, Shen J C. Acquisitions of private vs. public firms: Private information, target selection, and acquirer returns [J]. Strategic Management Journal, 2007, 28 (9): 891 – 911.

[27] Chen R, Dyball M C, Wright S. The link between board composition and corporate diversification in Australian corporations [J]. Corporate Governance: An International Review, 2009, 17 (2): 208 – 223.

[28] Chi J, Sun Q, Young M. Performance and characteristics of acquiring firms in the Chinese stock markets [J]. Emerging Markets Review, 2011, 12 (2): 152 – 170.

[29] Chiu P-C, Teoh S H, Tian F. Board interlocks and earnings management contagion [J]. The Accounting Review, 2012, 88 (3): 915 – 944.

[30] Coff R W. How buyers cope with uncertainty when acquiring firms in knowledge-intensive industries: Caveat emptor [J]. Organization Science, 1999, 10 (2): 144 – 161.

[31] Cremers K M, Nair V B, John K. Takeovers and the cross-section of returns [J]. Review of Financial Studies, 2009, 22 (4): 1409 – 1445.

[32] Cukurova S. Interlocking directors and target selection in mergers and acquisitions [R]. Helsinki: Aalto University, 2012.

[33] Datta D K, Grant J H. Relationships between type of acquisition, the autonomy given to the acquired firm, and acquisition success: An empirical analysis [J]. Journal of Management, 1990, 16 (1): 29 – 44.

[34] Davies M. Pick a Winner: How to Select the Right Acquisition Target [J]. CMA Magazine, 2011, 85 (4): 18 – 19.

[35] Day D V, Lord R G. Expertise and problem categorization: The role of expert processing in organizational sense-making [J]. Journal of Management Studies, 1992, 29 (1): 35 – 47.

［36］ DePamphilis D. Mergers, Acquisitions and other Restructuring Activities ［M］. 3rd ed. Amsterdam, London: Elsevier Academic Press, 2005.

［37］ Eckbo B E, Giammarino R M, Heinkel R L. Asymmetric information and the medium of exchange in takeovers: Theory and tests ［J］. Review of Financial studies, 1990, 3 (4): 651 –675.

［38］ Faccio M, Masulis R W. The choice of payment method in European mergers and acquisitions ［J］. The Journal of Finance, 2005, 60 (3): 1345 –1388.

［39］ Fama E F, French K R. Common risk factors in the returns on stocks and bonds ［J］. Journal of Financial Economics, 1993, 33 (1): 3 –56.

［40］ Fama E F, French K R. The cross-section of expected stock returns ［J］. The Journal of Finance, 1992, 47 (2): 427 –465.

［41］ Finkelstein S, Haleblian J. Understanding acquisition performance: The role of transfer effects ［J］. Organization Science, 2002, 13 (1): 36 –47.

［42］ Fishman M J. Preemptive bidding and the role of the medium of exchange in acquisitions ［J］. The Journal of Finance, 1989, 44 (1): 41 –57.

［43］ Fowler K L, Schmidt D R. Determinants of tender offer post-acquisition financial performance ［J］. Strategic Management Journal, 1989, 10 (4): 339 –350.

［44］ Gaur A S, Malhotra S, Zhu P. Acquisition announcements and stock market valuations of acquiring firms' rivals: A test of the growth probability hypothesis in China ［J］. Strategic Management Journal, 2013, 34 (2): 215 –232.

［45］ Glaser R. Chi. M T H. Overview ［J］. MTH CHI, GLASER R, FARR NJ, The nature of expertise, Lawrence Erlbaum, Hillsdale, NJ, 1988.

［46］ Graebner M E. Momentum and serendipity: How acquired leaders create value in the integration of technology firms ［J］. Strategic Management Journal, 2004, 25 (8 –9): 751 –777.

［47］ Granovetter M S. The strength of weak ties ［J］. American Journal of Sociology, 1973: 1360 –1380.

［48］ Greenwood R, Hinings C, Brown J. Merging professional service firms ［J］. Organization Science, 1994, 5 (2): 239 –257.

［49］ Gregory A. An examination of the long run performance of UK acquiring firms ［J］. Journal of Business Finance & Accounting, 1997, 24 (7 – 8): 971 –1002.

[50] Gulati R. Social structure and alliance formation patterns: A longitudinal a-nalysis [J]. Administrative science quarterly, 1995: 619 – 652.

[51] Haleblian J, Finkelstein S. The influence of organizational acquisition ex-perience on acquisition performance: A behavioral learning perspective [J]. Adminis-trative Science Quarterly, 1999, 44 (1): 29 – 56.

[52] Hansen R G. A theory for the choice of exchange medium in mergers and acquisitions [J]. Journal of Business, 1987: 75 – 95.

[53] Haspeslagh P C, Jemison D B. Managing Acquisitions [M]. New York: The Free Press, 1991.

[54] Haunschild P R. How much is that company worth?: Interorganizational re-lationships, uncertainty, and acquisition premiums [J]. Administrative Science Quar-terly, 1994: 391 – 411.

[55] Haunschild P R. Interorganizational imitation: The impact of interlocks on corporate acquisition activity [J]. Administrative Science Quarterly, 1993: 564 – 592.

[56] Haunschild P R, Beckman C M. When do interlocks matter?: Alternate sources of information and interlock influence [J]. Administrative Science Quarterly, 1998: 815 – 844.

[57] Haunschild P R, Miner A S. Modes of interorganizational imitation: The effects of outcome salience and uncertainty [J]. Administrative Science Quarterly, 1997: 472 – 500.

[58] Hayward M L. When do firms learn from their acquisition experience? Evi-dence from 1990 to 1995 [J]. Strategic Management Journal, 2002, 23 (1): 21 – 39.

[59] Hayward M L, Hambrick D C. Explaining the premiums paid for large ac-quisitions: Evidence of CEO hubris [J]. Administrative Science Quarterly, 1997: 103 – 127.

[60] Healy P M, Palepu K G, Ruback R S. Does corporate performance improve after mergers? [J]. Journal of Financial Economics, 1992, 31 (2): 135 – 175.

[61] Ishii J, Xuan Y. Acquirer-target social ties and merger outcomes [J]. Journal of Financial Economics, 2014, 112 (3): 344 – 363.

[62] Jemison D B, Sitkin S B. Corporate acquisitions: A process perspective [J]. Academy of Management Review, 1986, 11 (1): 145 – 163.

[63] Jensen M C. Agency cost of free cash flow, corporate finance, and take-

overs [J]. Corporate Finance, and Takeovers American Economic Review, 1986, 76 (2).

[64] Jensen M C, Ruback R S. The market for corporate control: The scientific evidence [J]. Journal of Financial Economics, 1983, 11 (1): 5 – 50.

[65] Kaczmarek S, Kimino S, Pye A. Interlocking directorships and firm performance in highly regulated sectors: The moderating impact of board diversity [J]. Journal of Management & Governance, 2014, 18 (2): 347 – 372.

[66] Kang J K, Kim J M. The geography of block acquisitions [J]. The Journal of Finance, 2008, 63 (6): 2817 – 2858.

[67] Kaplan S N, Weisbach M S. The success of acquisitions: Evidence from divestitures [J]. The Journal of Finance, 1992, 47 (1): 107 – 138.

[68] Kim J-Y J, Haleblian J J, Finkelstein S. When firms are desperate to grow via acquisition: The effect of growth patterns and acquisition experience on acquisition premiums [J]. Administrative Science Quarterly, 2011, 56 (1): 26 – 60.

[69] Krishnan H A, Miller A, Judge W Q. Diversification and top management team complementarity: Is performance improved by merging similar or dissimilar teams? [J]. Strategic Management Journal, 1997, 18 (5): 361 – 374.

[70] Kroll M, Walters B A, Wright P. Board vigilance, director experience, and corporate outcomes [J]. Strategic Management Journal, 2008, 29 (4): 363 – 382.

[71] Laamanen T. On the role of acquisition premium in acquisition research [J]. Strategic Management Journal, 2007, 28 (13): 1359 – 1369.

[72] Levy H, Sarnat M. Diversification, portfolio analysis and the uneasy case for conglomerate mergers [J]. The Journal of Finance, 1970, 25 (4): 795 – 802.

[73] Lewellen W G. A pure financial rationale for the conglomerate merger [J]. The Journal of Finance, 1971, 26 (2): 521 – 537.

[74] Linck J S, Netter J M, Yang T. The determinants of board structure [J]. Journal of Financial Economics, 2008, 87 (2): 308 – 328.

[75] Malmendier U, Tate G. Who makes acquisitions? CEO overconfidence and the market's reaction [J]. Journal of financial Economics, 2008, 89 (1): 20 – 43.

[76] March J G, Olsen J P. Ambiguity and choice in organisations [M]. Bergen: Universitetsforlaget, 1976.

[77] Masulis R W, Wang C, Xie F. Corporate governance and acquirer returns [J]. The Journal of Finance, 2007, 62 (4): 1851 – 1889.

[78] McDonald M L, Westphal J D, Graebner M E. What do they know? The effects of outside director acquisition experience on firm acquisition performance [J]. Strategic Management Journal, 2008, 29 (11): 1155 – 1177.

[79] Mehran H. Executive compensation structure, ownership, and firm performance [J]. Journal of Financial Economics, 1995, 38 (2): 163 – 184.

[80] Meschi P-X, Métais E. Do firms forget about their past acquisitions? Evidence from French acquisitions in the United States (1988 – 2006) [J]. Journal of Management, 2013, 39 (2): 469 – 495.

[81] Mizruchi M S. What do interlocks do? An analysis, critique, and assessment of research on interlocking directorates [J]. Annual Review of Sociology, 1996, 22 (1): 271 – 298.

[82] Moeller S B, Schlingemann F P, Stulz R M. Firm size and the gains from acquisitions [J]. Journal of Financial Economics, 2004, 73 (2): 201 – 228.

[83] Morck R, Shleifer A, Vishny R W. Do managerial objectives drive bad acquisitions? [J]. The Journal of Finance, 1990, 45 (1): 31 – 48.

[84] Myers S C, Majluf N S. Corporate financing and investment decisions when firms have information that investors do not have [J]. Journal of financial economics, 1984, 13 (2): 187 – 221.

[85] Nahapiet J, Ghoshal S. Social capital, intellectual capital, and the organizational advantage [J]. Academy of Management Review, 1998, 23 (2): 242 – 266.

[86] Pagano M, Panetta F, Zingales L. Why do companies go public? An empirical analysis [J]. The Journal of Finance, 1998, 53 (1): 27 – 64.

[87] Palmer D, Friedland R, Singh J V. The ties that bind: Organizational and class bases of stability in a corporate interlock network [J]. American Sociological Review, 1986: 781 – 796.

[88] Pfeffer J, Salancik G R. The external control of organizations: A resource dependence approach [M]. NY: Harper and Row Publishers, 1978.

[89] Rhodes-Kropf M, Robinson D T. The market for mergers and the boundaries of the firm [J]. The Journal of Finance, 2008, 63 (3): 1169 – 1211.

[90] Pinder C C. Work motivation: Theory, issues, and applications [M].

Scott Foresman & Co, 1984.

[91] Portes R, Rey H. The determinants of cross-border equity flows [J]. Journal of International Economics, 2005, 65 (2): 269 – 296.

[92] Rao H, Davis G F, Ward A. Embeddedness, social identity and mobility: Why firms leave the NASDAQ and join the New York Stock Exchange [J]. Administrative Science Quarterly, 2000, 45 (2): 268 – 292.

[93] Reeves L, Weisberg R W. The role of content and abstract information in analogical transfer [J]. Psychological Bulletin, 1994, 115 (3): 381.

[94] Rousseau P L, Stroup C. Director histories and the pattern of acquisitions [J]. Journal of Financial and Quantitative Analysis, 2015, 50 (4): 671 – 698.

[95] Scherer F M, Ross D. Industrial Market Structure and Economic Performance [M]. Boston: Houghton Mifflin, MA, 1990.

[96] Schonlau R, Singh P V. Board networks and merger performance [R]. Working Paper, 2009.

[97] Schwert G W. Markup pricing in mergers and acquisitions [J]. Journal of Financial Economics, 1996, 41 (2): 153 – 192.

[98] Shen J-C, Reuer J J. Adverse selection in acquisitions of small manufacturing firms: A comparison of private and public targets [J]. Small Business Economics, 2005, 24 (4): 393 – 407.

[99] Shipilov A V. Firm scope experience, historic multimarket contact with partners, centrality, and the relationship between structural holes and performance [J]. Organization Science, 2009, 20 (1): 85 – 106.

[100] Shleifer A, Vishny R W. Politicians and firms [J]. The Quarterly Journal of Economics, 1994, 109 (4): 995 – 1025.

[101] Sirower M L. The synergy trap: How companies lose the acquisition game [M]. Simon and Schuster, 1997.

[102] Slusky A R, Caves R E. Synergy, agency, and the determinants of premia paid in mergers [J]. The Journal of Industrial Economics, 1991, 39 (3): 277 – 296.

[103] Sternberg R J. Intelligence as developing expertise [J]. Contemporary Educational Psychology, 1999, 24 (4): 359 – 375.

[104] Sternberg R J. Cognitive conceptions of expertise [M]. In Expertise in Context: Human and Machine, Feltovich P J, Ford K M, Hoffman R R. (eds).

AAAI/MIT Press: Cambridge, MA, 1997: 149 –162.

[105] Stulz R. Managerial discretion and optimal financing policies [J]. Journal of Financial Economics, 1990, 26 (1): 3 –27.

[106] Szulanski G. Appropriability and the challenge of scope: Banc One routinizes, replication [M]. In The Nature and Dynamics of Organizational Capabilities, Dosi G, Nelson RR, Winter SG (eds). Oxford University Press: New York; 2000: 69 –98.

[107] Teece D J. Economies of scope and the scope of the enterprise [J]. Journal of economic behavior & organization, 1980, 1 (3): 223 –247.

[108] Tichy G. What do we know about success and failure of mergers? [J]. Journal of Industry, Competition and Trade, 2001, 1 (4): 347 –394.

[109] Trautwein F. Merger motives and merger prescriptions [J]. Strategic Management Journal, 1990, 11 (4): 283 –295.

[110] Travlos N G. Corporate takeover bids, methods of payment, and bidding firms' stock returns [J]. The Journal of Finance, 1987, 42 (4): 943 –963.

[111] Useem M. The inner circle: Large corporations and the rise of business political activity in the US and UK Oxford University Press [M]. New York: Oxford University Press, 1984.

[112] VanLehn K. Cognitive skill acquisition [J]. Annual Review of Psychology, 1996, 47 (1): 513 –539.

[113] Varaiya N P, Ferris K R. Overpaying in corporate takeovers: The winner's curse [J]. Financial Analysts Journal, 1987, 43 (3): 64 –70.

[114] Walsh J P. Managerial and organizational cognition: Notes from a trip down memory lane [J]. Organization Science, 1995, 6 (3): 280 –321.

[115] Wu Q. Information conduit or agency cost: Top managerial and director interlock between target and acquirer [R]. Arizona State University Working Paper. 2011.

[116] 曹廷求, 张钰, 刘舒. 董事网络、信息不对称和并购财富效应 [J]. 经济管理, 2013 (8): 41 –52.

[117] 陈仕华, 姜广省, 卢昌崇. 董事联结、目标公司选择与并购绩效——基于并购双方之间信息不对称的研究视角 [J]. 管理世界, 2013, (12): 117 –132, 187 –188.

[118] 陈仕华, 李维安. 并购溢价决策中的锚定效应研究 [J]. 经济研究,

2016 (6): 114 – 127.

[119] 陈仕华, 卢昌崇. 企业间高管联结与并购溢价决策——基于组织间模仿理论的实证研究 [J]. 管理世界, 2013 (5): 144 – 156.

[120] 陈仕华, 马超. 企业间高管联结与慈善行为一致性——基于汶川地震后中国上市公司捐款的实证研究 [J]. 管理世界, 2011 (12): 87 – 95.

[121] 陈运森. 独立董事网络中心度与公司信息披露质量 [J]. 审计研究, 2012 (05): 92 – 100.

[122] 陈运森, 谢德仁. 董事网络独立董事治理与高管激励 [J]. 金融研究, 2012 (02): 168 – 182.

[123] 陈运森, 谢德仁, 黄亮华. 董事网络关系与公司治理研究述评 [J]. 南方经济, 2012 (12): 84 – 93 + 106.

[124] 程兆谦. 国外知识视角下的购并研究回顾与展望 [J]. 外国经济与管理, 2011 (4): 19 – 25 + 58.

[125] 樊纲, 王小鲁, 马光荣. 中国市场化进程对经济增长的贡献 [J]. 经济研究, 2011 (09): 4 – 16.

[126] 冯根福, 吴林江. 我国上市公司并购绩效的实证研究 [J]. 经济研究, 2001 (1): 54 – 61 + 68.

[127] 韩洁, 田高良, 杨宁. 连锁董事与并购目标选择: 基于信息传递视角 [J]. 管理科学, 2014 (2): 15 – 25.

[128] 何毓海, 赵泽斌, 安实. 基于信息披露的目标公司价值估计策略 [J]. 财经科学, 2007 (9): 97 – 104.

[129] 葛伟杰, 张秋生, 张自巧. 支付方式、融资约束与并购溢价研究 [J]. 证券市场导报, 2014 (1): 40 – 47.

[130] 郝颖, 刘星, 林朝南. 我国上市公司高管人员过度自信与投资决策的实证研究 [J]. 中国管理科学, 2005 (5): 144 – 150.

[131] 何诚颖, 程兴华. 基于中国证券市场的有效性研究——以高 B/M 类上市公司为例 [J]. 管理世界, 2005 (11): 145 – 151.

[132] 黄志忠. 所有权性质与高管现金薪酬结构——基于管理权力论的分析 [J]. 当代会计评论, 2009 (1): 77 – 93.

[133] 姜付秀, 黄磊, 张敏. 产品市场竞争、公司治理与代理成本 [J]. 世界经济, 2009 (10): 46 – 59.

[134] 蒋丽娜, 薄澜, 姚海鑫. 国外并购溢价决定因素研究脉络梳理与未来

展望 [J]. 外国经济与管理, 2011 (10): 58 – 65.

[135] 姜英兵. 双重政治联系与并购溢价——基于 2003 – 2012 年 A 股上市公司并购事件的实证研究 [J]. 宏观经济研究, 2014 (2): 63 – 71.

[136] 李彬, 秦淑倩. 管理层能力、投资银行声誉与并购绩效反应 [J]. 北京交通大学学报 (社会科学版), 2016 (2): 61 – 70.

[137] 李留闯, 田高良, 马勇等. 连锁董事和股价同步性波动: 基于网络视角的考察 [J]. 管理科学, 2012 (6): 86 – 100.

[138] 李青原. 资产专用性与公司纵向并购财富效应: 来自我国上市公司的经验证据 [J]. 南开管理评论, 2011 (6): 116 – 127.

[139] 李善民, 陈文婷. 企业并购决策中管理者过度自信的实证研究 [J]. 中山大学学报 (社会科学版), 2010 (5): 192 – 201.

[140] 李善民, 朱滔. 管理者动机与并购绩效关系研究 [J]. 经济管理, 2005 (4): 4 – 12.

[141] 李善民, 朱滔. 多元化并购能给股东创造价值吗? ——兼论影响多元化并购长期绩效的因素 [J]. 管理世界, 2006 (3): 129 – 137.

[142] 林俊荣, 张秋生. 目标公司特征识别研究及其改进 [J]. 华东经济管理, 2012 (06): 107 – 110.

[143] 卢昌崇, 陈仕华, Schualbach. J. 连销董事理论: 来自中国企业的实证检验 [J]. 中国工业经济, 2006 (01): 113 – 119.

[144] 刘笑萍, 黄晓薇, 郭红玉. 产业周期、并购类型与并购绩效的实证研究 [J]. 金融研究, 2009 (3): 135 – 153.

[145] 翟爱梅, 张晓娇. 管理者过度自信与企业并购决策及企业绩效之关系 [J]. 现代财经 (天津财经大学学报), 2012 (10): 102 – 114.

[146] 任兵, 区玉辉, 林自强. 企业连锁董事在中国 [J]. 管理世界, 2001 (06): 132 – 141, 159.

[147] 苏冬蔚, 林大庞. 股权激励、盈余管理与公司治理 [J]. 经济研究, 2010 (11): 88 – 100.

[148] 孙永祥. 所有权、融资结构与公司治理机制 [J]. 经济研究, 2001 (1): 45 – 53.

[149] 唐宗明, 蒋位. 中国上市公司大股东侵害度实证分析 [J]. 经济研究, 2002 (4): 44 – 50, 94.

[150] 田高良, 韩洁, 李留闯. 连锁董事与并购绩效——来自中国 A 股上市

公司的经验证据 [J]. 南开管理评论, 2013 (6): 112 - 122.

[151] 王宏利. 提高并购绩效的目标公司选择研究——基于预测目标公司一般特征的研究方法 [J]. 管理世界, 2005 (3): 137 - 144.

[152] 魏乐, 张秋生, 赵立彬. 连锁董事网络对企业并购影响的实证研究 [J]. 西北农林科技大学学报 (社会科学版), 2013 (3): 104 - 110.

[153] 吴超鹏, 吴世农, 郑方镳. 管理者行为与连续并购绩效的理论与实证研究 [J]. 管理世界, 2008 (7): 126 - 133, 188.

[154] 巫和懋, 张晓明. 中国上市公司收购方损益之探究 [R]. 北京大学中国经济研究中心工作论文, 2009: No. C2009006.

[155] 吴联生, 白云霞. 公司价值、资产收购与控制权转移方式 [J]. 管理世界, 2004 (9): 123 - 130, 156.

[156] 谢玲红, 刘善存, 邱菀华. 管理者过度自信对并购绩效的影响——基于群体决策视角的分析和实证 [J]. 数理统计与管理, 2012 (1): 122 - 133.

[157] 徐信忠, 黄张凯, 刘寅等. 大宗股权定价的实证检验 [J]. 经济研究, 2006 (1): 101 - 108.

[158] 杨超. 管理者过度自信与企业并购行为研究 [D]. 东北财经大学, 2014.

[159] 叶玲, 王亚星. 管理者过度自信、企业投资与企业绩效——基于我国A股上市公司的实证检验 [J]. 山西财经大学学报, 2013 (1): 116 - 124.

[160] 张秋生, 周琳. 企业并购协同效应的研究和发展 [J]. 会计研究, 2003 (06): 44 - 47.

[161] 张雯, 张胜, 李百兴. 政治关联、企业并购特征与并购绩效 [J]. 南开管理评论, 2013 (2): 64 - 74.

[162] 张新. 并购重组是否创造价值?——中国证券市场的理论与实证研究 [J]. 经济研究, 2003 (6): 20 - 29 +93.

[163] 赵勇, 朱武祥. 上市公司兼并收购可预测性 [J]. 经济研究, 2000 (4): 19 - 25 +78.

[164] 曾爱民, 张纯, 魏志华. 金融危机冲击、财务柔性储备与企业投资行为——来自中国上市公司的经验证据 [J]. 管理世界, 2013 (4): 107 - 120.

[165] 周昌仕, 宋献中. 政府干预、跨区域并购与公司治理溢出效应 [J]. 财经科学, 2013 (9): 30 - 39.

[166] 朱红军, 汪辉. 并购的长期财富效应——经验分析结果与协同效应解

释 [J]. 财经研究, 2005 (9): 102 – 113.

　　[167] 朱滔. 上市公司并购的短期和长期股价表现 [J]. 当代经济科学, 2006 (03): 31 – 39 + 125.